서양의 가족과 성

서양의 가족과 성

한국서양사학회 편

당대

서양의 가족과 성
ⓒ 한국서양사학회

엮은이/한국서양사학회
펴낸이/박미옥
펴낸곳/도서출판 당대
제1판 제1쇄 인쇄 2003년 2월 28일
제1판 제1쇄 발행 2003년 3월 5일
등록/1995년 4월 21일(제10-1149호)
주소/서울시 마포구 연남동 509-2, 3층 ⊕ 121-240
전화/323-1316 팩스/323-1317
e-mail/dangbi@chollian.net

ISBN 89-8163-094-1 03920

글머리에 부쳐

가족은 무엇인가? 가족은 필요한 제도인가? 이 질문은 21세기 벽두에 가족해체가 가속화되고 있는 현실을 대면하면서, 인류의 미래를 걱정하는 많은 동시대인들이 던지는 질문이다. 에릭 홉스봄이 『극단의 시대』에서 지적하듯이 가족해체는 우리 시대가 겪고 있는 가장 커다란 문화혁명이다. 그런 만치 최근 몇 년 사이에 사회과학, 인류학, 여성학 혹은 문화연구에서 가족이 지닌 중요성과 의미가 끊임없이 관심과 논쟁의 대상이 되었다. 더불어 가족을 생물학적·인성적 차이에 기초한 기능적 단위로, 사회를 유지하는 이데올로기적 도구로, 생존을 위한 경제적 단위로 파악하는 입장이 공존해 왔다. 또한 한편에서는 가족은 가장 훌륭한 정서적 안정을 제공하는 장소라든가, 인간은 결혼해서 가족을 이루고 살게 되어 있고 그것이 가장 자연스러운 상태라는 통용되는 견해가 있는가 하면, 다른 한편에서 여성해방론자들은 가족이 지닌 여성억압적 성격, 나아가서는 반(反)사회적 성격을 지적한다. 즉 가족을 통해 부와 가난의 세대적 재생산이 이루어지고, '프라이버시'(privacy) 보장이라는 명분 아래 가족이란 담장 안에서 벌어지는 여러 종류의 폭력과 갈등이 은폐되고 있으며, 여성은 가사노동과 모성역할에 속박되며, 남성들이 가정에서 갖는 권위가 사회적인 권력구조와 연계되고 있다는 것이다. 이런 다양한 논의들은 가족의 실체가 얼마나 복잡다기한 것인가를 입증하는 좋은 증거들이다.

확실히 가족은 사회와의 상호작용을 통해서 '역사적으로 구성된 실체'이다. 다시 말하면 가족 속에서 사회적인 것이 구축되고 있고, 또한 가족이 지닌 속성이 사회 속으로 확대되어 가기도 한다. 국내에서는 사회학이나 여성학, 인류학 등을 중심으로 서양의 가족에 대한 연구가 진행되었으나, 서양에서의 가족 발전과정에 대한 학문적 성과는 양적으로 매우 빈약하고, 그 연구가 대체로 가족의 특성을 단순화하거나 아니면 아주 개별적인 사례연구에 초점을 맞추어왔다. 가족의 역사적 변천, 지역이나 계급에 따른 차이나 다양성이 엄밀히 분석되지 못하였다. 또한 서양사 학계에서는 아직까지 가족을 다룬 논문은 거의 전무한 실정이었다. 이런 현실적 결핍과 연구의 필요성을 감안하여, 한국서양사학회는 1999년 학술대회의 주제로 '서양의 가족과 성'을 선정하였고, 이 책은 그 결과물을 편집한 것이다. 이 책은 시간적인 흐름에 따라 서양에서 가족이 어떻게 변천해 왔으며, 공간적 제약이나 사회구조의 차이에 따라 가족이 어떻게 다른 특성을 드러내는가를 구체적으로 분석하고 있다.

주로 결혼을 통해 구성되는 가족은 '양성간 관계의 구조'를 형성하는 데에 결정적인 역할을 한다. 임신과 양육, 가사에 대한 여성의 타고난 사명, 모성에 대한 찬미, 여성의 남성에 대한 경제적 종속, 성별분업, 성별 임금차이 등은 대체로 '가족의 신비'나 가족이데올로기를 중심으로 형성되기에, 가족은 늘 성(gender)관계를 규정하는 중요한 척도가 된다. 다시 말하면 성적 차이 자체가 사회를 조직하는 원칙이자 실천, 특히 일상적인 권력관계로 발전하는 데에 핵심적인 기제가 되는 것은 가족제도이다. 따라서 가족과 성 문제는 따로 떼어 논의하기가 어렵기에, 서양의 가족제도 발전이 성과 연루되는 방식을 함께 고찰하고 있다.

『서양의 가족과 성』은 시간적으로 로마시대에서 현대까지를 망라하여 가족과 성의 발전과정을 다루고, 공간상으로는 서구에서 러시아, 미국까지를 포괄하고자 한다. 구체적으로 로마시대의 혼인과 성관계, 중세 프랑스 귀족의 결혼과 성, 종교개혁이 가정과 여성에 끼친 영향, 근세 초 프랑스 가족 속의 성, 18세기 초 런던상인의 가족, 19세기 독일의 노동자가족, 파시즘의 가족정책, 미국의 유태이민가족, 소비에트정권 초기의 가족과 성을 분석하는 것을 통해서 서양의 가족과 성 문제를 시간적·공간적 유형별 특성을 고려하면서 재구성하였다.

그리스·로마는 휴머니즘 문화가 개화하는 시대이지만, 동시에 엥겔스가 『가족·사유재산 그리고 국가의 기원』에서 언급하듯이, 여성의 '세계사적 패배'와 함께 여성의 지위가 극도로 열악해진 시대로 해석되기도 한다. 제정 초기 로마 상류층의 혼인 및 혼외 관계: 실제와 담론은 한편으로 제정 초 로마의 성관계 관련법을 분석하는 것을 통해서 혼인을 둘러싼 '사회적 실제의 구조'를 밝히는 작업을 시도하였고, 다른 한편으로는 제정 초 상류층의 성도덕이 여성들의 방종으로 인해 타락했다는 오랜 통념의 근거로 이용되어 온 연시와 풍자시 분석을 통해 로마시대의 양성관계를 해명하였다. 혼인법과 간통법에 대한 분석에서는 상류층에서 출산을 위한 혼인을 강제하고, 혼인의 순결성을 보장하려는 국가의 강력한 의지가 드러나지만, 동시에 남성에게 적법한 혼인관계를 벗어난 성관계를 관용하고 범법화하지 않는 원칙을 취하는 성관계의 이중기준을 보여주고 있다. 또한 로마시대 성담론을 구성하였던 연시와 풍자시가 혼외관계를 주제로 하면서 반체제적·여성주의적 특성을 드러낸다는 기존의 해석을 탈피하여, 오히려 이 담론은 남성중심의 이원적 성관계 구조에 순응하는 모습을 드러내고 있음을 밝히고 있다.

11~12세기 프랑스 귀족사회의 결혼과 성은 성과 결혼에 대한 제도적·윤리적 틀이 교회의 이념적 원칙과 세속사회의 현실논리가 서로 각축하는 가운데 형성되는 과정을 잘 묘사하고 있다. 기독교가 도래하기 이전 주민

들간의 상호성에 기초한 농촌공동체의 자율적 기제와 위로부터 도출된 교회의 지배적인 부정적 성도덕이 상호 절충·타협하면서 형성된 근본구조가 그 외양의 변화에도 불구하고 19세기까지 이어졌다는 것이다.

변화와 지속: 종교개혁이 가정과 여성에 미친 영향은 근대로의 이행과정에서 부부관계 형성에 결정적인 영향력을 행사한 것으로 알려진 종교개혁이 결혼과 가정의 한 당사자인 여성의 지위에는 별다른 변화를 가져오지 못했음을 구명한 글이다. 독신생활을 종교적으로 높이 평가하고 이에 따라 성직자에게 독신생활을 의무화한 중세교회와 달리, 종교개혁가들은 결혼생활과 가정의 중요성을 크게 부각시켰다. 종교개혁가들은 성경에 대한 그들의 해석과 그들이 목격한 당시 성직자들의 실태에 근거하여 결혼은 신이 인간을 위해서 제정한 신성한 제도이므로 교회가 성직자들의 결혼을 금지시키는 것은 개인의 자율성을 억압하는 동시에 신의 뜻에 저촉되는 월권행위라고 인식하였다. 한편 그들은 결혼과 가정생활을 성직자뿐만 아니라 일반인들에게도 다양한 종교적·사회적 혜택을 제공하는 축복된 제도라고 강조하였다. 이러한 사상은 독일과 스위스의 프로테스탄트 지역에 수용되었고 나아가 구체적 개혁으로 이어졌다.

종교개혁은 여성에게도 긍정적으로 작용한 측면이 있다. 예를 들면, 여성에게 성직자의 아내라는 새로운 역할을 제공하였고, 성경지상주의에 입각하여 여성교육의 확대를 가져왔으며, 이혼과 재혼의 기회가 넓어졌다. 그럼에도 불구하고, 이러한 긍정적 변화들의 이면에는 뚜렷한 한계가 숨어 있다. 종교개혁가들은 결혼과 가정생활을 강조하면서 중세 여성에게는 자기구현의 한 방편이 될 수 있었던 수녀생활을 원천적으로 봉쇄하였고, 여성교육의 질은 현저히 낮았으며, 그 궁극적 목적은 가정에 예속된 주부로서의 미덕을 고취시키는 데 있었다. 한편 이혼과 재혼은 원칙적으로 허용되더라도 당시 여성에게는 현실적으로 실행 불가능한 일이었다. 무엇보다도 여성에 대한 부정적 평가와 남성위주의 가족 관계에 대한 전통적 인식은 종교개혁가들 사이에 그대로 답습되었고 그 래서 여성은 여전히 가정과 남편에 예속되어야 할 존재로 간주되었다. 요컨대 결혼과 가정의 의미 제고는 뚜렷한 변화이지만, 그것이 여성 지 위의 향상으로 이어지기에는 가부장적 전통의 힘이 너무나 강했던 것이 다. 이 점에서 종교개혁은 변화와 지속이 공존하는 과도기적 현상의 속 성을 잘 보여주고 있다.

앙시앵 레짐 말기 가족 속의 여성은 질서가 유지되는 '평균가족'과 질서 가 깨어진 '위기 가정'을 분석하는 것을 통해서 프랑스 절대주의 체제 아래에서 가족관계가 왕국의 지배자-신민의 관계를 상징적으로 반영하 고 있음을 분석하였다. 가족은 여러모로 국가의 권력구조를 닮았고, 공 권력은 공공질서를 유지하기 위하여 가족의 우두머리인 가장(chef de famille)을 지원했기 때문이다. 가족 속에서 여성이 수행한 역할을 이해 하기 위하여 이 논문은 앙시앵 레짐 사회에서 가족 개념의 변화와 계몽 사상가의 저술이나 집단정신 혹은 가족봉인장에 반영된 여성상을 분석 하였고, 이를 통해서 여성은 불평등한 부부관계의 제물이었지만, 이웃이 나 친족과의 연계망을 통해서 문화적으로 구축된 차별의 논리를 뛰어넘 고자 하였음을 보여주고 있다.

18세기 초 런던상인의 생활세계는 번영하는 도시 런던에서 완벽한 영국 상인이 되고자 노력하고, 그래서 지적인 열정도 강했던 상인들의 생애사 와 가정사를 분석한 논문이다. 이 글은 원래 런던상인은 대단히 자의식 이 강한 역동적인 집단이었고, 그래서 이들 속으로 신사층(gentry)이 유 입되었다거나 신사층의 영향을 받았다는 그간의 주장은 성립되기 힘들 다고 주장한다. 오히려 도제제도가 명백히 약화되는 18세기 중엽부터 상인사회가 그들 고유의 문화 대신에 신사적인 가치를 추구하기 시작하 였다는 것이다. 또한 17세기 후반부터 폐쇄적인 가정 형태가 등장하고,

부부간의 애정이 강조되기 시작하고, 부모와 자녀 간의 관계도 보호와 애정에 토대를 두게 되는데, 이런 변화들은 제일 먼저 부유한 상인가정에서 나타났을 것으로 추정된다. 더불어 새롭게 개발된 교외주택과 함께 가정과 영업장의 분리가 시작되었고, 이는 부르주아가정의 '정숙한 아내상'을 강화시키는 결과를 낳았다는 것이다.

'생존수단' 혹은 '연대의 공동체?': 19세기 독일의 노동자가족은 노동자가족의 생활조건, 가족관계와 성, 노동자가족의 정치화 과정을 분석하고 있다. 이 논문은 당대의 시민계급이나 사회주의자가 거론한 '노동자가족의 영락'이나 '노동자가족의 무가족성'이 과연 당대 노동자계급의 현실에 상응하는 것인가를 질문하는 데서 출발한다. 19세기 노동자가족은 경제적 필요에 따라 숙박인을 받아들이고, 그런 점에서 가족구조는 반(半)공개적이었지만, 노동자가족은 외부인을 포함한 '연대의 공동체'를 형성하였다는 것이다. 이는 시민계급이 추구하였던 '가족의 사생활화'와는 역류하는 것이었지만, 노동자계급의 가족에게 그렇다고 그들 특유의 감정적 결속이 부재한 것은 아니었다. 노동자가족은 그들이 처한 열악한 생활환경으로 인해 때로는 거침과 폭력이 수반되기도 하였지만, 시민계급과는 다른 특유의 친밀성과 연대성을 발전시켰음을 이 글은 보여주고 있다.

나치독일의 가족과 인구정책은 파시스트 정권하의 가족과 인구정책을 다룬 글이다. 독일에서는 19세기 후반부터 출산율이 하락하자, 가족계획이라는 개인적인 문제가 주요한 정치사안으로 대두되었다. 나치는 적극적인 출산장려정책과 함께 인구증가를 통하여 독일의 자신감을 회복하고자 하였고, 여기에는 '인종적으로 열등한 자'는 아이를 낳지 못하게 하는 인종주의 정책이 혼합되었다. 나치는 가정을 전체주의 이념을 주입시키기 위한 사회화 장소로 간주하였기에, 가족에 대한 나치의 이념과 실제 정책은 상호 모순적이었다. 즉 파시스트 정권은 가족이 국가의 "가장 기본적인 세포조직”이며, 개인의 소외현상을 막아주는 역할을 해야 한다고 선전하였으나, 실제로는 ‘히틀러청소년단’과 같은 전체주의적 조직을 동원함으로써 가족의 모든 구성원을 분산하여 내밀한 가족관계를 위협하였고, 지도자에 대한 절대적인 충성은 가장의 권한을 축소하였다. 또한 우생학 법안을 통해 결혼과 출산에 대한 개인적인 선택권을 방해하였다. 전통적인 가족과 모성의 부활을 약속했던 나치의 가족정책은 전통적인 가족의 가치를 와해시키는 결과를 초래하였다는 것이다.

이민가족, 가족경제, 그리고 성: 미국의 러시아계 유태이민가족 1887~1917은 구세계에서의 전통 및 익숙한 생활방식과 신세계에서의 경제적 필요 및 사회문화적 적응요구 사이에서 1세대 기혼여성의 역할과 가족에 일어난 변화를 구명한 논문이다. 전통적인 유태문화는 여성들이 생계에 기여하는 것을 정상적이며, 이런 활동을 존경받을 만한 것으로 간주하였다. 신세계에서도 현실적인 경제적 필요는 전 가족구성원이 모두 생계에 기여하는 전통적인 삶의 방식을 계승하도록 하였다. 그러나 여성이 겪은 새로운 환경조건과 새로운 관행은 유태이민 기혼여성들이 가구의 소득에 기여하는 방식과 이를 바라보는 시각에 변화를 초래하였다. 즉 유럽에서의 수공업적 생산이 기혼여성에게 이중적인 역할을 강요하였다면, 미국에서의 임금노동 조건은 여성이 가사와 임금노동을 결합하는 것을 어렵게 하였다. 그 결과 1세대 기혼 이민여성들은 가족경제에 상당한 기여를 하였으되, 하숙을 치거나 가족기업에 보조적인 역할을 하는 등의 가정과 연계된 노동에 종사하였고, 스스로 자신의 일을 ‘노동’으로 간주하지 않았다. 다시 말해서 여성들은 스스로의 역할을 미국 중간 계급 기혼여성의 이미지에 부합시키려 노력하였던 것이다. 생계부양자로서 남성가장의 책임강조, 성별 활동영역 구분, 성별 경제적 역할에 대한 가치관 변화, 여성성의 재규정 등에서 드러나듯이 신세계 유태인가족은 구세대의 전통과 신세계의 새로운 상황조건 사이의 역동적인 상호

작용을 통해 재구성되었던 것이다.

소비에트정권 초기의 가족과 성은 구체제와의 철저한 단절을 주장하는 소비에트정권의 등장과 함께, 가족관과 가족관계, 가족구조에 일어난 혁명적인 변화를 설명하고 있다. 1914~22년 사이에 대략 1200~1400만 명의 사망자 발생으로 인해 결혼적정 여성인구는 상대적으로 증가하였고, 중혼·단기간의 동거와 이별 등의 가족구조가 대거 등장하였다. 마르크스주의의 여성해방이념에 입각하여 그리고 혁명 후의 사회적 재건의 필요성 속에서, 레닌을 위시한 사회주의자들은 가사노동과 남성에 대한 종속으로부터의 여성해방에 동의하였다. 그러나 콜론타이가 주장한 남녀간의 자유로운 결합, 자유로운 성관계에 대해서는 분명히 반론을 표명하였다. 그러나 민사혼만을 법적으로 인정한 1918년의 가족법에 이어 사실혼과 사생아의 증가에 대응하기 위한 1926년의 가족법개정은 결과적으로 이혼, 중혼, 혼외관계, 사생아의 증가와 가족해체라는 새로운 사회적 문제를 야기하였음을 분석하였다. 소비에트정권 초기에 나타난 이런 현상들은 산업화의 결과이기보다는 오히려 소비에트정권의 이상주의적 가족정책에 기인한다고 볼 수 있다는 것이다. 즉 자유연애사상의 팽배와 소비에트정권 초기의 가족정책과 가족법이 혁명 전후의 심각한 사회변동과 인구구조 변화 속에서 한층 더 성적 무질서와 가족해체를 자극하는 역할을 하였다는 해석이다.

앞에서 살펴본 대로, 『서양의 가족과 성』에서 가족은 시대나 계급, 국가의 역할 혹은 역사 속에 살아가는 주체의 대응에 따라 각기 다양한 모습을 드러내고 있다. 이런 점에서 이 책은 그간의 가족유형에 대한 단순화·일반화가 온당한 것인지, 정전(canon)을 일탈한 다양한 가족형태에 대한 무시나 차별이 올바른 것인지를 성찰하는 기회를 제공할 것이다. 다시 말해서 이 책의 글들은 가족제도와 관련하여 보편주의를 향한 섣부른 유혹에 대해 경계심을 높여주고, 이를 통해서 대문자 단수가족

(Family)을 넘어서서 복수가족(families)을 수용하고, 지배적인 가족형
태에 의해 끊임없이 주변화되고 있는 다양한 가족을 포용할 수 있는 통
찰력을 제공할 것이다. 마찬가지로 이 책은 근대 부르주아가족이 형성
되는 과정과 그 전사(前史), 근대 부르주아가족에 대한 저항의 형태인
노동자가족의 생존전략이나 파시스트 가족정책 혹은 소비에트의 시도
를 통해서 가족제도가 인위적으로 형성되어 왔음을 명백히 보여줄 뿐
아니라, 그 과정에서 인간주체의 역할을 암암리에 강조하고 있다. 가족
은 지금도 형성중에 있고, 그래서 가족의 역사적 형성을 고찰하는 작업
은 우리를 대안적 가족제도를 향한 실천으로 연결해 줄 것임을 믿어 의
심치 않는다.

차례

제정 초기 로마 상류층의
혼인 및 혼외 관계[1]: 실제와 담론

김경현

1. 머리말

한 사회의 도덕적 기강을 가늠하는 지표로 성풍속, 즉 성관계의 양태에 주목하는 경향은 거의 모든 전통사회들에 공통된 것이지만, 고대로마의 경우는 특히 그랬다고 생각된다. 최근 에드워즈(C. Edwards)의 책 『고대로마에서 부도덕의 정치』와 트리지아리(S. Treggiari)의 논문 「도덕적 관습 없는 법률들」은, 정치·사회적으로 일대 전환기였던 공화정말 제정 초 로마 상류층에서 무성했던 정치선전과 도덕주의 담론들의 분석을 통해, 그 점을 잘 보여주고 있다. 그들에 의하면 물질적 무절제, 정치적 비행과 같은 공·사적 부도덕은 결국 전통적 성역할의 붕괴 및 문란한 성관계에서 비롯되거나 최소한 그와 밀접하게 연관된다는 것이 로마인의 통념이었다.[2]

그 통념이 주는 제정 초 로마 상류층의 성풍속의 이미지는 매우 부정적이며, 사실 그것은 19세기 이래 현대 연구자들의 고정관념이기도 했다. 높은 이혼율과 만연해 있는 혼외(婚外) 성관계, 혼인 및 출산의 기피로 인한 가족의 붕괴 등이 그 ‘타락’의 이미지의 주요 양상들이다. 카르코피노(Carcopino)는 그 고정관념의 대변자라 할 만한데, 그는 특히 성풍속의 타락과 사회혼란의 책임을 여성에게 돌렸던 제정 초 문헌에서 나타나는 편견을 공유하고 있다. 그에 따르면, 공화정 말부터 나타난 ‘해방된’(emancipated) 상류층 여성들이 자유로운 삶의 방식을 선택해 간음·간통 등의 패륜이 만연함으로써 결국 제정 초 모든 부도덕의 근원이 되었다는 것이다.[3]

카르코피노의 저술은 이미 반세기 전의 것이며, 그래서 최근 벤느(P. Veyne) 같은 학자는 카르코피노의 그 악의적이고 비열한——다시 말해 파시스트적이고 반(反)여성주의적인——생각을 진지하게 받아들일 사람은 더 없을 것이라 단언했지만,[4] 그것은 사실이 아닌 듯하다. 왜냐하면 카르코피노를 그냥 무시해 버린 벤느와는 달리, 여전히 진지한 자세로 그 “죽은 말을 두들겨대는” 학자들이 있기 때문이다. 가령 1978년 프랑스에서 나온 한 박사학위논문은 ‘여성해방’이라는 제정 초기의 사회현상이 성풍속 타락을 초래했다는 통념을 반박하는 데 한 장을 할애하고 있다.[5] 분명 타락의 이미지를 주는 오래된 관점은 시간의 덕을 보고 있는 것이다.

그러나 최근 이와 상반된 이미지를 주는 견해가 제시된 바 있다. 푸코(M. Foucault)가 『성의 역사』 제3권 『자기에의 배려』(1984)에서 취하고 있는 관점이 그것이다. 더 엄밀히 말하면, 이 책의 관점은 그보다 몇 해 전(1978)에 나온 벤느의 논문 「로마제정 초의 가족과 사랑」에서 이미 그 윤곽이 드러나 있었다.[6] 물론 『성의 역사』에서 푸코의 기획은 벤느보다는 훨씬 원대하게, 16세기부터 나타나는 ‘근대적 주체’(modern subject)의 개념을 전제로 그 전사(前史)를 탐색하는 것이었다. 근대적 주체란,

감옥이나 정신병원 같은 외재적 권력에 의해 규범화될 뿐 아니라, 사회규범을 내재화하여 생존을 위한 자기(배려 혹은 통제)의 기술을 획득해가는 윤리적 주체이다. 그런데 적어도 자기기술의 담론에 관한 한, 서양에서는 그 계보가 기독교 너머 고전고대로까지 소급된다는 것이다.[7] 『자기에의 배려』에서 푸코는 로마제정 초 1~2세기의 몇몇 철학자, 도덕론자 들이 이를테면 수신제가(修身齊家)의 새로운 도덕훈을 제시한다는 것을 보여주고 있다. 즉 쾌락(특히 성적 쾌락)을 불신하고, 오직 자녀생산을 위한 혼인의 가치와 그를 위한 부부의 상호적 관계를 중시하는 한편, 동성애를 비롯한 모든 혼외관계를 거부한다.

푸코는 소수 지식인들의 담론을 분석할 뿐인가, 아니면 그것이 당대 성풍속의 변화와 어떤 관련을 갖고 있음을 말하려는 것인가? 이 점에서 푸코의 태도는 아주 모호하다. 그는 그 도덕론의 고립성을 빈번히 지적하면서도, 한편으로 그 담론을 생성시킨 정치·사회적 요인들——즉 공화정에서 제정으로의 체제변화 및 혼인의 성격변화——과 그 담론에 부합되는 실천사례들에 주목하고 있다. 푸코가 그 사례들의 사회적 의미에 대해 늘 신중하고 모호하다면, 고대사가 벤느의 태도는 한층 과감하고 선명하다. 벤느는 그 담론이 사회적 변화의 반영이었으며, 심지어 기독교의 승리는 그런 변화의 터전 위에서 비로소 가능했다고 말하기까지 한다.[8]

그렇다면 로마제정 초는 근대적 주체의 성립에 이르는 서양의 도덕진화(evolution)의 계보에서 큰 분수령을 이루는 셈이다. 다시 말해 1~2세기 로마 상류층에서는 기독교시대 이후 대세가 될, 절제된——그런 의미에서 도덕적인——성관계가 역사적·사회적으로 의미 있는 수준으로 생성·발전하고 있었던 것이다.

이처럼 제정 초기 로마 상류층의 성풍속 실제에 대해, 타락상을 강조하는 낡은 관점과 도덕화에 주목하는 새로운 관점의 대비는 두드러진다. 이런 상반된 시각의 공존은 일견 당혹스럽지만, 분석해 보면 우리는 이런 결과의 매우 자명한 근원에 주목하게 된다. 정도의 차이는 있으나, 두 관점 모두 성풍속에 관한 당대의 다양한 담론들 중 어느 것(들)만 선별해서 그것을 실제의 반영으로 확대해석하고 있는 것이다. 1~2세기는 라틴문학의 절정기로, 당연히 혼인·가족·성의 문제에 대해서도 아주 판이한 이미지들의 증거로 활용될 만큼 풍부하고 다양한 담론들이 생산된 시기였다. 그것들은 대개 각 장르 특유의 인습적 형식을 좇는 한편, 현실에도 조응하면서 이상적 규범이나 실제에 대한 과장·조롱·경고를 담고 있었다.

이 글의 목표는 그 다양한 담론들 전체를 균형 있게 탐색하여, 궁극적으로 제정 초 로마 상류층의 성풍속의 실제를 보다 객관적으로 묘사하려는 것은 아니다. 두 시각의 편향성에 비추어볼 때 그것은 필요한 작업이지만, 결코 쉽게 해결될 것 같지 않은 과제이다. 따라서 이 글은 보다 현실적 목표를 갖는다. 우선 상반된 이미지 구성의 근거로 활용된 다양한 담론형식들——연시, 풍자시 및 철학적·도덕적 제안들——을 '다시 읽으려' 하는데, 그것은 다음의 물음에서 출발한다. 그 담론들은 동일한 사회의 생성물인 까닭에, 현상적 차이점들에도 불구하고, 혹시 성관계 (혼인 및 혼외 관계)에 대해 동일한 관념체계를 공유하는 것은 아닐까? 이 의문은 다시 그 관념체계에 상응하는 성관계의 실제는 무엇인가 하는 문제로 환원되지만, 여기서는 그 '실제'의 문제를 이런 방식으로 접근하고자 한다. 결국 논의 가능한 차원은 구체적 '실제'라기보다 패턴(구조)이라고 할 때, 다행히도 제정 초 로마의 성관계 관련법들은 그 구조로 접근하는 하나의 경로로 활용될 수 있다고 본다. 요컨대 실정법이 승인하는 성관계의 실제 및 그것의 관념적 기반은 무엇이며, 그 양자는 담론세계의 그것에 얼마나 상응하는가? 이것이 이 글의 중심 주제이다.

이런 문제의식에 이르는 과정에서, 이 글은 특히 인류학과 고전학 각각에서 제기된 새로운 연구동향에 적잖이 빚지고 있다. 이 점을 미리 밝혀두는 것이 이 글을 이해하는 데 다소 도움이 될 것이다.

하나는 1960년대부터 인류학분야의 일각에서 꾸준히 제기되어 온 것으로, 지중해연안 사회들은 사회관계 및 그것을 결정하는 가치체계에서 다른 지역들과 구별되는 특징을 공유한다는 가설이다. 이에 의하면, 지중해사회들은 '명예와 수치'(honor and shame)라는 두 단어로 집약되는 가치체계를 지니며, 그것은 정치·경제·사회적 국면들에서 공적·사적 행동규칙들을 결정한다는 것이다. 특히 성관계에서 그 가치체계가 잘 드러나며, 지중해사회들은 남성중심주의, 성관계의 '이중기준', 반(反)여성주의(misogynism) 등의 경향이 아주 강한 가부장제 사회라는 것이다. 동시대의 담론들을 분석하는 데 로마제정 초기의 성관계를 규제한 법규들은 물론, 지중해 인류학의 성과는 분명 참고할 가치가 크다.

다른 하나는 좀더 최근의 것으로, 보수적인 고전학분야에까지 흘러 들어온 페미니즘적 연구동향의 성과이다. 특히 주목되는 성과는, 담론(즉 문학작품들)의 주제와 화제(topos) 및 언어에 남성중심의 성차(gender) 및 성관계의 관념이 어떻게 일방적으로 내재화되는가를 분석한 시도들이라 할 수 있다. 이 성과는 우리에게 담론과 사회관계의 실제를 인식할 때의 유의점을 비롯하여 담론들에 공존하는 성관계의 관념에 대해 유익한 지식을 제공해 줄 것이다.

2. 아우구스투스의 혼인법과 간통법: 상류층의 성관계의 이원화와 '이중기준'

공화정 말, 제정 초 상류층의 성관계는 어떤 구조적 특징을 보이는가? 우선 이 문제를 살펴볼 필요가 있다.[9] 다행히 아우구스투스(Augustus, 재위 BC 27~AD 14) 치세에 제정된 두 범주의 입법, 즉 혼인법(lex de maritandis ordinibus)과 간통법(lex de adulteriis)은 그에 대한 적절한 단서를 제공한다. 대개 특정 법규는 그것이 관여하는 현실의 파노라마 전체보다 거기서 일탈하는 집단의 주변적 현상들을 반영하며, 그런 점에서 일정하게 그 현실의 구조를 드러낸다고 할 수 있다. 때문에 실제의 구조를 파악하려는 여기서의 당면과제에 법률자료의 활용은 정당화된다.

게다가 다음의 두 가지 점에서, 아우구스투스의 그 법들은 향후 2~3세기 동안——대체로 이교(異敎)시대의——로마인의 성관계를 구조화한 가장 강력한 요인이었다고 보기에 충분하다. 첫째로, 이 법들은 혼외관계를 규제할 뿐 아니라 혼인을 강제했다는 점에서 전체 사회구성원들에게 실질적으로 영향을 미치고 있었다. 이와 같이 순전히 가족의 자율성, 즉 사적 영역에 방임되어 있던 성관계의 문제를 공적 영역의 통제 아래로 끌어들인 혁신이야말로, 이 법들의 가장 괄목할 특징이다.[10] 둘째로, 비록 입법과정에서의 저항과 시간의 흐름 속에서 드러난 각종 탈법과 법취지의 악용 및 부작용 그리고 간헐적으로 법의 실효성에 대한 회의론이 있었지만, 이 법들은 200년 남짓 존속했다.[11] 존속기간 동안의 빈번한 수정과 보완의 시도들, 특히 『학설휘찬』(*Digesta*)에서 보듯, 해당 법들의 포괄적 규정들을 구체적으로 적용할 가능성을 의식한 고전기 법학자들의 면밀한 법리적 소견들은 이 법들이 지닌 잠재적 활력의 명백한 증거이다.[12]

그러면 아우구스투스의 혼인법과 간통법은 도대체 성관계에 어떤 패턴들을 강요하려 했던 것일까? 여기서는 그 세부조항들에 대한 치밀한 분석을 생략하고, 특징적 패턴들에 관련된 몇 개의 주요 조항만 언급하고자 한다.

우선 한 가지 특징은, 그 입법들이 '출산을 위한 혼인'을 강제하고 있다는 점이다. 25~60세의 남성과 20~50세의 여성, 즉 자녀생산이 가능한 모든 남녀는 이혼 혹은 사별 후 소정의 유예기간을 제외하면(남성에

겐 유예기간이 없었다) 늘 혼인상태에 있어야 했다. 하지만 자녀가 없을 경우엔 불이익이 뒤따랐고, 그것을 감수하지 않으려면 재혼하기 위해 이혼할 수밖에 없었다. 혼인은 오직 출산을 위해서만 존재한다는 법의 정신은, 이처럼 일면 이혼과 재혼을 강요하는 역설에까지 닿아 있었다.[13]

또 다른 특징은 계급입법적 성격이 농후하다는 점이다. 그것은 무엇보다 다음과 같은 상벌규정에 잘 드러나 있다. 첫째로, 미혼자 혹은 자녀 없는 자들은 6촌의 범위를 넘어선 자들, 즉 친척이 아닌 자(extranei)가 유언으로 남긴 재산을 수증(受贈)할 수 없도록 규제하고 있다. 수직적 유대(clientela)와 수평적 유대(amicitia)의 규모로 사회적 위세를 가름하던 로마사회의 상류층에서는, 친구 혹은 후원자(혹은 피호민)에게 유산을 남기는 것이 거의 불문율이었다. 따라서 이 규제는 분명 상류층을 의식한 압박수단이었다고 보아야 한다.[14] 둘째로, 자녀를 가진 자유민 부부에게 주어진 특혜 역시 주로 상류층에 관련된다. 남편에게는 자녀수에 따라 공직배정에서의 우선권이, 3명의 자녀를 낳은 부인에게는 남편의 후견으로부터 벗어나는 민법상의 '해방'(emancipatio)이 허용되었다.[15] 역시 양쪽 모두 상류층에서나 그 효력을 제대로 향유할 수 있음직한 포상이었다. 마지막으로, 창녀·배우 등 법이 정한 '천류(賤類)의 여성들'(feminae probrosae)을 제외하고 자유민 사이의 자유로운 배우자 선택을 적법혼(iustum matrimonium)으로 간주함을 원칙으로 하면서도, 원로원계층에는 예외규정이 적용되었다. 그들 혹은 그 직계비속과 해방노예 신분——노예 출신의 자유민——간의 결합은 적법혼으로 인정하지 않았던 것이다. 그 결합은 '사실혼관계'(concubinatus)의 법적 지위는 얻되, 대신 그 자녀들은 자유민 신분과 적자로서의 지위를 인정받을 수 없었다.[16]

이상의 두 가지 특징에서 아우구스투스의 이런 의도가 분명해진다. 혼인법은 원칙적으로 자유민 전체에 적용하되, 실은 원로원 신분을 비롯한 엘리트층을 주로 겨냥한다는 점이다. 사실 공화정 말부터 엘리트집단 내에서 혼인제의 위기가 심각해졌던 점을 고려할 때, 이는 꽤 온당한 대응이라고 할 수 있다. ① 고위관직을 둘러싼 경쟁이 한층 치열해지면서 혼인을 지나치게 전략적으로 활용한 결과, 혼인의 전략적 효과 자체를 무산시킬 만큼 이혼-재혼이 극도로 빈번해진 점, ② 비수권(非手權, sine manu) 혼인이 보편화되어 여성이 남편의 통제로부터 상당히 자유롭게 된 점, ③ 내전이 장기화되면서 출산기피의 심리가 증폭된 점 등으로 특히 상류층의 젊은이들 사이에서 혼인을 기피하는 경향이 늘고 있었다.[17] 이들은 차라리 (역시 혼인을 기피하는) 같은 신분의 자유분방한 여성들 혹은 해방노예처럼 신분 낮은 여성들과의 내연관계를 택하는 편이었다. 이 때문에 혼인법은 원로원층에서 이같은 내연관계가 적법혼으로 발전할 가능성을 봉쇄하려 했던 것이다.

다시 아우구스투스의 입법의 특징을 파악하는 과제로 돌아가서, 아직 한 가지를 더 확인해야 한다. 그것은 주로 간통법과 관련된다. 간통법은 기본적으로 혼인법의 보완물이었다.[18] 어쩌면 당연해 보이는 이 점을 새삼 강조하는 것은, 흔히 간통법을 혼인법과 마찬가지로 대증적(對症的) 입법이었다고 인식하기 때문이다. 즉 간통의 만연을 그 배경으로 가정하곤 한다는 것이다. 하지만 방금 말했듯이, 공화정 말에 혼인을 꺼리는 '자유여성'들이 화제가 되기는 했어도 유부녀의 간통이 빈번했다는 기록은 보이지 않는다. 간통법은 그 속성상 예방적이며, 이 경우처럼 혼인법과 결부될 때 특히 그러하다. 그것은 특히 남성들에게 '출산을 위한 혼인'을 의무화하는 대신, 아내의 순결을 보장하겠다는 국가의 약속이었던 셈이다. 공화정기와 달리 남편이 간통한 아내를 살해할 권한을 억제하면서도 제3자의 기소를 허용하는 한편, 아내의 불륜을 묵인하는 남편에 대한 규제가 강화된 점 등은 분명 국가가 순결한 혼인의 정신에 역점을 두었음을 읽을 수 있는 대목이다.[19]

한편 '아버지 닮은 자녀를 낳을' 아내의 덕목을 법제화한 간통법의 이면에, 남편의 혼외관계를 승인하는 '이중기준'이 있었다는 점을 간과할 수 없다. '천류의 여성'들과의 성관계는 간통법이 정한 간음(stuprum) 및 간통(adulterium) 규정에 저촉되지 않았기 때문이다. 그리고 추측일 뿐이지만, 가령 원로원층 남성의 해방노예 유부녀와의 관계가 과연 간통죄로 처벌되었을지 의심스럽다.[20] 아무튼 상류층의 남성들에게는 여러 형태의 혼외관계가 법적으로 용인되고 있었다. '천류의 여성'과의 관계는 체면 때문에 꺼렸다고 해도,[21] 해방노예 같은 낮은 신분의 여성들을 다소 지속적인 '사랑'(amor)이나 순간적인 육욕(voluptas)의 대상으로 삼을 수 있었던 것이다.

이제는 이상의 혼인법과 간통법의 특징들을 토대로 그것들이 상류층의 성관계를 어떻게 구조화했는지를 정리해 보기로 하겠다. 이는 무엇보다 출산을 위한 성과 사랑 혹은 육욕을 위한 성을 공간적으로 엄격하게 격리시키려는 시도였다. 혼인은 오직 출산을 위한 것이며, 사랑에 의한 혼인이나 부부간의 성애는 바람직하지 않으며 심지어 위험하다고 인식되었다. 이 점에서 매우 시사성이 큰 아우구스투스의 생각의 편린이 디오 카시우스(Dio Cassius)에 의해 전해진다. 디오 카시우스에 따르면, 아우구스투스는 원로원층 외에는 누구나 '애정이나 친밀함 때문에' 해방노예 여자와 혼인할 수 있다고 말했다.[22] 그리고 상류층의 그 성스러운 출산의 공간을 지키기 위해 에로티시즘(amor)이나 포르노그래피(voluptas)의 공간을 합법화하는 것은 자신이 내건 도덕회복의 구호와 모순된다고 전혀 생각지 않았다.[23]

3. 연시와 풍자시의 담론: 에로티시즘과 반(反)여성주의

이제 '실제의 구조'를 떠나 담론의 세계로 들어가볼 차례이다. 과연 동

시대 몇몇 문학장르들의 다양한 성관계에 관한 담론은 '실제 구조'와 조
응하는가? 먼저 흔히 성풍속 타락의 증거로 애용되어 온 두 문학장르,
즉 라틴 연시(戀詩)와 풍자시부터 살피기로 하자.

흥미롭게도 라틴 연시의 수명은 아우구스투스의 생애와 대략 일치한
다. 그 효시는 기원전 1세기 중엽의 시인 카툴루스(Catullus)이며, 마지
막은 아우구스투스 치세 말기에 종신추방의 비운을 겪은 오비디우스
(Ovidius) 그리고 그 사이에 프로페르티우스(Propertius)와 티불루스
(Tibullus)가 위치해 있다. 이들은 한결같이 엘레게이아(elegeia)의 운율
로 '사랑'을 노래하며, 대개 시인 자신과 특정 여성의 관계를 소재로 삼
고 있다. 티불루스처럼 연인 델리아(Delia)와 (마치 부부와 같은) 항구
적이고 배타적인 관계를 갈망하는 예외도 있지만, 이들의 관계는 원칙적
으로 혼외관계이다. 하지만 그것은 분명 일시적 육욕의 관계와도 구별
된다. 간혹 노골적인 성애(性愛)의 묘사(즉 포르노그래피)가 보이지만,
시인들의 관심은 다소 지속적인 정서관계에 집중되어 있다. '낭만적 사
랑'(romantic love)이 실로 부부애의 성립과 결부된 근대적 현상이라면,
연시의 '사랑'(amor)이란 시어는 아마 '열정적 사랑'(passionate love)으
로 그 성격을 규정할 수 있을 듯하다.[24]

시인들이 아미카(amica) 혹은 푸엘라(puella)로 부르는 연인들은 매음
굴이나 극장 등지에 터를 잡은 공공연한 직업여성, 즉 '천류의 여성'들이
아니다. (그런 의미에서 티불루스의 또 다른 연인 네메시스 Nemesis와
의 관계는 매우 예외적이다.) 가령 시인들은 연인의 집을 은밀히 드나들
고 또 그 관계에 대해 침묵하는 것을 예의라고 여겼다. 더구나 악기를
연주하거나 시를 선물받을 정도로 교육받은 여성들도 있는 것을 보면,
그들은 여러모로 고대그리스의 화류계 여성(hetaira)에 흡사하다.[25] 이
부류에 속한 여성은 더러 상류층도 있지만 역시 평민층의 '자유여성'이
주었던 것으로 짐작된다. (제정 초에 평민층의 상당 부분은 노예 출신이

었다.) 특히 해방 1세대 여성들(libertinae)의 경우에는, 노예시절의 성체험 등 여러 이유로 인해 정상적인 혼인생활에 실패할 가능성이 높아서, 적어도 그 일부에게 '자유로운' 삶의 방식은 거의 숙명적이었다. 시인 티불루스와 오비디우스는, 이런 '자유여성'들이 외모에서 특히 상류층 기혼여성과 구별되었음을 알려준다. 그들은 후자의 옷차림새의 특징인 스톨라(stola, 겉옷으로 걸쳤던 길이가 긴 옷)와 비타(vitta, 머리띠)를 착용하지 않았다.[26)]

그런데 시인이 빠져 있는 사랑의 안타까운 현실은, 여러 연적들과 경쟁해야 한다는 사실이다. 게다가 시인은 대개 기사층이면서도 한낱 가난뱅이 글쟁이(pauper poeta)에 불과한 처지에, '돈 많은 연적'(dives amator)들을 상대해야 한다. 그 부자친구들은 돈벌이에 신명이 난 기사층의 사업가이거나, 아니면 조국에 많은 전리품을 안겨준 원로원층의 장군들이다. 그래서 선물을 좋아하는 연인의 사랑을 얻기 위해, 사랑의 시밖에는 줄 것이 없는 시인들은 아주 힘겨운 '사랑싸움'(amoris militia)을 벌여야 한다. 하지만 전쟁을 싫어하고 "사랑할 수 있게만 해달라고 애걸하는"[27)] 시인들에게 사랑싸움은 오히려 어울리는 전쟁이며, 희열의 원천이다. 그리하여 시인들은 동맹(foedus), 전투(bellum), 항복(traditio) 등 온통 전쟁이미지의 시어들을 골라 그 사랑싸움을 묘사한다.[28)] 한편 시인은 연인을 정복하려 들지만, 그럴수록 역설적으로 시인은 연인의 '감옥과 사슬'(vincula et catena)에 묶여, 주인(domina)처럼 군림하는 그녀 앞에 노예상태(servitium)로 전락하곤 한다.[29)] 요컨대 연시에서는 혼인에서의 남녀관계가 뒤집혀 있다.

그렇다면 연시의 바탕에 깔린 이념은 반문화적(反文化的) 페미니즘인가? 핼릿(J. P. Hallett)의 생각은 그러하며, 전쟁과 혼인제도에 대한 패러디를 그 근거로 삼는다.[30)] 하지만 남녀관계가 뒤바뀐 듯한 데서 꼭 페미니즘을 읽으려는 것은 상상력의 부족이다. 변덕스런 연인 앞에서 무력한 종이 되는 것, 그것은 벤느의 말처럼 기호게임이거나 ‘열정적 사랑’을 판타지화하는 수법이다. 오비디우스가 종종 연인에게 ‘남편’이 있는 듯이 얘기하는 대목이나 프로페르티우스와 티불루스가 연인과의 배타적인 관계, 즉 의사(pseudo) 혼인관계로 발전하기를 염원하는 대목의 효과도 마찬가지이다.[31] 시인은 말하자면 엄연한 두 현실, 즉 의무감으로 남편을 대하는 아내나 선물을 밝혀 돈깨나 있는 남자만 찾는 혼외의 연인, 그 어느 쪽도 아닌 가난한 자신을 사랑해 줄 연인을 꿈꾸고 있다.[32] 그 꿈의 끝은 대개 좌절과 체념이며 시인은 물론 독자도 애당초 그럴 수밖에 없음을 안다는 점에서, 그것은 판타지요 농담[33]이다. 그리고 그 농담의 기조는 페미니즘이기는커녕, 남성성(masculinity)의 과시에 수반되는 성윤리의 이중기준이다.

한편 그 판타지의 맥락은 분명 혼인 밖이지만, 그렇다고 시인들이 아우구스투스의 혼인법과 간통법이 구현하는 가치, 즉 순결한 혼인과 출산의 이념에 도전한다고 볼 이유는 없다.[34] 종종 그런 반문화적 선언의 명백한 근거로 간주되어 온 프로페르티우스 시의 한 구절——“내 피에서는 결코 군인이 나오지 않으리!”(nullus de nostro sanguine miles erit, II. 7. 14)——은 아우구스투스의 혼인법 제정 이전에 씌어진 것이었다.[35] 출산이 몸매를 망가뜨린다는 오비디우스 시의 언급들[36]은 혼외관계의 연인들과 관련되어 있으며, 티불루스는 오히려 연인과의 사이에서 ‘다시 한 무리’(turba novella)의 자식을 가질 것을 꿈꾸기도 한다. 시의 외적·내적 증거들은 시인들이 혼인 자체를 거부하지는 않았음을 보여준다. 오비디우스는 실제 세 번의 혼인경력이 있으며, 티불루스는 시 속의 연인 델리아가 정식 아내(uxor)가 되어주길 갈망한다. 그밖에 연시들 곳곳에서 이상적 부부의 사례들이 빈번히 나타난다.[37]

오히려 연시의 반문화적 가능성과 관련해 더 문제가 되는 것은, 그것이 혼인의 순결에 대해 조롱함으로써 간통법에 도전했는가 하는 의문이다. 그 근거로 주목된 것은, 시인들이 연인들의 남편(maritus 혹은 vir)들에 대해 언급하곤 한다는 점이었다.[38] 그러나 앞서 이미 지적했듯이, 시의 연인들은 가정주부가 아니며, '남편'의 언급은 판타지의 한 장치였을 뿐이다.[39] 더 강력한 논거는 오비디우스의 『사랑의 기술』과 『사랑』의 몇몇 구절들이 아우구스투스의 문제의 입법들에 저촉되며, 그래서 아우구스투스가 그를 제국의 변방으로 추방했다는 가정이다.[40] 이는 아주 복잡한 논의가 요구되는 문제이지만, 여기서는 그 가정에 대한 반대논거로 한 가지 중요한 의문점만 언급해 두기로 한다. 즉 오비디우스 시의 일부가 추방의 표면적 사유였던 것은 사실이지만, 어찌하여 시가 발표된 지 10년 이상이나 지나서야 그런 법적 제재가 가해졌는가? 오비디우스 자신의 변명처럼, 정작 관련 시구들에서 명백하게 아우구스투스의 간통법에 저촉되는 구절들을 확인할 수 없으므로, 그의 '과오'(error) 즉 추방형의 참된 이유는 연시와는 무관한 정치적 상황이었을 가능성이 크다는 점이다.[41]

요컨대 오비디우스를 포함해 연시작가들은 어떤 의미에서든 아우구스투스 시대의 정치문화에 도전하고 있었던 것이 아니었다. 오히려 그들의 시의 세계는, 혼인의 순결을 위해 실정법이 승인한 에로티시즘을 판타지화한 문학공간이었다. 『사랑의 기술』에서 오비디우스가 공언하듯, 그것은 "안전한 사랑(venus tuta), 공인된 비밀(concessa furta)"에 대한 노래요, "아무런 범죄도 담기지 않은 노래"(meo nullum carmine crimen)였던 것이다(I. 33~34).

연시는 오비디우스가 오지로 추방되는 필화(筆禍)와 더불어, 라틴문학에서 완전히 자취를 감추었다. 그처럼 단명했던 연시에 비해, 라틴 풍자문학의 연륜은 한층 오랜 편이다. 기원전 2세기 말 루킬리우스(Lucilius)의 『풍자시』(Saturae)를 기점으로 서기 2세기 초 유베날리스(Juvenalis)의 『풍자시』(Satirae)까지, 200년 이상에 걸쳐 있다. 그러나 성관계의 주제에 할애된 관심은 극히 제한적이다. 유베날리스의 책의 일부를 빼면, 기원전 30년대에 나온 호라티우스(Horatius)의 『풍자시』(*Satirae*)와 서기 80년대에 씌어진 마르티알리스(Martialis)의 『에피그라마타』(*Epigrammata*)에서 고작 몇 구절을 건질 수 있을 정도이다. 다행스런 것은 유베날리스의 6권이 양적 결핍을 충분히 상쇄해 준다는 점인데, 왜냐하면 거기에는 고대세계에서 유례없는 여성풍자의 집약이 담겨 있기 때문이다.

유베날리스의 여성풍자에서 가장 두드러진 화제는 간통이며, 6권의 총 675행 가운데 301행이 그에 관련되어 있다. 이는 사회현실을 다소 반영하는 것일까? 일견 그렇게 생각하게 하는 상황적 증거들이 있다. 간통법이 제정된 점 그리고 역사서, 서간문, 풍자시, 발레리우스 막시무스(Valerius Maximus)의 『언행록』(*Factorum et Dictorum Memorabilium Libri IX*)과 같은 도덕적 예화집, 심지어 세네카(Seneca)와 퀸틸리아누스(Quintilianus)의 수사학 교본 등에서 간통의 화제가 무성해 보이기 때문이다.[42] 이런 경향이 어떤 특수 현실의 반영임은 분명하지만, 그 현실이 곧 간통의 만연이라고 생각하는 것은 너무 단순하다.

공화정 말 이래 제정 초기까지 간통의 화제는 권력정치의 한 요소였다. 공화정 말의 내전기 동안, 간통은 정적에 대한 비방과 중상의 상투어였으며, 제정기에는 황실 안팎에서 권력암투의 중요한 하나의 계기였다. 수에토니우스(Suetonius)의 『황제전』(*De Vita Caesarum*)과 타키투스(Tacitus)의 『연대기』(*Annals*)가 보여주듯, 특히 황실여인의 배우자 혹은 그 자녀는 황제권력의 안위나 승계의 주요 변수라는 점 때문에 빈번히 간통혐의에 휘말리곤 했다.[43] 황실의 저 유명한 사건(cause célèbre)들 그리고 그 사건의 중심에 놓인 여인들은 당연히 상류층의 은밀한 가십거리가 되게 마련이었다. 그 결과 간통, 특히 여성이 주역을 맡는 간통의 화제가 크게 증폭되었을 가능성을 배제할 수 없다. 실제로 황실은 물론 상류층에서 여성의 간통이 그렇게 빈번한 사건이었다면, 에드워즈가

정당하게 제기한 의문처럼, 사생아라는 비방이 정쟁에서 거의 쓰이지 않았다는 점은 쉽게 이해할 수 없다.[44]

　다시 유베날리스의 풍자시 6권으로 돌아가서, 거기서 부각되는 여성간통의 화제를 단순히 '사실적' 증거들로 취급하는 데 유의해야 할 또 다른 이유가 있다. 즉 문학사 및 문화인류학적 비교자료들은, 그처럼 여성의 간통을 단골주제로 삼는 반(反)여성주의 담론이 지중해사회들에 공통되는 특징임을 시사하기 때문이다. 이를테면 아테네의 희극작가 아리스토파네스(Aristophanes)의 3대 '여성극'——「뤼시스트라타」(Lysistrata) 「여자들만의 축제」(Thesmophoriazousai) 「여자들만의 민회」(Ekklesia-zusai)——은 문학사적으로 그 두드러진 예이다. 거기서 우리는 여성의 음주, 딴 남자 아이를 집 안에 들여오기, 딴 남자에게 창고열쇠 넘겨주기 등 궁극적으로 여성의 간통으로 귀결되는 여러 가지 아내의 비행목록을 읽을 수 있다.[45]

　하기야 이와 같은 반여성주의적 담론은 서구문학사에서 거의 보편적 현상임이 사실이다. 하지만 중세 이래 서구의 반여성주의 담론의 두 원류는 유대적인 것과 그리스·로마적인 것이며, 특히 극단적 가부장제 사회였던 그리스·로마의 그것이 각별했다는 점은 인정되고 있는 듯하다.[46]

　이와 관련하여, 지중해연안 사회들에 대한 인류학자들의 최근 보고도 흥미로운 비교자료를 제공한다. 가령 안달루시아(Andalusia)에서는 남성들이 누구나 오쟁이 지게 될 것을, 그래서 아내의 성욕에 의해 파멸할 가능성을 두려워한다는 인류학자의 보고는, 너무도 그리스·로마의 간통 화제와 닮아 있다.[47] 고대로마 사회의 증거들과 지중해 인류학의 자료들 사이의 상사성은 여성의 간통 화제에만 그치지 않는다. 유사함은 남성의 간통에 대한 양가적 태도에서도 드러난다. 즉 그것은 반드시 비난거리인 것이 아니라, 권력과 남성성의 표상으로도 인식된다는 점이다.[48] 이른바 '지중해사회론'의 인류학자들은 그것을 '명예와 수치'의 가치체계를 특징으로 하는 그 지역 남성들의 전형적인 성관념이라는 가설을 제시한다.[49] 즉 거기서는, 한편으로 남자의 성의 공격성과 지배성을, 다른 한편으로 '내 여성들'(특히 아내)의 성적 순결을 명예와 수치의 주요 준거로 여긴다. 그 결과, 아내의 순결을 위한 강한 통제의지의 한편에, 아내에게 속을 것에 대한 불안이 자리잡고, 그 불안은 빈번히 여성에 대한 공격성으로 표출된다. 여성에 대한 불안과 공격의 양면적인 심리구조, 그것은 바로 지중해사회에서 흔히 나타나는 여성간통 화제의 근원이며, 유베날리스의 6권은 서구문학사 전체에서도 압권이다.

여성간통의 화제에서 핵심 가정의 하나는, 여성은 어리석고 불완전한 존재(imbecillus et invalidus sexus)인 반면, 남자보다 강한 성욕을 가졌다는 인식이다. 메살리나(Messalina)의 두드러진 예화를 비롯해 유베날리스의 6권 전체가 그 인식을 바탕에 깔고 있거니와, 루킬리우스·호라티우스·마르티알리스의 글 속에 풍자시들에 공통된 화제로 등장한다.[50] 아내를 창녀와 관계하듯 대하지 말라는 권고, 아내가 능동적이면 어머니 닮은 아이를 낳는다는 견해, 아내의 외출을 단속하라는 권고 등은 모두 그런 선입견이 만들어낸 지혜들이다.

그런 아내들을 통제하지 못하면 어떤 결과가 초래되는가? 유베날리스는 그 결과들에 대한 불안감을 조성하는 데 각별한 관심을 가진다. 물론 가장 두려운 것은 오쟁이 지게 된다는 것이다. 그것도 검투사, 무언극 배우, 가수 나부랭이에 당하기 십상이다. 바람난 아내가 화장, 장신구 등으로 사치하느라 남편의 재산을 탕진할 것도 역시 자명한 이치다. 혹 지참금깨나 갖고 온 여자라면, 이미 남편과 함께 주연을 즐길 정도가 아니면 남자 위에 군림할 것이다. 그러나 최악의 상황을 알려면 6권의 끝까지(592~661행) 읽어가야 한다. 출산을 거부한다면 그래도 사정이 괜찮다. 아내는 딴 남자의 애를 낳을지 모르며, 필요하다면 이상한 약으로 가족을 호리고, 궁극적으로는 남편을 죽이려 들지 모른다는 것이다.

요컨대 유베날리스의 풍자는 간통여성의 스테레오 타입에 집중되어 있다. 하지만 리클린(A. Richlin)의 제안처럼, 거기서 보이지 않는 것들을 생각해 봄으로써 그 특징을 한층 분명하게 할 수 있다.[51] 즉 거기서는 다소 근대적으로 보이는 스테레오 타입들——즉 오쟁이 진 남편에 대한 조롱, 간통하는 남편, 남편을 빼앗는 여자——이 빠져 있다. 이들은 역시 하나의 방향을 가리킨다. 풍자시의 반여성주의는 지중해연안의 특히 강한 가부장제 사회들 혹은 명예/수치 문화에서 나타나는 공격적 남성주의의 다른 얼굴이며, 또한 아내에게 남편 닮은 아이를 낳도록 간통법을 제정했던 정치문화의 반영이다. 따라서 풍자시에서 당대 성풍속의 실태를 읽으려는 시도는, 그저 나이브(naive)한 역사인식에 머무르는 것일 뿐 아니라, 부지중에 풍자시인들의 이념에 동조하는 셈이 된다.

4. 도덕적 · 철학적 담론: 얼마나 새로운가?

이제 마지막으로 푸코와 벤느가 제정 초에 새로운 성윤리관의 출현을 주장하는 근거로 삼은 도덕적 · 철학적 담론에 대해 살펴볼 차례이다. 3절에서와 마찬가지로, 여기서도 토론의 목표는 이중적이다. 그들이 문제의 도덕적 · 철학적 담론에 부여하고 있는 역사적 맥락과 거기서 포착한 새로운 성도덕의 구체적 내용들을 비판적으로 검토하는 한편, 그 담론 속에 일탈적 요소가 존재함에도 불구하고 이념의 기본구조는 오히려 2~3절에서 분석한 제정 초 성관계의 실제 및 관념에 근사한 것임을 논하고자 한다.

우선 두 사람의 테제는 이렇게 요약된다. 제정 초, 정치체제가 군주제로 전환함에 따라 상류층 남성들 사이에서 성과 혼인(혹은 부부관계)에 대한 태도에 변화가 일어난다. 즉 공적 공간에서 타인과의 권력경쟁을 통해 자아를 실현하던 조건이 소멸됨에 따라, 자아실현의 계기는 자연히 자신과 가정으로 집중되고 또한 정치경쟁의 소멸과 함께 공화정 후기처럼 혼인을 전략적으로 활용하던 관행 또한 사라진다는 것이다. 이를 푸코의 말을 빌려 부연하면 이렇다. "정치생활의 새로운 상황이 신분과 임무, 권한과 의무 사이의 관계를 변화시킨 바로 그 순간부터 상반되는 두 가지 현상이 발생했으리라는 것을 추측할 수 있다. 자기 신분과 그것을 가장 눈에 띄게 나타내주는 요소들… 의복, 주거, 관대하고 아량 있는 행동, 소비행위 등… 자신의 신분에 가능한 한 자기를 맞추려고 애쓴다. …그와 달리 자신의 정체성을 자기와의 순수한 관계 속에서 규정하려는 태도를 보게 된다. …결혼행위나 정치게임 내에서의 이러한 변화를 통하여, 우리는 자제의 전통적인 윤리학이 표명되는 상황이 어떻게 변화되었는지를 볼 수가 있을 것이다. 자제는, 사람이 자기 자신에 대해 행하는 우월함과, 한 가정의 범위 안에서 행하는 그것… 가정 내에서 아내에 대해 행해지던 우위의 관계는 평등하고 상호적 형태로 이루어지게 된다"[52] (강조는 필자). 그리고 이러한 주장의 근거로, 1~2세기에 원로원 의원이었던 소(少)플리니우스(Plinius)의 서간문에서 보이는 새로운 부부관계의 사례, 1세기 후반에 활동한 도덕론자 플루타르코스(Plutarchos)와 세네카, 무소니우스(Musonius) 같은 스토아 철학자들의 저술들이 분석되고 있다.

여기서는 그 도덕주의 담론의 사회적 의의가 과장되거나 아니면 적어도 모호하다는 점에 주목할 필요가 있다. 물론 푸코와 벤느는 스스로 그 담론의 고립성을 자주 언급한다. 가령 푸코는 "제정기의 처음 두 세기는… 자기함양에서 일종의 황금기로 간주될 수 있을 것인데, 잘 알다시피 이 현상은… 수적으로 매우 제한된 사회집단에만 관계된 것이었다"[53]거나 "그것은 이후의 세기들에서나… 보다 일반적인 효력을 취하게 될 다른 도덕의 초안을 몇몇 엄격한 철학자들이 그렇지 못한 것처럼 보이는 세계 한가운데 고립된 채 정식화시켰다는 말이 된다"[54]고 말한다.[55]

그러나 두 사람은 동시에 모호한 글쓰기의 효과를 십분 활용한다. 즉

그 담론형성의 배경으로 제정 초의 정치·사회적 변화를 기술해 양자의
인과관계를 암시하거나 혹은 앞의 인용문에서처럼 다소 분명히 강조하
기도 한다.[56] 그런데 그들의 담론이 정녕 그들의 주장처럼 고립된 것이
라면, 과연 그것의 생성을 가능케 한 사회적 배경에 대한 논의가 필요할
까?[57] 그들의 관점에서 드러나는 또 하나의 문제는, 부분을 전체로서 과
장한다는 점이다. 이미 3절에서 보았듯이, 제정 초의 성과 혼인에 관한
담론형식은 비교적 다채로운 것이었다. 그런데 그 다양성을 무시한 채,
그들은 규범적·철학적 범주의 문헌들만으로 제정 초 성관계의 실천과
담론 전체를 논한다. 푸코에게 종종 가해지던 비판, 즉 그의 저술들이
문화구조들 속에서 '고립된 전체성'(an isolated totality)을 만들어낸다는
비판은 여기서도 타당해 보인다.[58]

　자료의 자의적 선택과 해석은 구체적 사례들에 대한 논의에서도 드러
난다. 가령 '상호 애정과 조화'에 입각한 부부관계의 사례로 소(少)플리
니우스를 다룬 방식을 보자. 우선 푸코는 플리니우스의 서한들에서 자
신의 논지에 적합한 몇 개만을 선택한다. 그리하여 플리니우스를, 아내
를 열렬히 사랑할 뿐 아니라 아내의 가사(家事)와 자신의 공사(公事)
에 관해 서로 대화하고 격려하는, 새로운 타입의 가장으로 그린다.[59] 그
러나 만일 푸코가 그 부부 사이의 엄청난 연령차이──플리니우스는 40
대 중반, 그 아내 칼푸르니아(Calpurnia)는 10대 초반 ──를 알았더라면,
과연 그것을 조화로운 동반관계로 보았을까? 플리니우스가 어린 아내
를 강렬한 육체적 욕망과 애정으로 대했다는 점은, 푸코가 길게 인용한
한 서간에서도 분명하게 드러난다.[60] 하지만 플리니우스와 아내의 관계
는, 푸코가 주장하듯이 젊은 아내를 아버지처럼 대하던 (고전기 그리스
의 이상적 부부관계의 한 전형을 보여주는 크세노폰 Xenophon의 『가정
학』Oikonomikos의 주인공) 이스코마코스(Ischomachos)의 그것과 다르
지 않다. 어린 아내에게 가사는 물론 라틴문학에 대해서까지 훈육하려

했던 플리니우스의 태도는 전통적인 가장의 그것이지, 부부관계를 평등하고 상호적인 것으로 혁신하려 했던 남편의 그것이 아니었다.[61] 플리니우스의 진면목은, 푸코가 무시해 버린 그의 다른 서간들에서 오히려 더 잘 드러난다. 즉 고아가 된 질녀에게 신랑감을 권하면서, 원로원 신분·용모·인맥·가문의 재력은 질녀의 '정숙함'에 대한 보상이 되고 남는다고 말한다.[62] 혼인관 및 부부관계에 대한 플리니우스의 가치관은 분명 새로운 것이 아니었다.

한편 실천이 아닌 담론의 차원에서는 어떤가? 푸코와 벤느에 의하면 그 담론이 제시하는 새로운 부부관계란 ① 혼인의 가치 중시, ② 타자로서 아내에 대한 존중, ③ 균형적 관계로부터 비롯된 화합과 동반의 관계로 특징지어진다.[63] 푸코의 말을 빌려 좀 달리 표현하면, "이 몇몇 텍스트들… 거기서 비록 단편적일지라도 부부생활의 뚜렷한 모델의 초안을 볼 수 있다…. 가족체계는… 삶의 기술 안에서 성이 다른 두 사람을 연결하는 유대에 비교하면 약간 그 가치를 잃었다. 그것은 자기에의 배려와 둘이 하는 삶에 대한 배려가 밀접하게 결합된 것"[64]이다.

그런데 푸코의 주장은 과연 그 텍스트들의 메시지에 충실한 것인가? 우선 플루타르코스는 가장 부적절한 선택이라 생각된다. 그가 플리니우스·세네카 등과 로마문화를 공유한다고 볼 수 없다는 지적을 제쳐놓더라도,[65] 그의 『신혼부부에의 충고』(*gamika parrangelmata*)에 담긴 제안들은 분명 남편의 성적 자기절제는 물론, 균형적인 부부관계의 명제와 거리가 있다. 플루타르코스는 신부에게 남편의 외도에 투기하지 말 것이며, 오히려 남편이 성적 방종에 휩싸이지 않음을 감사하라고 충고하고 있다(140B). 플루타르코스가 '자기에의 배려'에서 성욕을 절제하는 남편을 전제로 하지 않고 있음은 다른 글에서의 충고로도 확인된다. 그는 아내가 질투할지 모르니, 성적으로 절제하라고 권하는 것이다.[66] 『신혼부에의 충고』에 "대화와 동반관계"(*homilia te kai… symperiphora*)에 대한 언급이 있지만, 플루타르코스는 기본적으로 수직적 부부관계, 부창부수의 관념을 전제로 한다.[67] 신부는 성관계에서 수동적이고, 지참금이나 미색과는 상관없이 남편의 지도와 성품에 순응해야 하며, 따라서 역으로 신부의 됨됨이는 신랑 하기 나름이라고 충고한다. 신부가 사치하거나 미신에 빠지길 원치 않는다면, 신랑은 신부의 "길잡이요, 교사"(kategetes, didaskalos)가 되어야 하는 것이다(145).

한편 스토아주의자들인 세네카와 무소니우스의 철학적 가르침에는 어떤 새로운 요소들이 담겨 있는가? 우선 혼인의 이념으로 말하면, 그 논거는 아우구스투스의 입법 및 그것으로 수렴된 공화정기의 전통적 관념과 흡사하다. "자녀를 낳아 국가를 성장케"(poioumenou paidas kai polin auksontos, 14) 하기 위해 혼인해야 한다는 무소니우스의 주장은, 멀리는 "일시적 쾌락이 아닌 영원한 복지를 위해" 동료들의 혼인과 출산을 촉구했던 기원전 2세기의 원로원 의원 메텔루스(Metellus)의 논변을, 가깝게는 "국가의 온상"(seminarium rei publicae)에 비유한 키케로(Cicero)의 혼인이념을 상기시킨다.[68]

혼인은 출산을 위한 것이므로, 두 스토아주의자들은 부부간의 쾌락적 성관계를 금지한다. 세네카는 「혼인론」에서 아내를 애욕(affectus)보다 이성으로 대할 것을 권유하며, 아내를 간부(姦婦)처럼 사랑하는 것보다 더 추한 것은 없다고 말한다.[69] 무소니우스 역시 "혼인에서조차 쾌락을 추구하는 성은 옳지 않다"(aphrodisia… ta de ge hedonen theromena… adika… kan en gamoi ei, 12)고 경고한다. 이것은 새로운가? 그렇지 않다. 아내를 성애의 대상으로 삼지 않는다, 다시 말해 혼인은 쾌락(voluptas)의 공간이 아니라는 것은 역시 로마의 오랜 사고방식이었다. 아내는 오로지 출산을 위해 존재한다는 관념 때문이든, 아니면 아내에 관한 한 천부적으로 강한 여성의 성욕을 일깨우는 것은 위험하다는 편견에서든, 아내와의 성애는 기피되었다. 성욕을 채우려 할 때는 노예와 관계했다는 스키피오 아프리카누스(Scipio Africanus)의 예화나,[70] 이미 언급한 예이지만 원로원계층만은 '친밀함'을 위해 낮은 신분과 혼인하는 것을 용납하지 않았던 아우구스투스의 결단은 모두 그런 사고방식을 반영한다.

　두 스토아주의자들의 제안 가운데 한 가지 색다른 것은, 남성의 혼외 성관계를 금지하는 대목이다. 세네카는 아내에게는 정절을 요구하면서 자신은 정부를 두는 남성의 사악함을 힐난하고 있으며, 무소니우스는 아내가 아닌 여성이나 자신의 노비와 성관계를 갖는 것은 자제력이 없는 사람이나 할 일이라고 못박고 있다.[71] 이는 혼인 밖에서 일어나는 남성의 성애에 관용적이던 당대 로마인의 성관념이나 실제와는 분명 대조적이다. 세네카는 부부간 의무의 상호성을 이유로 들고 있으나, 그 금지의 궁극적인 근거는 '쾌락을 위한 성'에 대한 불관용이며, 그 점에서 '자제력'을 강조한 무소니우스와 다를 바가 없다. 그리고 성욕절제의 요구는 출산(궁극적으로 국가)을 위한 성이라는 명제와 표리를 이룬다고 보아 좋을 것이다.

　그런데 이 점에서 두 스토아주의자들의 금지에 어떤 역사적·사회적 의미를 부여해야 하는 것일까? 그 대답은 부정적이다. 사실 플라톤의 『파이돈』이 잘 예시하듯이, 그리스·헬레니즘 철학에서 정념(情念) 즉 육체적 욕망 일반의 극복은 '철학을 하는'(philosophize) 데 있어서 필수조건이었다. 두 스토아주의자들, 특히 무소니우스의 경우 훈시의 맥락은 역시 '철학자의 삶'이다. 그는 아내와 딸 그리고 왕도 '철학을 해야 한다'(philosopheton)고 강조한다.[72] 그러나 철학적 삶을 위한 훈시에서, 이 스토아주의자들——특히 무소니우스——은 경쟁하고 있던 에피쿠로스주의의 다른 실천방안들을 의식해야 했으리라는 점에 유의할 필요가 있다. 가령 "철학자도 혼인해야 하는가"라는 질문에 대해 에피쿠로스주의는 아무래도 좋다고 답변한 반면, 스토아주의는 앞서 보았듯이 출산과

국가를 위한 혼인의 의무를 역설했던 것이다.[73]

이처럼 공공생활에의 참여를 철학적 삶에 필수적이라 간주한 점은 로마에 들어온 스토아주의의 주요 특징이지만, 그러나 결코 새삼스러운 얘기는 아니었다. 푸코도『성의 역사』제2권(『쾌락의 활용』)에서 주목하듯이, 플라톤의『법률』같은 기원전 4~3세기의 문헌 속에서 국가를 위해 여성은 물론 남성의 모든 성활동을 부부관계에만 국한하려 했던 선례를 찾을 수 있기 때문이다.[74] 요컨대 스토아주의자들의 제안은, 특별히 제정 초 로마사회를 배경으로 하는 고유한 성찰이기보다 철학적 삶의 실천이라는 오래고 진부한 담론의 일환이었던 것이다.

그럼에도 불구하고 성욕의 제한에 관련하여, 푸코는 스토아주의자들의 제안과 그리스 선례들의 차이를 매우 중시한다. 즉 후자와 달리 전자에서는 '부부간의 성적 상호충실성'이 강조되는데,[75] 이는 바로 그리스와 로마의 성윤리관을 구별케 하는 중대한 차이라는 것이다. 그러나 뉘앙스에 불과한 것을 그렇게 무겁게 다루어도 좋을지 의문이다. 이미 아리스토텔레스가 "혼인이 지속되는 한, 배우자 어느 한쪽의 부정은 불명예로 간주해야 한다"고 말했던 점은 그만두더라도, 과연 그 스토아주의자들이 상정하는 이상적 부부관계는 수평적이고 상호적인 것인가?[76] 더 나아가 그들은 성의 평등을 상정하는가?

여성도 이성을 소유하며, 따라서 철학의 연마 즉 교육을 통해 덕(virtus)을 갖출 수 있다고 말하는 점을 보면, 일응 그렇게 생각할 수도 있다. 그러나 무소니우스는 여성도 철학을 해야 하는 이유에 대해 이렇게 말한다. 그래야 "여성이 주제넘지 않고… 가정을 잘 관리할 것"이며, "순종하며 손수 일할 것"(stergein kai autourgein)이기 때문이다.[77] 이는 수평관계라기보다 이미 플루타르코스에서 보았던 수직관계에 가깝다. 그리고 확실치는 않지만 세네카의 생각도 크게 다르지 않다. 그는 한곳에서 분명한 이유를 밝히지 않은 채 부부역할의 평등에 대해 언급하고 있지만,[78] 수평관계를 염두에 둔 것이 아님을 시사하는 단서들이 훨씬 우세하다. 그에게 이상적 부부의 모델은 오디세우스(Odysseus)와 페넬로페(Penelope)인바, 무엇보다 그는 여성에 대한 강한 편견의 소유자인 까닭이다. 그는 '여성적인 것과 수치스러운 것'(humile ac muliebre)을 동일시하며, 심지어 동물성(ignobilis bestia)과 비교하기도 한다.[79] 그가 보기에, 여성이 철학을 통해 덕을 갖춘다는 것은 곧 '남자답게'(viriliter) 행동하게 됨을 의미하는 것이었다.

물론 성의 불평등, 부부의 수직관계를 전제한다고 해서 부부관계의 상호성이 원칙적으로 배제되지는 않는다. 말하자면 무소니우스가 권고하듯이 부부가 "서로에 대한 배려"(kedemonia peri allelous, 13A)를 가질 수 있는 것이다. 그렇다면 이 점에서 스토아주의의 제안은 얼마나 새로운가? 그리 새로워 보이지 않는다. 로마의 전통적인 부부관계는, 성애는 물론 애정이 배제된 것이었음에도 불구하고 가정관리를 위한 역할분담과 그에 기초한 동반자관계라는 인식을 수반하였다. 가령 남편이 제사, 자녀의 양육과 혼담 등 가사에서 주부(matrona)의 고유한 역할을 존중했던 예는 풍부하다. 혼인의 성스러움이 좀더 강했던 공화정 초기로 거슬러 올라갈 것도 없다. 혼인과 이혼이 비교적 자유로워진 공화정 말기에도 여전히 그 관념은 한 묘비명에 뚜렷한 흔적을 남기고 있다. 기원전 40년대에 상류층의 한 남편이 아내에게 바친 유명한 송덕비 「투리아를 위한 송사」(Laudatio Turiae)가 그것이다. 투리아는 임신할 수 없었던 부덕한 아내였건만, 그 남편은 아내의 정절(pudicitia)·신의(fides)·복종(obsequium)을 칭송한 뒤, 생전에 부부 사이의 '친밀한 동반관계'(comitas, facilitas)를 회상한다.[80] "부부애, 의무감… 즉 사랑에 의한 복종"이 공화정시대에는 볼 수 없었던 제정 초의 새로운 현상이라는 벤느의 주장에는 동의하기 어렵다.[81]

5. 맺음말

이상의 긴 논의를 요약해 보기로 하자. 이 글은 제정 초 로마 상류층의 성관계에 대해 각기 '타락의 만연'과 '도덕화의 맹아'라는 상반된 이미지를 제시하는 현대의 두 시각을 비판적으로 검토하고 있다. 그 출발점은, 두 시각이 관련된 제정 초의 다양한 담론들 가운데 각각 서로 다른 유형들에 의존하고 있어서, 결코 실제를 균형 있게 반영하지 못한다는 가정이었다. 그렇다고 이 글의 목적이 좀더 균형 잡힌 실제를 제시하려는 데 있는 것은 아니다. 오히려 그 실제의 구체성은 물론 그에 대한 도덕적 평가는 사실상 무익하거나 불가능한 문제 설정으로 간주하고, 대신 이 글은 제정 초 로마의 성관계 관련 실정법들이 개인들의 성관계의 선택을 강하게 규제했다는 의미에서, 그 실정법에 대한 분석이 '실제의 구조'에 접근할 수 있게 한다고 보았다. 그래서 2절은 아우구스투스의 혼인법과 간통법의 내용을 분석하고 있고, 그 결과 다음의 결론을 제시하고 있다. 즉 그 법들은, 특히 상류층에서 출산을 위한 혼인을 강제하고 또 그 혼인의 순결성을 보장하려는 국가의 의지를 강력하게 집약하고 있으며, 국가는 특히 혼인의 순결성을 보장하기 위해 한편으로는 간통을 규제하고, 다른 한편으로는 '적법한 혼인'(matrimonium iustum) 밖의—즉 사실혼(concubinatus)이나 매춘의—성관계에 대해서는 그것을 관용하여 범법화하지 않는 원칙을 취하고 있다. 다시 말해 국가는 남성에게 출산을 위한 혼인과 성애를 위한 혼외 성관계라는 성관계의 이원화, 이중기준을 허용하고 있다는 것이다.

이 글은 또 다른 목적을 갖고 있다. 즉 로마제정 초의 다양한 담론들은 상반된 시각들의 근거로 활용될 만큼 서로 근본적으로 이질적인 것이 아니라, 어쩌면 성차(gender) 및 성관계(sexual ralations)의 문제와 관련해 대체로 2절에서 확인한 '실제의 구조'에 상응하는 '관념의 구조'를 공유할 것이라는 가정을 논증하는 것이다. 그러기 위해 3절과 4절에서는 각 담론형식에 내재한 관념을 다시 분석하고 있다. 3절에서는 특히 제정 초 상류층의 성도덕이 여성들의 방종으로 인해 타락했다는 오랜 통념의 근거로 활용되어 온 연시와 풍자시를 검토하고 있다. 연시는 종종 아우구스투스의 성관계 관련 입법에 대한 도전이며, 뒤집힌 남녀관계를 묘사한다는 점에서 반체제적이며 페미니즘적이라고 해석되어 왔으나, 이 글은 그와는 다른 해석을 제시하고 있다. 즉 연시는 시인과 연인의 관계가 기본적으로 혼외관계이며, 그런 점에서 아우구스투스가 합법화한 성애(eroticism, pornogrphy)의 공간을 시인이 판타지화하거나 게임의 형식으로 표현한 결과이므로, 반체제적이지도 페미니즘적이지도 않다. 그것은 오히려 실정법이 구현하는 국가 및 남성(가장) 중심의 이원적 성관계의 구조에 순응하는 세계를 그리고 있다. 한편 성차의 규범을 넘어서고, 간통을 위시한 문란한 성관계를 주도하는 여성들에 대한 공격을 담고 있는 풍자시에 관련해서는, 그것이 어느 정도 실제를 반영한다고 인정할 수 없는 근거를 제시하려 했다. 즉 그리스-로마 문학의 여성풍자에 나타나는 전형적인 반여성주의 화제들은, 상당한 정도로 지중해사회에 토착적인 가치체계의 일환으로 보아야 한다는 것이다. 즉 남성의 성의 공격성에 대해서는 관용적이거나 종종 과시적이면서, 여성의 성에 대해서는 강한 불신과 두려움을 갖는, '이중기준'의 남성중심주의(혹은 가부장제)가 현저하다는 지중해 인류학의 보고들은, 여러모로 로마제정 초의 풍자시의 맥락을 제대로 점검할 비교자료로서 가치가 크다고 생각된다. 요컨대 연시와 풍자시는, 2절에서 검토한 성관계의 이원화 이중기준에 부합되는 담론의 형식으로 볼 수 있다.

마지막으로 4절은, 제정 초의 도덕·철학적 담론에서 당대의 정치·사회적 상황에 조응하면서 새로운 성관계의 도덕률을 정립하는 움직임이 있었다는, 푸코와 벤느의 가정을 재검토하고 있다. 그 결과 문제의 담론의 내용은, 두 연구자의 가설을 그렇게 분명히 보증하지 않는다는 결론에 이르렀다. 우선 그들이 근거로 삼았던 문헌들과 사례들은, 그것들이 각기 속한 합당한 맥락 속에서 파악될 때, 서로 정합적이지 않음이 드러난다. 특히 플루타르코스와 플리니우스의 사례는 부적절한 논거들이었다. 한편 스토아주의자들인 무소니우스와 세네카는 그들의 좀더 유력한 근거로 남는 것이 사실이다. 특히 당대 로마사회의 통념 및 관행과는 달리, 그들이 남성의 혼외 성관계를 금지한 대목이 그렇다고 할 수 있다. 그것은 분명 유일하게 새로운 점이지만, 그러나 그 성적 절제의 실천이 당대 로마의 정치·사회적 변화에 조응하는——따라서 역사성을 갖는——성도덕의 혁신이라고 주장하기에는 근거가 너무 취약하다. 더욱이 남성의 혼외 성관계의 금지가 부부(혹은 남녀)의 수평적·상호적 원칙에 입각한다는 점에서 새롭다고 한 주장은 성립하기 어렵다. 오히려 남성의 성적 절제의 요구는, 철학자는 성욕을 포함한 모든 욕망을 절제해야 하며, 성은 다만 국가에의 의무라는 점에서만 용납된다는, 오래된 그리스-헬레니즘 철학의 명제를 따르는 것으로 간주해야 한다고 판단되며, 그렇다면 그 요구가 제정 초 로마의 상황에서 갖는 각별한 역사적 의미는 소멸된다. 그렇다고 4절의 궁극적 의도가, 철학적·도덕적 담론조차 2절에서 분석한 성관계의 이원적 구조에 부합됨을 논증하는 것은 아니다. 그 의도는 보다 소극적이다. 즉 단지 푸코와 벤느가 가정하는바, 제정 초의 정치·사회적 상황에 조응하여 성윤리의 새로운 모델(도덕화)이 등장한다는 가설을 해체하는 데 있다. 그럼에도 불구하고 분석해 본 결과, 그 담론을 구성하고 있는 문필가들 대다수가 지닌 성차 및 성관계의 관념은, 대체로 당대의 상류층 남성들과 공통점이 많은 것이었다고 생각된다. 1~2세기 로마 상류층 속에서, 사회적으로 의미 있고, 또 한편으로 다가올 기독교적 성윤리를 예비하는, 성관계의 관념의 태동을 찾는 것은 다소 무리라 생각된다.

주

1) 카툴루스(Catullus)나 티불루스(Tibullus)의 연시(戀詩)들에서 볼 수 있듯이, 고대로마의 상류층 남성들 사이에서 동성애는 분명 무시 못할 요소였던 것이 사실이나, 성관계의 제도적 규제와 담론 사이의 관계를 주제로 삼는 이 글은, 제정 초기의 혼인법 및 간통법 같은 실정법들이 이성간의 성관계만을 문제시했다는 이유 때문에, 동성간의 혼외관계는 논외로 한다.

2) C. Edwards, *The Politics of Immorality in ancient Rome*, Cambridge Univ. Press 1993. 에드워즈는 서론에서 "로마인들에게 사치와 육욕은 같은 근원에서 나오는 악덕들이었다. 성적 유혹에 빠지기 쉬운 자들은 먹고 마시는 것, 그밖의 물질적 소유욕에도 탐닉하기 쉽다고 여겨졌다"(p. 5)고 말하고 있다. 정치적 비행과 성적 타락의 관련에 대해서는 S. Treggiari, "Leges sine moribus"(*The Ancient History Bulletin* 8, 1994, pp. 86~98) 참조.

3) *Daily Life in Ancient Rome*, Yale Univ. Press 1940. 특히 4장 4절 "페미니즘과 도덕 타락"(feminism and demoralisation) 참조. 한편 로마법학자 코벳에게서도 비슷한 관점이 엿보인다. 그는 "여성의 자립과 방종의 증대"에 대해 언급하고 있다(P. E. Corbett, *The Roman Law of Marriage*, Oxford, 1930, p. 130).

4) P. Veyne, *Roman Erotic Elegy*, Chicago, 1988, p. 69 참조.

5) G. Fau, *L'emancipation feminine dans la Rome antique*, 1978. 특히 8장 참조.

6) 미셸 푸코, 『성의 역사』(*L'Histoire de la Sexualite*) 3권, 이명목·이혜숙 옮김, 나남 1990; P. Veyne, "La famille et l'amour sous le Haut-Empire Romain," *Annales E. S. C.* 33, 1978, pp. 35~63.

7) 『성의 역사』 전체는 물론 특히 3권의 테제와 그것이 푸코가 구상한 서양 도덕론의 계보에서 갖는 의미에 대한 간결하고 적절한 소개로는 J. G. Merquior, *Foucault*(London, 1985, 9장) 참조.

8) 예컨대 벤느는 한곳에서 이렇게 단언하고 있다. "카이사르에서 마르쿠스 아우렐리우스에 이르는 동안, 준법행위의 도덕이 내재화된 덕의 도덕으로 전환되는 커다란 변화가 일어났다. 기독교의 승리는 바로 그 때문이며, 그 반대가 아니다"(P. Veyne, 앞의 글, p. 56).

9) '상류층'이란 모호한 개념이며, 사실 이 글은 그 모호함이 주는 이점을 의식하면서 그 단어를 쓰고 있다. 문헌증거의 관심은 거의 원로원계층에 집중되어 있으므로, 상류층이라 말할 때 주로 그들을 염두에 두고 있지만, 그러나 원칙적으로 유산층인 에퀴테스(equites, 고대로마의 기사계급)를 그 범주에서 배제할 수는 없을 것이다.

10) D. Nörr, "The Matrimonial Legislation of Augustus: An Early Instance of Social Engineering," *Irish Jurist* 16, 1981, p. 358; 김덕수, 「아우구스투스의 혼인법들과 프린켑스의 정치」, 『서양고전학 연구』 11, 1997, 316~20쪽 참조. 신체제 건설과정에서 공화정기의 지배집단을 통제(regimentation)하는 과제와 관련해, 아우구스투스의 사적 영역에 대한 이런 공세가 실제 어떤 정치·사회학적 효과를 겨냥했는지에 대해서는 비교사적 전망에서 더 고찰할 필요가 있다. 인류학적 비교연구의 일례로는 Y. A. Cohen, "Ends and Means in Political Control: State Organization and the Punishment of Adultery, Incest, and Violation of Celibacy"(*American Anthropologist* 71, 1969, pp. 658~87) 참조.

11) 혼인법은 4세기 초 콘스탄티누스 황제에 의해 그 골자 조항들이 폐지되었고, 간통법에 의거해 설치된 상설법정(quaestio de adulteriis)은 3세기 초 이래 그 기능이 완전히 정지된 듯하다. J. E. Grubbs, *Law and Family in Late Antiquity*, 1995, pp. 112~23, 205 참조.

12) M. Humbert, *Le Remariage a Rome*, Milano, 1972, pp. 171~72 참조; D. Nörr, 앞의 글, pp. 352~58.

13) 김경현, 「공화정 후기에서 제정 전기 사이 로마 상류층에서 '여성해방'의 실제」, 『서양고

전학 연구』 11, 1997, 344~45쪽; M. Humbert, 앞의 책, pp. 146~50 참조.

14) E. Baltrush, *Regimen Morum*, München, 1989, pp. 172~83. 상류층의 유증관행과의 관련에 대해서는 A. Wallace-Hadrill, "Family and Inheritance in the Augustan Marriage-laws" (*Proceedings of the Cambridge Philological Society* 207, 1981, pp. 66~70) 참조.

15) 김경현, 앞의 글, 344쪽.

16) 사실혼관계의 제한된 법적 지위의 획득이 아우구스투스 입법의 일환이라는 견해에 대해서는 E. Castelli, "Il concubinato e legislazione augustea"(*Bolletino dell' Istituto di Diritto romano* 27, 1914, pp. 55~71); P. Meyer, *Der römische Konkubinat nach den Rechtsquellen und den Inschriften*(Leipzig, 1895, pp. 23~27) 참조. 전자는 그것을 입법에서 의도치 않은 부산물로 보는 반면, 후자는 원로원계층에게 해방노예계층과의 혼인을 금지한 데 대한 보상이었다는 견해이다. M. Humbert, "L'Individu, l'Etat: Quelle Strategie pour le Mariage Classique?"(J. Andreau & H. Bruhns eds., *Parente et Strategies familales dans l'Antiquite Romaine*, 1990, pp. 188~90)도 '황제의 선물'이라는 입장이다.

17) 이에 관해서는 김경현, 앞의 글, 333~41쪽 참조.

18) P. Csillag, "Das Eherecht des Augusteischen Zeitalter," *Klio* 50, 1968, p. 115.

19) E. Cantarella, "Homicides of Honor: the Development of Italian Adultery Law over Two Millenia," D. I. Kertzer & R. Saller eds., *The Family in Italy from Antiquity to the Present*, Yale Univ. Press 1991, pp. 230~34 참조.

20) P. Veyne, 앞의 책, pp. 72~75. 벤느 역시 비슷한 의문을 갖고 있다.

21) 상류층 남성이 '천류의 여성'과 관계하면 평판을 잃는다는 관념에 대해서는 Horatius, *Satirae* I. 2; Seneca, *De Beneficiis* I. 9. 4 참조.

22) Dio 56. 7. 2.

23) L. F. Raditsa, "Augustus' Legislation Concerning Marriage, Procreation, Love Affairs and Adultery," *Aufstieg und Niedergang der Römischen Welt* II. 13, 1980, pp. 317, 338 참조.

24) A. Giddens, *The Transformation of Intimacy: Sexuality, Love and Eroticism in Modern Society*, Cambridge, 1992, pp. 37~48 참조.

25) 영어의 courtesan이나 프랑스어의 demi-monde가 대체로 그에 해당한다.

26) 스톨라는 발까지 내려오는 긴 겉옷으로, 정숙한 주부(matrona)라는 단어와 거의 동의어로 쓰였다. 스톨라와 비타를 착용하지 않는 것은 1세기부터 평민층에 널리 확산되고 있던 새로운 유행이었다.

27) Ovidius, *Amores* II. 2. 65. "quaerimus ut… possimus amare."

28) 예컨대 오비디우스는 사랑을 '일종의 전쟁'(militiae species, *Ars Amatoria* II. 233) 혹은 '밤의 전쟁'(nocturna bella, *Amores* I. 9)으로 묘사한다. 한편 연시작가들 전체에 대한 분석은 R. Murgatroyd, "Militia Amoris and the Roman Elegists"(*Latomus* 34, 1975, pp. 59~79) 참조.

29) S. Lilja, *The Roman Elegists' Attitude to Women*, Helsinki, 1963, pp. 76~89 참조.

30) J. P. Hallett, "The Role of Women in Roman Elegy: Counter-cultural Feminism," J. Peradotto and J. P. Sullivan eds., *Women in the Ancient World*, 1984, pp. 241~62(이 논문은 1973년에 잡지 *Arethusa*에 발표되었던 것이다). Tracy, "Poet-Lover in Augustan Elegy"(*Latomus* 35, 1976, p. 576)는 핼릿의 견해를 수용하고 있다.

31) Ovidius, *Amores* I. 4, 9, 13: II. 19: III. 4, 8; *Ars Amatoria* I. 579; Propertius III. 20. 15~30; I. 4. 15~16; I. 8. 45~46; Tibullus I. 1. 59~60; I. 6. 85.

32) 이런 분석에 관해서는 J. Griffin, *Latin Poets and Roman Life*(Univ. of North Carolina Press 1986, ch. 6 "Meretrices, Matrimony and Myth") 참조.

33) Ovidius, *Tristia* II. 354, "musa iocosa."

34) J. P. Sullivan, "The Politics of Elegy"(*Arethusa* 5, 1972, pp. 19~25)는 특히 프로페르티우스와 오비디우스의 시들은 아우구스투스 체제의 이념과 법질서에 대한 의도적인 저항을 담고 있다고 주장한다.

35) 이 시구는 기원전 27~23년에 씌어졌다. 한편 기원전 28~27년에 아우구스투스가 한차례 혼인법 제정을 꾀했다는 오래된 견해가 있지만(P. Jörs, "Die Ehegesetze des Augustus," *Festschrift füor Th. Mommsen zum 50 Juehrigen Doctorjubilaeum*, Marburg, 1893, pp. 4~6), 그것은 최근 베이디언(E. Badian)의 "A Phantom Marriage Law"(*Philologus* 129, 1985, pp. 82~98)에 의해 거의 논파되었다고 보아도 좋을 것이다.

36) Ovidius, *Amores* II. 13~14.

37) F. della Corte, "Le leges Iuliae e l'elegia romana," *Aufstieg und Niedergang der Römischen Welt* II. 30. 1, 1982, pp. 543~44.

38) G. Williams, *Tradition and Originality in Roman Poetry*, Oxford, 1968, pp. 528~54.

39) W. Stroh, "Ovids Liebskunst und die Ehegesetze des Augustus," *Gymnasium* 86, 1979, pp. 323~36 참조.

40) 같은 글, pp. 337~52 참조.

41) 오비디우스는 유형지에서 쓴 시 「슬픔」(Tristia)의 곳곳에서, 『사랑의 기술』이란 작품이 자신이 추방된 표면적인 사유였음을 언급하고 있다. "나는 사랑의 교사가 아니다. 그 작품은 이미 응분의 죗값을 치렀다"(I.1. 67~68). 한편 오비디우스를 추방한 실질적 계기가 된 황실의 권력투쟁의 맥락에 대해서는 J. C. Thibault, *The Mystery of Ovid's Exile*(Univ. of California Press 1964, pp. 75~88); B. Levick, "The Fall of Julia the Younger"(*Latomus* 35, 1976, pp. 333~39) 참조.

42) 이와 관련된 사료들을 수집한 글로는 A. Richlin, "Sources on Adultery at Rome"(H. P. Foley ed., *Reflections of Women in Antiquity*, Gordon and Breach Science Publishers 1981, pp. 379~404)가 있다.

43) 트리지아리가 조사한 제정 초의 간통죄 처벌사례 20여 건 중 절반 이상이 황실과 관련되어 있었다는 사실은, 그 사건들이 황실의 권력암투에서 비롯된 정치적 성격이 더 강했으며, 간통죄의 속성이 그렇기는 하지만, 특히 사실보다 무고 내지 혐의에 근거한 것이었음을 짐작케 한다(S. Treggiari, *Roman Marriage*, Oxford, 1991, pp. 509~10 참조). 제정 초 간통죄 기소사례들의 정치선전적 의도에 관해서는 T. A. Dorey, "Adultery and Propaganda in the Early Roman Empire"(*Univ. of Birmingham Historical Journal* 8, 1961, pp. 1~6) 참조.

44) C. Edwards, 앞의 책, pp. 50~52.

45) J. F. Gardner, "Aristophanes and Male Anxiety," *Greece and Rome*, 1989, pp. 51~62 참조.

46) K. M. Rogers, *The Troublesome Helpmate: A History of Misogyny in Literature*, Univ. of Washington Press 1966, pp. 40~42 참조.

47) S. Brandes, *Metaphors of Masculinity: Sex and Status in Andalusian Folklore*, Univ. of Pennsylvania Press 1980, ch. 5~6; D. Cohen, "The Augustan Law on Adultery: The Social and Cultural Context," D. I. Kertzer & R. Saller eds., 앞의 책, pp. 119~20 참조.

48) C. Edwards, 앞의 책, pp. 48~49 참조.

49) J. Pitt-Rivers, *The Fate of Shechem or The Politics of Sex: Essays in the Anthropology of the Mediterranean*, Cambridge, 1977, pp. 23~29 참조. 한편 이 가설을 고전기 아테네사회에 적용하여, 성관계 및 간통을 비롯한 성범죄의 문제를 설명하려 한 시도로는 D. Cohen, *Law, Sexuality, and Society*(Cambridge, 1991, ch. 3~6) 참조.

50) A. Richlin, *The Garden of Priapus: Sexuality and Aggression in Roman Humor*, Oxford, 1992,

ch. 5, 7 참조.

51) 같은 책, pp. 217~18.

52) 『성의 역사』 3권, 104~15쪽. 벤느의 보다 간결한 설명은 P. Veyne, 앞의 글(pp. 48~50) 참조.

53) 『성의 역사』 3권, 59쪽.

54) 같은 책, 258쪽.

55) 벤느 역시 "풍속이 변화했다는 뜻이 아니라, …다만 이론적 도덕일 뿐"(앞의 글, p. 55) 이라고 말하기도 해, 종종 모호한 입장을 드러낸다.

56) C. Edwards, 앞의 책, pp. 56~57. 역시 푸코가 3장 3절의 분석을 통해, 은근히 그 담론이 로마 상류층의 일반적 현상이었던 듯이 과장하려는 저의가 있었음에 주목하고 있다. 사실 푸코는 '성의 담론의 역사'가 아니라 '성의 역사'라는 제목을 선택하고 있지 않은가?

57) 물론 푸코가 제정 초의 정치·사회 환경의 변화를 설명한 취지를 선의로만 해석하는 견해도 있다. 예컨대 P. A. Miller, "Catullan Consciousness, the 'Care of the Self,' and the Force of the Negative in History"(Lamour, Miller, Platter eds., *Rethinking Sexuality: Foucault and Classical Antiquity*, Princeton, 1998, pp. 176~78)는, 3장의 논의가 반드시 '자기에의 배려'라는 윤리적 실천이 상류층에서 보편화되는 배경으로서가 아니라, 단지 소수나마 그처럼 자아와의 관계에 집중하도록 선택을 강요하는 객관적 조건을 설명하려는 것이라 이해한다. 그러나 그런 객관적 조건이라면 굳이 제정 초 로마에만 고유한 것이었다고 말하기는 어려울 것이다.

58) P. A. Miller, 앞의 글, p. 174, n. 15; A. Richlin, 앞의 책, p. xv 참조.

59) 『성의 역사』 3권, 180쪽.

60) 같은 책, 97~98쪽.

61) 이를 잘 지적한 글로는 D. Cohen & R. Saller, "Foucault on Sexuality in Greco-Roman Antiquity"(J. Goldstein ed., *Foucault and the Writing of History*, Blackwell, 1994, p. 47~51) 참조.

62) Plinius, *Epistulae* I. 14

63) P. Veyne, 앞의 책, p. 48 참조.

64) 『성의 역사』 3권, 182쪽.

65) A. Richlin, *The Garden of Priapus*, p. xv.

66) *Moralia* 768A.

67) D. Cohen & R. Saller, 앞의 글, pp. 53~54; A. Richlin, "Foucault's History of Sexuality," Lamour, Miller, Platter eds., 앞의 책, p. 158. 리클린은 『신혼부부에의 충고』에 나오는 16개의 권고사항들은 기본적으로 여필종부의 이념을 바탕으로 한 것이라 분석하고 있다.

68) 소크라테스처럼 저술을 남기지 않은 무소니우스의 가르침의 내용은 루츠에 의한 편집물이 출간되어 있다(C. E. Lutz, "Musonius Rufus," *Yale Classical Studies* 10, 1947, pp. 3~147). 한편 메텔루스의 연설에 대해서는 Gellius, *Noctes Atticae*(I. 6); 키케로의 비유에 대해서는 *De Officiis*(I. 54) 참조.

69) 「혼인론」은 제롬(Jerome)의 글 「요비아누스 반박론」(Adversus Iovinianum)에 인용된 몇 개의 단편들만 남아 있다. 그에 관해서는 S. Treggiari, 앞의 책(pp. 216~19); Seneca, *De Matrimonio*(84) 참조.

70) Valerius Maximus, VI. 7.1.

71) Seneca, *De Ira* II. 28. 7; *Epistulae* 94. 26; 95. 37; Lutz ed., *Musonius* 12.

72) *Musonius* 3~4, 8; Seneca, *Ad Marciam*(16. 1)에서도 비슷한 생각을 엿볼 수 있다.

73) *Musonius* 14는 "철학을 하는 데 혼인이 장애물인가?"라는 주제를 다루고 있다. 이 점에

서, 스토아주의자들이 에피쿠로스주의의 제안을 의식하고 있었다고 가정하는 견해로는 M. Benabou, "Pratique matrimoniale et Representation Philosophique"(*Annales E. S. C.* 42, 1987, pp. 1263~64); D. Cohen & R. Saller, 앞의 글(p. 48) 참조.

74) 『성의 역사』 제2권(신은영·문경자 옮김, 나남 1990)의 3장 '가정관리술', 특히 183~184쪽 참조. D. Cohen & Saller, 앞의 글(p. 55)도 그 선례를 강조하고 있다.

75) 『성의 역사』 제2권, 163, 183쪽; 제3권, 183, 191쪽 참조.

76) 아리스토텔레스의 이 선례는 M. Benabou, 앞의 글(p. 1262), n. 18(p. 1265)을 통해 확인된 것이다. D. Cohen & R. Saller, 앞의 글(pp. 54~55)도 비슷한 견해이다.

77) *Musonius* 3.

78) *De Beneficiis* III. 18. 1.

79) 이에 관한 사료들과 그에 대한 해석을 위해서는 C. E. Manning, "Seneca and the Stoics on the Equality of the Sexes"(*Mnemosyne* 26, 1973, pp. 170~77) 참조.

80) J. F. Gardner & T. Wiedemann, *The Roman Household: A Sourcebook*, London, 1991, pp. 48~52 참조. 전통적인 부부애의 관념에 대해서는 S. Treggiari, 앞의 책(pp. 229~61) 참조.

81) P. Veyne, 앞의 책, p. 48. "amour conjugal, …sentiment obligatoire…: c'est l'obeissance par amour."

11~12세기 프랑스 귀족사회의 결혼과 성

유희수

1. 머리말

11~12세기에는 성과 결혼에 대한 윤리적·제도적 기본틀이 교회의 이념과 세속윤리가 충돌·타협하는 가운데 형성되었고, 그것은 그후 부분적 수정과 변화에도 불구하고 19세기 말까지, 부분적으로는 20세기 중반까지 근대사회의 결혼과 성문화의 윤리적 토대가 되었다.[1] 이 점에서 11~12세기의 결혼과 성에 대해 고찰하는 것은 당시뿐만 아니라 후대의 그것을 이해하는 데도 중요한 의미를 지닌다.

이 시기의 결혼과 성문화를 총체적으로 이해하려면, 성과 결혼에 관한 교회이데올로기와 이에 맞선 세속현실 사이의, '사제적(司祭的)인 것'(the priest)과 이를 조롱하는 '어릿광대적인 것'(the jester) 사이의, 말하자면 '비공시적(非共時的)인 것들'(asynchronismes) 사이의 길항(拮抗)관계를 고려해야 한다.[2] 기독교는 본시 성에 관한 한 부정적 태도를 지닌 종교인데다, 특히 1100년경을 전후한 시기에는 교회개혁주의자들의 엄격한 성이데올로기와 세속사회의 느슨한 성문화 사이에 첨예한 갈등이 일어났기 때문이다. 따라서 교회이데올로기와 세속현실의 상호관계를 고려하지 않고는 이 시기의 결혼과 성문화를 전체적으로 파악하는 것은 불가능하다.

이 글은 이처럼 성과 결혼이 뜨거운 문제로 대두했던 11~12세기에 파리를 중심으로 한 프랑스 북부지방의 왕과 제후 등 세속 상층귀족사회에서, 교회의 이념적 원칙과 세속사회의 현실적 논리가 서로 충돌하고 삼투하는 가운데 새롭게 형성되어 가고 있던 결혼과 성문화의 실상을 주로 살펴보고, 이를 통해 근대사회의 결혼과 성문화의 기본 방향을 부차적으로 전망해 보려 한다.

중세의 성과 결혼문화에 대해서는 서양에서 1970년대, 특히 80년대부터 본격적으로 연구되기 시작하였는데, 성과 결혼에 대한 교회의 이데올로기에 관해서는 그동안 많은 연구성과가 축적되었다.[3] 그러나 세속사회의 결혼과 성문화의 실상을 세속사회의 현실적 맥락에서 연구한 것은, 중세 말(14~15세기)을 제외한다면[4] 사료의 제약으로 인하여 그리 많지 않으며 그나마도 단편적이다. 재판과정을 문서로 기록할 것을 의무화한 제4차 라테란공의회(1215년) 이전 시기에 관해서는 특히 그렇다.

우리가 다루는 시기의 프랑스에 관한 한, 조르주 뒤비(Georges Duby)는 예외가 된다. 그는 자신이 일생을 바쳤던, 11~13세기 프랑스사회에 대한 전체적인 재구성작업의 일환으로 왕실의 역사, 제후 가문의 역사, 성인전, 속어 문학작품 등처럼 이전에 흔히 이용되었지만 간파하지 못했던 공식적·'허구적' 기록들에 숨겨진 의미를 꼼꼼하게 해독하여 결혼과 성의 사회문화사를 개척한 바 있다.[5] 이 글은 기본틀을 그에게 빌리고 다른 사람들이 밝힌 것에 기대어 당시의 결혼과 성문화를 나름대로 재구성한 것이다.

2. 성과 결혼에 대한 교회의 이념과 윤리

교회가 초기기독교 사회에서부터 성과 결혼에 대해 엄격주의적인 입장을 취한 것은 아니다. 교회는 현실사회의 변화에 대응하여 점차 성규범을 정련하고 체계화하였으며 이것의 실천장치를 제도화했다. 초대교회와 로마제국 말기, 중세 초(5~10세기)까지만 해도, 로마교회는 그 자체의 권위와 보편성을 확보하지 못한 관계로 성과 결혼에 대해 1천 년 이후에 비해 정교하고 통일된 성윤리와 이를 실천하는 법적·제도적 장치를 갖추지 못했다. 다만 로마제국 말기 성 제롬, 성 아우구스티누스 등 교부철학자들이 성의 본성과 그에 대한 처방을 이론적 차원에서 논의하였고, 이것이 후대에 성윤리의 정교화와 제도화의 전거로 이용되었다.

11세기 초 기독교사회는 당시의 연대기작가들이 기록했듯이, 예수의 강생과 수난 이후 1천 년이 세계의 종말을 맞지 않은 가운데 지나가면서 새로운 세계에 대한 기대와 희망에 부풀었다.[6] 그것은 언젠가 도래하게 될 예수의 재림에 대비하여 지상사회에서 악을 일소하고 정화하려는 일련의 움직임으로 나타났다. 10세기 말과 11세기 초에 경쟁적으로 등장한 수도원이데올로기, 평화운동, 이단운동, 3위계론 등과 같은 다양한 이데올로기들은 그 주체는 달랐지만 모두가 이러한 정화운동의 서로 다른 표현이었고, 교황측에서 주도한 교회개혁운동은 수도원이데올로기에 바탕을 둔 이러한 정화운동의 절정이었다.[7]

또한 교회는 교회개혁과정에서 정교하면서도 포괄적인 성과 결혼의 윤리를 이론적으로 체계화하고 교회법의 형태로 제도화했다. 1140년경에 그라티아누스(Gratianus)가 편찬한 『교령집』은 그동안 산만하게 논의되었던 결혼과 성에 대한 다양한 입장들을 종합적으로 정리하였다.

여기에서 공통적으로 드러난 특징은 성과 여타 쾌락을 죄의 잠재적 근원으로 간주하고 자녀생산을 위한 부부간의 성만 인정했다는 점이다.

또한 유일하게 합법적으로 인정된 평신도의 결혼도 결혼당사자의 동의, 족외혼, 일부일처제, 결혼의 '불가해소성'(不可解消性, indissolubilitas), 혼외 성관계의 불인정과 법적 제재, 모든 성문제의 교회사법권에의 귀속 등의 원칙에 입각해야 한다는 것이다.[8] 뿐더러 12세기 말과 13세기 초 강력하고 유능한 교황 알렉산더 3세와 인노켄티우스 3세는 이로부터 발전한 피에르 롱바르(Pierre Lombard) 등 '파리학파'의 엄격주의적 이론을 토대로 하여 교회의 공식적 입장을 확인하였고,[9] 제4차 라테란공의회는 이것을 실천할 수 있는 일련의 법적·제도적 장치를 규정하여 주었다.[10]

교회가 성과 결혼의 규범을 형성하는 데 으뜸가는 전거로 이용한 것은 주로 성경의 창세기편과 복음서들이다. 이승에서의 '성'(sexualité)[11]과 저승에서의 구원 사이의 양립 가능성에 대한 논의는 교회가 끊임없이 제기한 문제점 중의 하나였다. 바울은 이러한 문제에 대한 다양한 해답의 전거가 된다.

남자는 여자와 관계를 맺지 않는 것이 좋습니다. 그러나 음행이 성행하고 있으니 남자는 각각 자기 아내를 가지고 여자는 각각 자기 남편을 가지도록 하십시오. 남편은 아내에게 남편으로서 할 일을 다하고 아내도 마찬가지로 남편에게 아내로서 할 일을 다하십시오. 아내는 자기 몸을 자기 맘대로 할 수 없고 오직 남편에게 맡겨야 하며, 남편 또한 자기 몸을 자기 맘대로 할 수 없고 오직 아내에게 맡겨야 합니다. 서로 상대방의 요구를 거절하지 마십시오. 다만 기도에 전념하기 위해 서로 합의하여 잠시 동안 떨어져 있는 것은 무방합니다. 그러나 자제하는 힘이 없어서 사탄의 유혹에 빠질지도 모르니 그 기간이 끝나면 다시 정상적인 관계로 돌아가야 합니다. 이 말은 명령이 아니라 충고입니다. 나는 모든 사람이 다 나처럼 살기를 바랍니다. 그러나 사람마다 하느님께 받은 은총의 선물이 각각 다르므로 이 사람은 이렇게 살고 저 사람은 저렇게 삽니다. 결혼하지 않은 사람들과 과부들에게는 나처럼 그대로 독신으로 사는 것이 좋겠다고 말하고 싶습니다. 그러나 자제할 수 없거든 결혼하십시오. **욕정에 불타는 것보다는 결혼하는 편이 더 낫습니다.** (고린도전서 7: 2~10, 강조는 인용자)

바울은 한편으로는 동정(童貞)을 지키는 것이 더 낫다 하여 성을 낮게 평가하고, 다른 한편으로는 "욕정에 불타는 것보다는 결혼하는 편이 더 낫다" 하여 성을 관용한다. 그리하여 그는 선/악의 2원적 모델 대신에 동정/결혼/음행의 3원적 등급을 제시하여 합법적인 성의 영역을 부부간의 성에 한정시킨다. 그러나 그의 3원적 모델에서 결혼이 구원과 양립 가능한지 악과 양립 가능한지는 확실하지 않으며, 이러한 불확실성이 바울 이후 결혼에 대하여 극단적 금욕주의에서부터 '성직자의 결혼허용론'(nicolaïsme)까지 다양한 해석을 가능케 하였다.[12]

아우구스티누스는 성욕을 하느님의 명령을 거역한 원죄의 산물로서 죄악과 타락의 근본 원인으로 규정하고, 동정을 최고의 덕목으로 찬양했다.[13] 성철학을 개발한 로마제국 말기 교부철학자들과 이를 계승한 1100년 전후의 교회개혁주의자들은 거의 모두가 수도승 출신으로서 동정을 최고덕목으로 삼는 수도원이데올로기를 그들의 이상적 바탕으로 삼았으며,[14] 개혁주의자들은 이러한 동정모델을 안으로는 교회개혁(특히 성직자 독신주의)의 이념으로, 밖으로는 세속사회 윤리의 기초로 삼았다. 교회개혁기에 성과 결혼에 대해 교회의 이념과 세속의 문화가 첨예하게 갈등을 빚었던 것은 바로 교회가 평신도들에게 결혼을 허용하면서도 이러한 동정모델에 바탕을 둔 엄격한 원칙을 이들에게도 적용하려 하였기 때문이다.[15]

평신도에게 허용된 결혼은 죄악과 타락의 원인으로서의 성의 합법적인 유일한 배출구이지만, 이에 대해서도 다양한 견해들이 제시되었다. 한 극단에는 부부간의 성관계를 악(성)의 선용(음행의 예방과 출산)으로 긍정하는 아우구스티누스와 그라티아누스에서부터, 다른 극단에는 그것을 악으로 규정한 피에르 다미앵(Pierre Damien)이며 후구치오(Huguccio) 등과 같은 엄격주의자들과 이단운동(카타리파)에 이르기까지, 그 중간에 다양한 견해들이 경합했다.[16]

이러한 다양한 견해들은 결혼의 성사(聖事, sacramentum) 개념과 긴밀하게 연결되어 있는 결혼성립이론으로 수렴된다. 그것은 결혼당사자의 '동의'(consensus)를 중시하는 '동의론(同意論)'과 신랑신부의 '신방치레'(consummatio)를 중시하는 '성교론(性交論)'으로 대별될 수 있다. 9세기 랭스의 대주교 엥크마르는 처음으로 로마적 전통과 중세 초 게르만적인 세속사회의 관행을 수용하여 부모의 동의와 신방치레, 특히 후자를 결혼성립의 필수요소로 인정하였고,[17] 12세기 중엽 그라티아누스는 결혼당사자의 동의와 신방치레, 특히 후자를 결혼성립의 필수조건으로 제시했다. 반면에 피에르 롱바르는 약혼식과 결혼식에서 당사자의 '동의'를 결혼성립의 핵심 요소로 요구했다.[18]

그후 교황 알렉산더 3세와 인노켄티우스 3세는 기본적으로 엄격주의적 입장에서 '동의론'을 결혼성립의 핵심적 요소로, 여기에다 결혼의 안정성을 부여하기 위해 '성교론'을 부차적 요소로 공인했으며, 이것이 차후 교회의 공식적 입장이 되었다.[19] 이로부터 결혼의 성사화(聖事化)와 부부간의 엄격한 성윤리의 토대가 도출되면서, 다른 한편으로는 세속의 성풍속과도 화해할 수 있는 가능성도 내포하게 되었다.

결혼의 성사화는 기본적으로 '동의론'에 입각하여 성립된다. 혼배성사(婚配聖事)는 예수 그리스도(신랑)와 교회(신부)의 영적 결합에서 신랑의 생동적 힘에 의해 신부를 빛(신)을 향해 들어올리는 행위에 비유한 것으로서, 사제가 개입하여 남녀간의 육체적 결합을 영적인 신적 질서 속에 위치시키고, 신의 은총으로 강복하는 성스러운 행위의 기호를 말한다. 이로부터 남편(남자)과 아내(여자)의 관계는 주군과 봉신의 관계처럼 위계가 성립되며, 후자는 전자에게 복종해야 한다는 이념을 내포한다.[20] 특히 원죄의 장본인인 이브의 후손으로서 여자는 마리아의 동정과 모성을 모범으로 따라야 한다. 그리하여 혼내(婚內)든 혼외(婚外)든 간에 여자에게는 남자보다 더욱더 엄격한 성윤리가 강요되었다.[21]

한편 결혼의 성사화는 '동의론'(영적 결합)을 기초로 한 것이지만, '동의론'은 그 자체에 육체적 결합을, 비록 필수적인 것은 아니지만 받아들인다는 승인을 수반한 것이기 때문에 육체적 결합의 인정을 포함한다. 따라서 이러한 결혼의 성사 개념은 육체적 결합을 중시하는 세속의 결혼관을 포용하고 있어서 세속사회에서도 수용될 수 있는 여지를 갖게 하였던 것이다.

동의론과 이에 기초한 결혼의 성사화는 초기기독교 시대부터 개진된 다양한 성윤리들을 체계화하고 종합하는 기초로 이용되면서 차후 성과 결혼 윤리의 토대가 되었다. 혼내의 성행위는 쾌락이 배제된 출산을 위해서만 정당화되며, 쾌락추구만을 목적으로 한 혼내와 혼외의 모든 성행위는 죄악시된다. 그라티아누스의 『교령집』 이후 종교법은 이러한 윤리를 법전화하면서, 그것은 단순히 윤리적·신학적 이론 차원의 도덕규범을 넘어 '실정법적' 성격을 띠게 되었다. 특히 1215년 제4차 라테란공의회 이후 모든 신자의 연례 고해성사의 의무화, 속어 대중설교의 보편화, 사법절차의 합리화는 교회의 성규범을 평신도들의 일상생활에 침투케 하고 그 위반자를 규제하는 장치로서의 역할을 하였다.[22]

3. 귀족사회의 가족구조와 결혼

세속 귀족사회의 성과 결혼 문화는 가문의 영광과 이것의 사회경제적 토대가 되는 가산(家産)의 보호를 위한 가문전략과 밀접한 관련이 있고, 후자는 가족구조에 긴밀하게 연결되어 있다. 11세기 초는 귀족사회의 가족구조에서 변화가 일어난 시기이다. 그 이전, 중세 초의 가족구조는 부계와 모계의 혈통과 재산을 인정하는 수평적 '양계제'(兩系制, filiation indifférenciée 또는 filiation cognatique)였다. 이것은 기원후 100년경 타키투스가 호기심 어린 눈초리로 기술했듯이,[23] 고전기 로마시대와는 반대로 신랑이 신부에게 결혼지참금을 지불하는 원시 게르만사회 전통의 잔재로 추측되는바, '신부재산'(bridewealth)은 신랑이 신부와 분담하거나 전부 부담했으며 결혼 후에도 아내가 자기 몫에 대한 전권을 행사했다.[24] 또한 중세 초의 사회는 아들은 물론이려니와 딸도 상속에서 배제하지 않는 분할상속제를 특징으로 하는 사회였고, 이것이 부분적으로는 카롤링제국을 와해시키고 성주(城主)가 한 지역의 실제적 지배권을 장악하는 성주령(城主領) 시대를 개막케 하는 한 요인이 되었다.

그러나 왕조 개창 초기부터 강력한 주변 제후세력들에 포위되어 언제라도 생존을 위협받을 가능성이 있었던 카페 왕실은 애초부터 선왕의 생존시에 '세자(世子)'를 지명하고 그에게 통치의 견습을 하게 하는 등 장자상속제를 채택하였으며,[25] 11세기 중반부터는 일반 귀족사회에서도 수직적인 남계 중심의 가족제도를 채택하였다.[26] 이와 동시에 가장(家長, caput domus)에게 가문의 인적·물적 지배권이 집중되고, 아내는 물론 장자 이외의 아들도 가문의 영광과 가산의 통합을 목표로 하는 가문전략의 희생물이 되었다.

물론 이러한 새로운 가족제도가 형성되는 데는 다른 여러 요인들도 작용했다. 카롤링제국이 붕괴하고 난 다음 전쟁과 약탈이 유례없을 정도로 폭발한 1000년경에는 성(城)의 건립이 증가하고, 이와 더불어 성을 중심으로 하는 영주제가 정착하면서 가산의 관리에 기초한 부계 중심적 가족구조가 형성되었다.[27] 그리고 11세기 초(1030년경)에는 영주의

성에 기거하던 하급기사도 영지와 영주권을 분배받고 그것을 장자에게
상속하는 관행이 등장하기 시작했다.[28]

또한 파리 인근 주교들에 의해 제시된 '3위계(位階, ordo)' 이데올로
기는 가장(남계) 중심의 가문이데올로기를 하느님의 신성한 질서 속에
편입시켜 주는 역할을 했다. '싸우는 사람'(bellator)인 국왕이 세속질서
의 정점에서 신민들을 다스리고 보호해 주어야 하듯이, 가장은 집의 위
계질서의 정점에서 가솔을 감독하고 보호해야 한다.[29] 특히 죄악의 장본
인인 이브의 딸인 여자는 가문의 위계질서에서 하층에 위치하면서 가장
(남자)의 엄격한 지배를 받아야 할 존재로 전락하였다.

이러한 가족구조는 기본적으로 부부 중심의 가족형태를 띠고 있다. 부
부와 그 자식들이 가정의 핵을 이루고, 여기에 방계가족들이 그 주변을
형성한다. 그러나 가산의 보호와 통합에 기초한 가문전략은 이러한 '핵
가족' 형태의 가족구성원들 중 가문의 줄기로부터 곁가지를 쳐내는 결혼
전략을 채택했다. 딸은 가문끼리의 연합의 수단으로 출가를 시키고, 차
남 이하의 아들들에게는 합법적 결혼을 제한하여 가산의 분산을 억제하
고자 했다. 집에서 사회적 공간이 조직되는 방식은 이러한 핵가족구조
와 일치한다. 예컨대 1129년에 건립된 부빈(Bouvines)지방의 영주 아르
드르의 아르눌(Arnoul) 2세의 가옥구조는 이 점을 잘 보여준다. 3층으로
된 그의 성채에서 2층은 영주 부부의 침실이 가운데를 차지하고 그 주변
에 유아와 유모의 방이 연결되어 있다. 3층에는 출가하지 않은 딸들의
공동침실(과 때로는 결혼하지 않은 아들들이 사용할 수 있는 공동침실)
이 있으며, 기타 가솔들(방계가족과 하인들)은 별채에서 거주한다. 가옥
의 이러한 공간배치는 한 집에 한 쌍의 부부만이 거주하도록 설계되었
음을 보여준다.[30]

11세기 중반부터 형성되어 12세기에 정착한 '부계제'(patrilineage)[31]에
서 결혼은 매우 중요한 의미를 지닌다. 그것은 두 개인뿐만 아니라 두

가문의 결합을 공식적으로 승인하고 가문을 영속시키는 방법이기 때문이다. 이를 위해 세속 귀족사회에서는 교회가 요구하는 결혼당사자의 동의보다는 가문의 이익을 보호하려는 가장 중심적 전략에 근거하여 결혼준칙이 성립된다.[32] 따라서 한편으로는 교회가 영원한 구원을 위해 요구하는 결혼준칙과, 다른 한편으로는 세속 귀족사회에서 가문의 보호와 영속을 위해 요구한 결혼준칙 사이에 심각한 틈새와 갈등의 소지가 존재한다.[33]

정혼(定婚, pactum conjugale)에서부터 교회는 결혼당사자의 동의를 강조하는 반면, 세속 귀족사회는 가장들의 가문이익을 더 중시한다.[34] 혼내・혼외의 성에 관해서도 교회는 자식 출산 목적이 아닌 모든 성행위를 금하는 반면, 세속 귀족사회에서는 가산의 보존을 위해서만 성충동을 억제하고 가산에 관계되지 아니하는 한 혼외의 성관계도 허용한다. 또한 교회는 족외혼(7촌까지 근친혼)과 일부일처제를 요구한 반면, 세속사회에서는 가산의 통합・유지・증식과 가문의 영광을 위해서라면 족내혼을 허용하고 일부일처제를 엄격하게 준수하지는 않았다. 교회는 결혼의 성사 개념에 긴밀하게 연결된 결혼의 '불가해소성'과 영속성을 보호하기 위해 이혼을 억제한 반면, 세속 귀족사회에서는 가문의 이익을 위해서라면 이혼도 서슴지 않았다.[35] 이러한 길항관계는 1100년경을 전후한 교회개혁의 절정기에 성속(聖俗) 두 위계의 정점을 핵으로 하여 그 주변에 형성된 두 권력들의 '결합체'(結合體, configuration) 사이에서 '정치적' 이해관계에 따라 복잡한 드라마로 전개되었고, 그러한 과정에서 서로 적응하고 타협하면서 새로운 모델을 탄생시켰다. 이제 그 과정을 통해 형성되는 귀족사회의 결혼과 성문화를 살펴보자.

4. 교회윤리와 세속현실의 상호적응

카페 왕조의 2대 왕 로베르 경건왕(재위 996~1031)의 세 번에 걸친 결혼은 새 왕조의 절박한 가문이익을 보호할 목적으로 이루어진 것이었다. 그는 새 왕조의 의심받는 정통성을 공고히 하고 왕조를 계승할 후사(後嗣)를 얻는 것이 급선무였다. 그는 가문의 위신과 권위를 제고하기 위해 이탈리아 왕국, 부르고뉴 왕국, 카롤링 왕조와 연결된 왕족의 딸들과 결혼하였고,[36] 두 번의 결혼에서 후사를 얻지 못해 세번째 결혼을 하게 되었다. 또한 인근 제후들과 제휴하기 위해 블루아 백의 과부인 베르트와 두번째 결혼을 시도하고, 블루아 백과 경쟁관계에 있던 아를 백의 딸인 콩스탕스와 세번째 결혼을 했다.[37]

로베르의 이러한 세 번의 결혼에서 교황청에서 문제를 삼은 것은 그의 두번째 결혼(997년)이었다. 로베르의 영향권 아래 있는 투르의 대주교는 그의 재혼을 축성(祝聖)해 주었지만, 교황청은 로마공의회(998년)에서 왕의 재혼을 '근친혼'(3촌간)으로 규정하고, 로베르에게 결혼의 무효, 7년간 참회 고행, 투르 대주교의 정직을 명했다. '경건왕'이란 칭호를 받을 정도로 신심이 깊은 로베르는 양심의 가책으로 두번째 부인과 헤어지고 세번째 부인과 결혼하여 후사를 얻게 되었다. 여기에서 주목할 것은 로베르의 근친혼에 대해 교황청은 로베르를 파문시키지 않았다는 점이다.[38] 이것은 1100년경 그의 손자 필리프 1세의 재혼 사건에 대한 교황청의 조치와는 큰 차이를 보인다.

필리프 1세(재위 1060~1108)는 1072년 결혼하여 20년 동안 아들 하나(루이 6세)밖에 낳지 못했던 첫부인 베르다와 이혼하고, 1093년 앙주 백의 아내 베르트라드와 결혼했다. 그의 재혼도 가문 윤리의 원칙에 따른 것이었다. 당시에 잉글랜드 왕 윌리엄 루퍼스는 프랑스 왕위를 노리고 있었고, 필리프는 첫부인과의 사이에서 낳은 외아들이 어린 나이(11세)

로 병약한데다 그 자신이 나이 41세가 되어 후사를 더 확보하는 것이
급선무였다. 두번째 부인 베르트라드는 카페 왕조와 적대관계에 있던
노르망디 공국의 후손이기에 정치적 연합에도 이용할 수 있었고, 특히
앙주 백에게 이미 두 아들을 낳아준 바 있어 다산성도 입증되었으며, 여
차하면 앙주 백에게 낳아준 그녀의 두 아들을 후사로 삼을 수도 있었기
때문이다.

　필리프 1세의 재혼 시기에 로마교황 우르바누스 2세는 대내적으로는
성직 매매와 성직자의 결혼 등을 척결하는 자체의 교회개혁운동과 대외
적으로는 십자군을 선포하는 등 대대적인 정화운동을 벌이면서, 세속인
에게도 성직자의 모델을 강요했다.[39] 당시에는 왕과 주교의 관계에 대해
두 개의 상반된 개념이 대립하고 있었다. 하나는 각국의 고위 성직자들
은 축성된 왕('왕-사제')은 자신들의 동료인 동시에 보호자이기에 왕의
지도에 따라야 한다는 입장과, 다른 하나는 영적인 것은 세속적인 것보
다 우월하며, 따라서 군주는 주교들의 권위에 속하고, 다시 로마 주교
(교황)의 통일적 권위에 종속된다는 개념이다.[40] 전자는 왕에 의해 임
명된 파리 주변의 주교들이, 후자는 교황과 연결된 엄격주의적 개혁파들
이 주장한 것이다.

　'중혼·간통·근친혼'(두번째 부인 베르트라드와는 3촌간)에 해당되
는 필리프의 재혼에 대해 교황청은 교황을 지지하는 남프랑스의 주교들
을 중심으로 개최한 1094년 오텡공의회에서 필리프의 파문을 결정했다.
이에 대해 왕의 영향권 아래 있는 랭스 대주교 등 왕국 내의 주교들은
필리프의 재혼 축성을 지지했다. 3차에 걸친 교황청의 파문 결정과 필리
프의 불복은 앙주 백령을 교황권에 예속시키고, 개혁파에 가담했던 샤르
트르 주교 이브가 왕과 교황청을 거중 조정하여 1105년에 타협이 이루
어졌다. 교황은 필리프로부터 두번째 부인 베르트라드와 동침하지 않겠
다는 서약을 받고 왕을 '사후관면'(事後寬免, dispensatio post factum)하

였다.[41] 이처럼 당시의 왕들은 가문의 이익을 위해서라면 조강지처를 버리고 '중혼·간통·근친혼'도 서슴지 않았으며, 이에 대해 교황청은 파문으로 대응하고 왕의 서약을 받고는 그것을 '관면'해 주었다.

12세기 중반 이후 카페 왕의 결혼 문제에 대한 카페 왕조와 교황청의 관계는 상호 적응과 타협의 태도를 보여준다. 루이 7세(재위 1137~80)는 후사를 얻기 위해 3차례나 결혼을 했다. 첫부인 알리에노르와는 딸만 둘을 낳고 근친혼이라는 이유로 이혼하고, 두번째 부인은 분만중 사망하고, 세번째 아델 드 샹파뉴와 1160년에 결혼하여 그의 나이 45세에 첫아들(필리프 2세 존엄왕)을 얻었다. 여기서 주목해야 할 것은 첫부인과의 이혼사유인 '근친혼' 문제를 교회가 제기한 것이 아니라, 비록 알리에노르 측과 카페 왕족 중 어느 측에서 먼저 주도했느냐에 대해서는 논란이 있긴 하지만, 어쨌든 세속권이 먼저 제기했다는 점이다.[42] 또한 루이 7세가 첫부인 알리에노르와 함께 제2차 십자군에 참가하고 성지에서 귀환하는 도중 로마에 들렀을 때, 오히려 당시 교황 에우게니우스 3세는 이들의 이혼을 막기 위해, 달리 말하면 결혼의 '불가해소성'을 보호하기 위해 이들에게 아들을 낳을 수 있도록 '침대'를 마련해 주고 이들의 근친혼을 묵인하기까지 했다.[43] 한편 루이 7세는 상스 대주교에게 공의회를 열어 알리에노르와의 이혼 문제를 결정케 하는 합법적인 조치를 취함으로써 교회의 준칙을 준수하려 노력했다.[44] 이처럼 세속 권력과 영적 권력은 서로를 존중하며 적응의 길을 모색했던 것이다.

필리프 존엄왕(재위 1180~1223)의 일련의 결혼은 세속권과 교황권의 타협의 절정을 보여준다. 그는 15세였던 1180년부터 1196년까지 16년 동안 후사를 확보할 목적으로 무려 네 번의 결혼을 했는데, 이중 세 번의 결혼은 모두 근친혼에 해당하는 것이었고, 그때마다 그는 왕국 내 주교들을 중심으로 열린 공의회에서 이 문제를 해결하도록 하여 합법적 절차를 따랐으며, 필리프의 네번째 결혼에 이의를 제기한 덴마크 왕으로부터 필리프를 파문할 것을 요청받은 교황 인노켄티우스 3세도 1201년 결국에는 필리프의 네번째 결혼을 승인했다. 이에 대해, 필리프는 1213년 잉글랜드와의 전쟁 와중에 덴마크 공주인 세번째 부인 잉게보르를 다시 아내로 맞아들임으로써 교회에 답례를 했다. 이것은 교회의 강요에서가 아니라, 자신의 과오를 씻고 신의 은총을 받음으로써 전쟁에서 승리하고자 하는 그의 경건성에서 비롯된 것이었다.[45]

이처럼 12세기 후반부터 13세기 초 사이에 세속 귀족사회의 결혼 및 성윤리와 교회의 그것이 서로 접근하면서 적응을 했다. 카페 왕실과 교황청이 이렇게 타협의 길로 나아가게 된 데는 몇 가지 이유가 있다. 교황청은 1100년경 교회개혁기의 엄격주의적인 전투적 분위기에서 벗어나, 유능한 교황 알렉산더 3세와 인노켄티우스 3세 시대에는 그 권력이 절정에 다다랐고, 따라서 스스로가 여유와 유연성을 확보했다.[46] 또한 그 당시 로마교회를 위협했던 것은 프랑스 왕의 결혼 문제가 아니라 이단의 세력이었다. 특히 육체와 결혼 자체를 거부하고 여자에게 적극적 역할, 심지어는 '여사제'(perfecta)의 직위를 인정해 줌으로써 로마교회의 위계질서를 위협했던 카타리파의 도전[47]에 대해 로마교회는 제3차 라테란공의회(1179년)에서 이단 십자군을 선포한 바 있고, 이를 위해서는 '세속적 칼'의 도움이 절실히 필요했다. 한편, 1200년경의 카페 왕조는 한 세기 전의 카페 왕조가 아니었다. 필리프 2세 당시에 왕국 내 대부분의 주교들은 로마교황청의 결정에 따르기를 거부했다. 루이 6세(재위 1108~37) 이후 카페 왕들은 안수로 연주창을 치료하는 "기적을 행하는 왕"이 되었고,[48] 11세기 초에는 '3위계'에서 한낱 '싸우는 위계'의 정점에 불과했던 카페 왕이 이제는 성직자·귀족·부르주아의 서열순으로 배열된 '3신분'을 초월하여 이들을 거느리는 강력한 왕이 되었다.[49] 새로이 재편된 기독교세계의 두 우두머리들은 서로를 인정하면서 엄격주의보다는 절충주의를 택했다. 제4차 라테란공의회에서 근친혼 촌수를 7촌에서 4촌으로 낮춘 교황 인노켄티우스 3세의 조치는 바로 이러한 타협을 축성하는 것이었다.[50] 교회는 결혼당사자의 자유로운 동의와 이에 기초한 결혼의 '불가해소성'에 대해서만 엄격한 요구를 했을 뿐, 나머지 준칙에 대해서는 '관면권'을 활용하여 상황에 탄력적으로 대응하는 '사례윤리학적'(事例倫理學的, casuistique)인 유연한 태도를 취했던 것이다.[51]

왕실에서의 이러한 상호적응이 일반 귀족사회에서는 어떤 모습으로 나타났는가? 1194년 아르드르의 아르눌 4세의 결혼은 그 좋은 예가 된다. 그는 4촌간인 한 상속녀와 결혼을 한다. 물론 이러한 '근친혼'은 그의 부친이 랭스 대주교한테 '관면'을 받았기 때문에 문제가 되지 않는다. 약혼식에서 교회의 요구대로 당사자간 상호 동의를 교환한다. 특히 주목되는 것은 신방 침대에서 치러지는 의식에서 교회의식과 민속의식이 공존하고 있다는 점이다. 양가의 전속 사제들(일련의 공의회에서 성직자의 결혼을 반복해서 금지했음에도 불구하고, 이들도 여전히 결혼하여 부자가 전속 사제들이었다)이 신방 침대에 성수(聖水)를 뿌려 악귀를 추방하고 신혼부부에게 하느님의 강복이 있기를 축원한다. 그런 다음, 시아버지는 며느리가 누워 있는 신방 침대 곁에서 손과 눈을 하늘로 쳐들고 며느리에게 아들을 낳고 자손이 계속 번성하게 해달라는 '주문(呪文)'을 외는 다산숭배의식을 거행한다.[52] 시아버지에게는 며느리가 가문을 이어갈 아들을 많이 낳아주는 것이 중요하다. 그렇기에 여자에게는 남편의 고귀하고 순수한 혈통을 잇도록 순결이 강조되며, 신방 침대에 들 때도 처녀여야 한다. 그래서 출가하기 전까지 소녀들은 다른 사람들이 난입하지 못하도록 경비원의 감시하에 성채의 맨 꼭대기층에 있는 방에서 생활하도록 보호되거나, 이것도 믿지 못해서 성내에 있는 '수녀원' 같은, 때로는 자물쇠가 채워진 '규방(閨房)'에서 거주케 하기도 했다.[53] 이렇게 성장한 딸들은 가문연합에서 유용하게 이용될 수 있는 교환가치를 지녔기 때문이다.

다른 한편, 가산을 보호하기 위해 채택한 장자상속제와 결혼제한 전략
은 결혼하지 못한 아들들을 양산했고, 극단적인 경우에는 가문의 대를
단절시킬 위험성을 내포했다. 앞에서 언급한 아르눌 4세의 처가(妻家)
가 그러했다. 처조부는 7명의 아들을 두었었다. 그는 장남만 결혼시키고
두 아들은 성직자로 보냈으며, 나머지 네 아들 중 두 아들은 마상시합에
서 죽고 한 아들은 불구가 되었다. 장남은 재혼까지 했으나 후사를 얻지
못하고 죽었다. 하나 남은 막내아들에게서 손자 하나를 얻었으나 그마
저 병으로 죽고, 손녀만 하나 얻었다. 그녀가 유일한 상속녀가 되어 아르
눌 4세의 아내가 된 것이다. 또한 아르눌 4세의 부친인 발뒤인 2세의 성
행각은 남자의 혼전·혼외 성본능의 자유로운 배출을 엿보게 한다. 그
의 장례식에 참석했던 33명의 자식들 중 10명은 적자이고 23명은 사생
아였는데, 그는 결혼하기 전부터 가문의 사생아로 보이는 어린 처녀들에
게서 이들을 낳았던 것으로 보인다.[54] 또한 결혼하지 못한 '젊은이
들'(juventus) 세계에서는 성에 대한 구속이 없었고 상속녀를 납치하여
결혼하는 것을 꿈꾸었으나, 가장들은 이들의 성적 야만성을 길들이기 위
해 마상시합을 연출해 주고, 이를 통해 이들이 개인적 무용과 영광으로
써 '점잖게' 숙녀들을 매료시키는 '궁정식 사랑'의 무대를 마련해 주었
다.[55] 결국 12세기 말부터 귀족사회가 통합되고 경제적으로 더 윤택해진
것에 힘입어서 이들 '젊은이들'도 이전보다 더 많이 결혼하여 '가장'이
되었으며, 이제 '젊은이'의 단계는 동질적 귀족의 일원으로서 인생에서
현명한 가장이 되는 삶의 한 수련단계로 정착하였다.[56] 따라서 결혼제한
전략으로 파생된 귀족사회의 말썽꾸러기였던 '젊은이들'의 고삐 풀린 성
본능이 순치됨으로써, 세속사회는 교회의 성윤리에 더욱 접근하게 되었
던 것이다.

5. 맺음말

이처럼 교회의 이념과 결합된 북프랑스 상층귀족사회에서의 결혼과
성문화가 이후의 시대, 더 나아가 다른 지역과 다른 계층에는 어떤 의미
를 지니는가?

북프랑스 귀족사회에서 1000년경 이후 약 두 세기 동안 갈등을 거치
고 난 후 1200년경에 이루어진 두 모델 사이의 상호 절충과 타협은, 성
속 두 위계가 이미 확보한 권력을 토대로 안정을 이루면서, 그후 정착과
정을 밟게 되었다. 그리하여 1200년경에 형성된 근본적 구조들은, 그 외
양의 변화에도 불구하고, 17세기에도 19세기에도 큰 차이를 보이지 않았
으며 다만 오늘날에 와서 무너지고 있을 뿐이다.[57] 그러한 구조의 정착
과정은 두 모델이 서로 적응하는 가운데 세부적으로는 교회의 성규범의
일상화와 내면화의 형태로 나타났을 것인데, 이에 대한 구체적 연구는
앞으로의 과제로 남는다.[58]

그러면 1200년경의 북프랑스 상층귀족사회의 결혼과 성문화를 다른
계층에게 그대로 적용할 수 있을까? 말하자면 다른 계층도, 귀족층과 같
은 정도로 교회 모델과 타협을 이루고 그것이 그들의 일상생활에로 침
투했을까? 같은 시기 북프랑스 도시민과 농민층 등 다른 계층의 결혼과
성문화에 대해서는 연구된 것이 없어 직접 비교할 수 없으므로 다른 지
역과 간접적으로 비교할 수밖에 없다. 라뒤리(E. Le Roy Ladurie)가 밝
혀주었듯이, 14세기 초까지도 여전히 남프랑스 랑그도크 지방의 두메산
골에 자리한 몽타이유 마을(카타리파의 최후 도피처였던 이단의 소굴)
을 지배한 결혼과 성문화는 교회의 이념에도 카타리파의 이념에도 거의
영향을 받지 않은 채, 기독교가 도래하기 이전에 형성되었던 농촌공동체
의 유구한 성풍속을 계승하고 있었다. 그 당시 이 마을에서는 "비교적
자유로운"(relative liberté)——라뒤리의 부연설명에 따르면, 여기서 '비

교적 자유로운'이란 말은 '무질서한'(anomique)이란 의미가 아니라, 후대인 17~18세기에 비해 "약간 더 '느슨한'(relâché)"이란 의미를 뜻한다——결혼과 성문화[59]가 여전히 지배적이었는데, 이것은 이 마을에서 통용된 결혼과 성규범이 성을 긍정하는 가운데 형성된 '수오지심'(羞惡之心, honte)에 의해, 그러니까 서로 잘 알고 지내는 자은 공동체 내에서 상호 주체적인 '이웃의 시선에 대한 내면화된 의식'(conscientia)[60]에서 자연적으로 우러나오는 부끄러워하는 마음씨에 의해 규율되었음을 의미한다.[61] 반면에, 성을 악으로 규정하고 그로부터 도출된 교회의 지배적인 부정적 성도덕은 그 자체에, 몽타이유 마을에서 볼 수 있는 '이웃과의 친밀성'(voisinage)과 '주민들간의 상호성'(réciprocité)에 기초한 공동체에 의한 자율기제[62]를 결여하고 있다.[63]

이렇게 본다면, 중세 말까지도 프랑스에서 시기·지역·계층에 따라 성속 두 모델 사이의 융합의 수준에는 다양한 편차가 있었음을 알 수 있다. 그러나 장기적으로는, 육욕으로부터의 해방을 구원의 길로 보는 교회의 자기포기적·부정적 금욕주의와 결합된 중세의 지배적인 성문화는, 종교개혁기의 부분적 완화를 거쳐[64] 결국에는 성의 소외화(疏外化)와 물화(物化)로 치닫게 한 근대의 심신이원론(心身二元論)적 사유체계,[65] 절대왕정기의 규율 권력,[66] 부르주아 자본주의 사회의 성전략과 접목되면서[67] 서양 근대사회의 결혼과 성문화를 형성하는 데 기초가 되었다고 볼 수 있을 것이다.

주

1) 중세교회의 성윤리가 19~20세기까지 지속된 이유는, 첫째 중세교회의 성윤리 형성의 배경이 되는, 12~13세기 다원화해 가고 있던 도시 사회구조가 1100년경부터 산업혁명기까지 비교적 장기적 안정을 이루고 있었고, 둘째 11세기에 형성된 핵가족구조가 근·현대의 가족구조에도 지속되었으며, 셋째 종교와 결합된 보수적인 법이 근·현대에도 지속되었기

때문이다. 이에 관해서는 J. A. Brundage, *Law, Sex and Christian Society in Medieval Europe*(Chicago, 1987, pp. 575, 585~94) 참조.

2) L. Kolakowski, "The Priest and the Jester," *Toward a Marxist Humanism*, J. Z. Peel trans., New York, 1968, pp. 9~37.

3) 대표적인 예를 들면 P. Payer, *Sex and the Penitentials*(Toronto, 1984); P. Brown, *The Body and Society*(London, 1989); J. A. Brundage, 앞의 책 등을 꼽을 수 있고, 중세에서부터 구체제까지 교회의 성규범을 다룬 것으로는 J.-L. Flandrin, *Le Sexe et l'occident: Evolution des attitudes et des comportements*(Seuil, 1981)를 들 수 있다. 그러나 이들은 성규범의 기독교화라는 단선적 접근을 한 것은 아니다. 특히 플랑드랭의 경우에는 구체제에서 성행동의 형태를 기독교사회의 규범적 형태와 고대인들의 사고와 형태의 재현이라는 이중적 접근을 하고 있어, 기독교화와 탈기독교화라는 단선적 접근을 피하고 있다.

4) 주로 재판기록을 이용하여 연구한 사례로서, 중세 말 프랑스 남부지방의 매춘에 관한 연구로는 L. L. Otis, *Prostitution in Medieval Society*(Chicago, 1985); J. Rossiaud, *La Prostitution médiévale*(Paris, 1988)을 들 수 있고, 농민들의 성풍속에 관한 연구로는 E. Le R. Ladurie, *Montaillou, village occitan de 1294 à 1324*(Gallimard, 1975)를 꼽을 수 있다.

5) 특히 G. Duby, *Medieval Marriage: Two Models from the Twelfth-Century France*, E. Forster trans., Baltimore, 1978; *Le Chevalier, la femme et le prêtre: Le mariage dans la France féodale*, Hachette, 1981(최애리 옮김, 『중세의 결혼: 기사, 여성, 성직자』, 새물결 1999). 전자는 그가 1977년 존스 홉킨스 대학에서 강의한 것을 모은 것으로서 11~12세기 프랑스 귀족사회의 성과 결혼에 대한 이론적 서설과 몇몇 사례를 소개한 것이고, 후자는 이것의 영역을 확대하여 부연하고 그 내용을 심화시킨 저술이다. 따라서 이 두 저서는, 전자에 수록된 이론부분과 일부를 제외하면 중첩되는 내용이 많다.

6) G. Duby, *L'An mil*(강일휴 옮김, 『천년: 그 세기말의 징후』, 교보문고, 1999).

7) G. Duby, *Les Trois ordres ou l'imaginaire du féodalisme*(성백용 옮김, 『세위계: 봉건제의 상상세계』, 문학과지성사 1997), pp. 33~435; M.-C. Derouet-Besson, "*Inter Duos Scopulos*: Hypothèses sur la place de la sexualité dans les modèles de la représentation du monde au XIe sièlce," *Annales E. S. C.* 36, 1981.

8) J. A. Brundage, 앞의 책, pp. 182~87, 229~55.

9) 같은 책, pp. 325~416.

10) 주 22 참조.

11) '성'(sex)이란 말은 여러 가지 의미를 내포하고 있다. 사전적 의미에 따르면, 그것은 ① 남녀의 성구별 ② 남녀의 성징(性徵) 또는 성행동 ③ 성기 ④ 성교 ⑤ 성본능 또는 성욕 등을 의미한다. 이 글에서 사용된 '성' '성윤리' '성도덕' '성규범' '성문화' '성문제'란 말에서 '성'(sexualité)은, 고대인들이 사용했던 성애(性愛)의 용어인 aphrodisia의 개념적 속성으로서 사랑을 요청하는 욕구, 이 욕구를 충족시키는 구체적 실천행위, 이 실천행위에 수반되는 현상으로서의 쾌락을 순환적으로 결합시키는 힘을 뜻하는 것으로 사용할 것이다. 따라서 이런 의미에서 '성'은 중세교회의 입장에서는 부정적 의미를 지닌다. 이 글에서 사용된 '성'은 앞의 사전적 의미 가운데 주로 ④, ⑤와 관련된 의미로 쓰일 것이다.

12) 한 예로 11세기 초 이단들(샹파뉴 지방의 농부 출신 이단자인 뢰타르와 아라스 이단)은 성에 대해 극단적인 선/악의 2원적 모델을 취하여 결혼을 악으로 부정했는가 하면, 수도사이자 연대기작가인 글라베르(R. Glaber)와 주교 제라르 드 캉브레(Gérard de Cambrai)는 위계에 따라 성직자에게는 동정이, 평신도에게는 결혼이 하느님의 뜻으로, 특히 후자에게 부부간의 성을 '선한 성'으로 규정하여 3원적 모델을 취했다. 또한 월릭 디몰라(Ulric d'Imola) 같은 '성직자의 결혼허용론자들'은 바울의 주장처럼 "더 사악한 것(음행)"을 피

하기 위한 양보책으로서 그리고 기존 성직자의 위선(사실혼 상태)에 대한 공격수단으로서
성직자의 결혼을 주장한다(M.-C. Derouet-Besson, 앞의 글, pp. 924~29, 935~38).

13) J. A. Brundage, 앞의 책, pp. 83, 86.

14) M.-C. Derouet-Besson, 앞의 글, pp. 929~35.

15) 이단모델과 개혁주의적 모델은 수도원모델(동정모델)을 이어받았다는 점에서 공통점을
지니고 있다. 여기에서 이단과 정통의 차이는 구원의 집단적 경로와 사회의 위계 개념을
인정하느냐의 여부에 달려 있다(같은 글, p. 946).

16) 결혼이 구원과 양립 불가능하다는 신성(神性, divinité)/인성(人性, humanité)의 2원적
모델은 흔히 이단자들(11세기 초의 아라스 이단과 그후 카타리파 이단)이 추구한 모델이
지만, 11세기 말 그레고리우스 개혁의 이념은 이 모델을 준용하여 성직자에게 엄격하게 적
용하려 하였다. 로제 드 캉(Roger de Caen), 장 드 페캉(Jean de Fécamp), 피에르 다미앵
(Pierre Damien) 등이 이에 속한다. 특히 피에르 다미앵은 육체적 죄악에 대한 족쇄로서
그리고 자식 획득 목적으로서의 평신도의 결혼조차도 그것이 너무 세속적 탐욕이라 하여
죄악이라 본다(같은 글, pp. 929~35). 반면에 피에르 아벨라르(Pierre Abélard)와 위그 드
생 빅토르(Hugues de Saint Victor) 등은 부부간의 성의 유익성(성충동의 배출구)과 부부
간의 정분을 인정하는 쾌락주의적 경향을 보이고 있는데, 이들은 소수파였다(J. Leclercq,
Monks on Marriage: A Twelfth-Century View, New York, 1982, pp. 25~28, 52).

17) J. A. Brundage, 앞의 책, p. 136.

18) 동의만으로도 결혼이 성립된다고 주장하는 피에르 롱바르(Pierre Lombard)는 동의를 ①
약혼을 의미하는 '미래시제의 동의'(verba de futuro)와 ② 결혼을 의미하는 '현재시제의
동의'(verba de praesenti)로 나눈다. 그에 따르면, 결혼은 ②만으로도 성립되며 '신방치레'
는 결혼성립에 법적으로 아무런 관련이 없다. ①을 하고 난 다음 성교가 수반된다면 그것
은 결혼이 성립되지만, 이 경우에도 먼저 동의가 선행되어야만 한다(같은 책, pp. 237, 264;
C. N. L. Brooke, *Medieval Idea of Marriage*, Oxford, 1989, pp. 138, 152).

19) C. N. L. Brooke, 앞의 책, p. 152; J. A. Brundage, 앞의 책, pp. 265, 416.

20) 결혼식에서 신부가 신랑의 발 밑에 무릎을 꿇는 몸짓은 신종 계약에서 봉신이 주군 앞에
무릎을 꿇는 몸짓을 연상시킨다(G. Duby, 앞의 책, p. 5).

21) 결혼의 성사화는 그리스도와 교회의 영적 결합에 비유한 것이지만, 여기에는 여성에게
더 높은 성적 순결의 기준을 요구하는 이중적 잣대가 함축되어 있다. 그리스도와 교회의
결합에 대한 탕크레드(Tancred)의 해석은 이를 잘 말해 준다. "후고가 말한 바와 같이 남
편은 교회를 의미하는바, 교회는 때로는 부분적으로 그리스도를 떠나 신앙에서 일탈하여
간통을 한다. 그러므로 그가 제아무리 동정상태에 있지 아니하더라도 그에게 성사의 의미
가 결여된 것은 아니다. 아내는 그리스도를 의미하는바, 그리스도는 딴 남자와 교접하지
않는 신선한 샘 그 자체이기 때문에 결코 교회를 버리지 않았다. 다른 사람들이 말하고
내가 더 믿는 바와 같이, 남편은 그리스도를 의미하는바 그리스도는 회중들과 교접하고 나
서 교회와 결혼하였고, 따라서 그가 자신의 몸을 두 여자에게 나누었다 하여도 나쁜 짓을
한 것은 아니다. 아내는 교회를 의미하는바, 교회는 언제나 처녀로, 적어도 정신적으로 처
녀로 있었고, …따라서 아내는 자기 몸을 두 남자에게 나누어서는 안 되었다. 만약 그렇게
했다면 결혼에서 성사의 통일성의 의미가 결여되기 때문이다"(Hugo dixit quod uir
significat ecclesiam, que in parte sepe adulteratur recedendo a christo et exorbitando a fide,
et ideo non deest sacramenti significatio in uiro, quamuis non sit uirgo; uxor uero significat
christum qui numquam ecclesiam dimisit quoniam ipse est fons uiuus cui non communicat
alienus. Alii dicunt, et credo melius, quod uir significat christum qui copulauit sibi synagogam
et postea ecclesiam, et ideo non nocet si uir diuisit carnem suam in duas; uxor uero significat

ecclesiam que semper uirgo permansit, saltem mente, ···et ideo exigitur quod uxor carnem suam non diuisit in duos, quod si fecit, deest in coniuge signifcatio sacramenti unitatis). Vat. lat. 1377, fol.176r, J. A. Brundage, 앞의 책, p. 351, 주 134에서 재인용.

22) 고해성사에 관해서는 G. Duby, "L'Émergence de l'individu: Situation de la solitude, XIe-XIIIe siècle"(Ph. Ariès et G. Duby, dirs., *Histoire de la vie privée: De l'Europe féodale à la Renaissance*, Paris, 1985, pp. 524~26); 속어 대중설교에 관해서는 유희수, 「Jacques de Vitry의 대중설교와 *exemplum*」(『西洋中世史硏究』 제2집, 1997, 77~108쪽); 제4차 라테란 공의회의 제도적 개혁에 관해서는 J. Richards, *Sex, Dissidence and Damnation: Minority Groups in the Middle Ages*(London, 1991, pp. 18~23. 유희수・조명동 옮김, 『중세의 소외집단: 섹스・일탈・저주』, 느티나무 1999, 18~23쪽) 참조.

23) 원시게르만사회에서는 신랑이 신부에게 결혼지참금으로 소・말・재갈・방패・창이나 검 등 주로 무기를 주며, 이것은 시어머니에서 며느리에게로 대대손손 전달된다. 이것은 여성이 남성과 함께 공동체를 수호한다는 여성의 적극적 역할을 인정하고 있음을 의미한다(Publius C. Tacitus, *Germania*, XVIII, M. Hutton trans., Harvard Univ. Press 1914, pp. 158~59).

24) 정식결혼을 할 때 신부가 받는 재산, 즉 '신부재산'은 ① 신랑으로부터 받는 '결혼 증여재산'(donatio) ② 신방을 치른 후 그 이튿날 아침 자신의 처녀성에 대한 대가로 신랑으로부터 받는 '아침선물'(Morgangabe) ③ 자신의 친정아버지로부터 받는 선물 등 세 가지로 이루어졌다. ①과 ②는 점차 하나로 통합되었으며, 그 양은 중세 초 내내 증가하였다. 이에 대해 게르만 왕들은 그 상한선을 남편재산의 1/4(quarta) 내지 1/3(tertia)로 제한하려 하였다(D. Herlihy, *The Medieval Households*, London, 1985, pp. 49~53, 73~74, 77~78).

25) G. Duby, "Les Féodales, 980~1075," G. Duby, dir., *Histoire de la France* t. 1, Larousse, 1986, p. 292.

26) 심지어 10세기 초까지 거슬러 올라가는 귀족의 족보적 기억은 바로 남계 중심과 장자상속에 우선권을 부여했음을 보여준다(G. Duby, "Structures de parenté et noblesse dans la France du Nord aux XIe et XIIe siècle," *Hommes et Structures du Moyen Ages*, Paris, 1973, pp. 273~74, 279~80). '부계계승'(filiation patrilinéaire)에 대한 족보상의 기억은 귀족들의 층위에 따라 다르다. 하급기사들은 11세기 중엽까지, 성주들은 11세기 초까지, 제후들은 10세기 초까지 거슬러 올라간다(같은 글, pp. 282~83).

27) Dominique Barthélemy, "La Vie privée dans les maisonnées aristocratiques de la France féodale: Parenté," Ph. Ariés et G. Duby, dirs., 앞의 책, p. 160. 귀족사회에서 부계제의 중요성은 1000년경부터 영주들이 자신들과 그들의 조상들을 위해 종교기관에 재산을 유증하고 그 대신에 추모미사를 요구하는 경향이 증가한 데서도 엿볼 수 있다. 1030년경 클뤼니 수도원에서, 고인이 된 모든 성인(聖人)에 대해 추모미사를 드려주는 만성절(萬聖節, 11월 1일) 다음날인 11월 2일에, 모든 기독교도 망자들을 위해 추모미사를 드려주는 '만령절(萬靈節)'이 도입된 것은 이를 단적으로 상징한다. 이에 대해서는 M. Lauwers, "mort(s)"(J. Le Goff et J.-Cl. Schmitt, dirs., *Dictionnarie raisoné de l'Occident médiéval*, Fayard, 1999, pp. 780~81) 참조.

28) G. Duby, 앞의 글, p. 284; *Guerriers et paysans(VIIe~XIIe siècles)*(최생열 옮김, 『전사와 농민』, 동문선 1999, 220쪽).

29) 조르주 뒤비, 『중세의 결혼』, 119쪽.

30) G. Duby, *Two Models*, pp. 86~88.

31) 프랑스 북부지방에서 이러한 '부계제'와 장자상속제는 전통적 양계제를 대체했다기보다는 그것에 중첩되어 있거나 그것과 공존하고 있었다는 것이 적절할 것이다. 특히 가문전쟁

의 경우나 여계의 지위가 높을 때 모계를 활용하거나 계승하는 '양계제'의 존재는 정서적
으로나 현실적으로 매우 중요한 요소였다. 그러나 12~13세기는 전반적으로 '부계제'가 승
리하는 과정이라 볼 수 있다(D. Barthélemy, "La Vie privée dans les maisonnées
aristocratiques de la France féodale: Parenté," pp. 96~125). 헨트와 플랑드르 지방에서는
중세 말까지도 여전히 양계제가 지배하고 있었다(D. Herlihy, *The Medieval Households*, p.
83). 또한 로마적·게르만적(롬바르드와 프랑크) 전통이 강하게 남고, 상업경제와 대상
(大商)가문(가족상회사)이 발전했던 이탈리아에서는 장자상속제보다는 기문(lineage,
lignage)의 남계가 '공동상속권'(consorteria)을 갖는 전통이 강했다(같은 책, pp. 88~92).
32) G. Duby, 앞의 책, p. 7.
33) 교회가 족내혼을 억제하고 족외혼을 권장한 것이라든가, 성직자의 결혼을 금지한 것이라
    든지, 결혼당사자의 동의를 강조하는 등 결혼을 통제한 목적이, 많은 가문에 상속자를 단
    절시켜 이들의 재산을 교회에 유증케 함으로써 교회의 경제적 이익을 도모하는 데 있었다
    는 영국의 인류학자 구디의 테제(J. Goodys, *The Developments of the Family and Marriage in
    Europe*, New York, 1983, pp. 68~84, 134~46, 154~56)는 역사가들로부터 비판을 받고
    있다. 이에 대해서는 D. Herlihy, 앞의 책, pp. 11~13; J. A. Brundage, 앞의 책, pp. 606~
    607; 제프리 리처즈, 『중세의 소외집단』, 39~40쪽 참조.
34) 교회에서 주장하는 '동의론'은 자식들의 결혼을 통제하던 가장들에게는 심각한 타격을
    주었다. 어떤 의미에서 '동의론'은 11세기 이후 증가된 가부장권을 상쇄하려는 교회의 의지
    의 표현으로 해석할 수도 있을 것이다(D. Herlihy, 앞의 책, pp. 81~82).
35) G. Duby, 앞의 책, pp. 7~8, 15~17.
36) 첫부인 로잘라(Rosala)는 이탈리아 왕의 딸이자 플랑드르 백의 과부였고, 두번째 부인
    베르트(Berthe)는 부르고뉴 왕 콘라드의 딸이자 카롤링조의 왕 루이 3세의 증손녀로서 블
    루아 백의 과부였으며, 세번째 부인 콩스탕스(Constance)는 카롤링가의 마지막 왕 루이 5
    세의 왕비였다가 소박을 맞은 아델레드(Adélaide)와 아를 백 사이에서 낳은 딸이다. 로베
    르의 세 번의 결혼에서 두 부인은 과부였고, 세번째 부인은 처녀였다. 이처럼 로베르는 처
    녀성보다는 혈통을 중시하고, 따라서 카롤링가나 인근 왕국과 연결된 왕족의 딸들과의 결
    혼을 통하여 위태로운 카페가의 위엄과 권위를 드높이려 했다.
37) G. Duby, 앞의 책, pp. 45~53; 『중세의 결혼』, 97~109쪽.
38) G. Duby, *Two Models*, p. 53; 『중세의 결혼』, 107쪽.
39) 조르주 뒤비, 『중세의 결혼』, 11쪽.
40) 같은 책, 12쪽.
41) G. Duby, *Two Models*, pp. 25~45.
42) 같은 책, pp. 55~73.
43) 같은 책, p. 72.
44) 같은 책, p. 55.
45) 같은 책, pp. 73~79.
46) J. A. Brundage, 앞의 책, pp. 337~41; 제프리 리처즈, 『중세의 소외집단』, 18쪽.
47) John H. Mundy, "Le Mariage et les femmes à Toulouse au temps des cathares," *Annales
    E. S. C.*, 42, 1987, pp. 117~34.
48) M. Bloch, *Les Rois thaumaturges: Études sur le caractére surnaturel attribué à la puissance royale
    particulièrement en France et en Angleterre* (rééd.), Gallimard, 1983, pp. 29~41.
49) 조르주 뒤비, 『세 위계』, 626~58쪽.
50) 1215년 제4차 라테란공의회에서 결혼금지 촌수를 7촌에서 4촌으로 낮춘 것은, 말하자면
    결혼의 안정성을 위해서라면 근친혼을 양보하고 결혼의 '불가해소성'을 보호하려는 교회의

의지의 표현으로 볼 수 있다.

51) G. Duby, *Two Models*, pp. 21~22.

52) 같은 책, pp. 89~92;『중세의 결혼』, 316~18쪽.

53) G. Duby, "L'Émergence de l'individu: Situation de la solitude, XIe-XIIIe siècle," pp. 88~89.

54) G. Duby, *Two Models*, pp. 96~102.

55) juventus란 말은 일반적으로 기사 서임을 받고 난 후부터 결혼하여 정착하기 전까지 방랑적 모험생활을 하는 기간을 의미한다는 점에서 '총각기사'로 번역할 수도 있다. 이들의 성 문화와 결혼에 대한 꿈에 대해서는 G. Duby, "Les 'Jeunes' dans la société aristocratique dans la France du Nord-Ouest au XIIe siècle," *Hommes et structures du Moyen Age*, pp. 219~23 참조.

56) 이들 '젊은이들'의 정착과 귀족사회에의 통합에 관해서는 G. Duby, "Situation de la noblesse en France au début du XIIIe siècle," *Hommes et Structures du Moyen Age*, pp. 343~52; 이들의 '요새화된 가옥'(maison forte)구조에 대해서는 Dominique Barthélemy, "Les Aménagements de l'espace privé, XIe~XIIIe siècle," Ph. Ariès et G. Duby, dirs., 앞의 책, pp. 406~14 참조.

57) 조르주 뒤비,『중세의 결혼』, pp. 344~47쪽.

58) 이 글은 애초에 제4장에 이어, 13세기 전반 교회의 성규범이 일상생활에로 삼투하는 문제를 한 개의 장(제5장)으로 다루려 하였으나, 여기서는 다루지를 못했다. 이 문제의 연구는 매우 복잡하고 섬세한 접근방법을 요구하고, 또 이 글의 틀과는 다른 틀을 필요로 한다. 13세기 초 북프랑스 지방에서 '일상생활의 성경'(Bible de la vie quotidienne)으로 사용된 자크 드 비트리(Jacques de Vitry)의『대중설교집』(*Sermones vulgares*)과 알랭 드 릴(Alain de Lille)의『참회규정서』(*Liber poenitentialis*) 같은 사료들은 이 문제를 해명해 줄 수 있을 것으로 기대된다. 필자는 본 연구의 후속편으로 다른 글에서 이 문제를 다루기로 한다.

59) E. Le R. Ladurie, 앞의 책, p. 241. 몽타이유 마을에 대한 재판기록과 이것을 해석한 라뒤리가 이 마을의 성적 느슨함을 과장했을 가능성에 대해서는 C. N. L. Brooke, 앞의 책, p. 160; 라뒤리의 접근방법과 세부사항에 대한 비판에 대해서는 L. Boyle, "Montaillou Revistited: Mentalité and Methodology," J. A. Raftis ed., *Pathways to Medieval Peasants*, Toronto, 1981, pp. 119~40 참조.

60) '양심'으로 번역되는 conscientia라는 말은 어원상 '같이 앎'(cum과 scientia의 합성어)을 의미한다. '양심'이란 나의 행위를 누군가가 같이 알고 있다는 의식, 나의 행위와 나의 마음의 모든 것을 누군가가 응시하고 있다는 자각에서 출발한다. 따라서 '양심'이란 '타자의 시선에 대한 내면화된 의식'이라 풀어 쓸 수 있을 것이다. 이에 대해서는 김상봉,「성과 에로스에 대한 플라톤적 고찰」,『감성의 철학』, 정대현 외 지음, 민음사 1996, 285~86쪽 참조.

61) E. Le R. Ladurie, 앞의 책, pp. 242~54, 543~55.

62) 같은 책, pp. 548~49. 몽타이유 마을에서처럼 성본능을 긍정하는 상호 주체적인 공동체에서 '이웃의 시선'에 의한 성의 자율기제와, 성을 악으로 규정한 교회에서 '하느님의 시선'에 의한 성의 규제는 그 본질이 다르다. 전자의 시선은 '상호적인' 데 반해, 후자의 시선은 '절대적'이라 할 수 있다. 동양철학에서 시선・몸짓・마음의 상관관계에 대해서는 이승환,「눈빛・낯빛・몸짓: 유가 전통에서 덕의 감성적 표현에 대하여」,『감성의 철학』, 125~71쪽 참조.

63) 아리에스(Ph. Ariès)는 다른 사회에 비해 서양 전통사회에서 '결혼의 불가해소성'이 강고하게 유지된 원인들로, 고대 말기에 등장한 스토아 철학자들의 결혼관과 이것을 물려받은 기독교의 영향 외에, 전통사회에서 공동체 특히 '청년들'의 '샤리바리'(charivari)처럼 공동

체의 안정을 위한 자율규제 전통을 들고 있다("Le Mariage indissoluble," Ph. Ariès et A. Béjin, dirs., *Sexualités occidentales*, Seuil, 1982, pp. 148~67). 그의 이러한 '가설적' 견해는 도시사회에서의 '샤리바리'를 연구한 로시오(J. Rossiaud)의 연구("Fraternités de jeunesse et niveaux de culture dans les villes du Sud-Est à la fin du Moyen Age," *Cahier d'hitoire*, vol. 1~2, 1976, pp. 67~102)에 근거하고 있는 듯하다. 그러나 몽타이유 마을에서는 '샤리바리'가 존재하지 않았다(E. Le R. Ladurie, 앞의 책, pp. 396~98). 데이비스(Natalie Z. Davis)가 그녀의 한 논문("The Reasons of Misrule: Youth Groups and Charivari in Sixteenth-Century France," *Past & Present*, no. 50, 1971, pp. 41~75)에서 주장하듯이 교회의 이데올로기와는 별도로, 전통사회에서의 결혼과 성규범의 수호에서 '청년들'의 '샤리바리'가 담당한 역할처럼 민속문화 전통에서 공동체의 자율기제가 존재했음을 부정할 수는 없다.

64) 중세 중기 이래 교회의 성모럴을 '자식생산론' '순결론' '부부애정론'의 세 유형으로 나눌 때, 종교개혁기 교회의 성모럴은 '자식생산론'을 기본으로 하면서도 '부부애정론'을 부분적으로 인정한 것으로 볼 수 있다. 프로테스탄티즘(특히 루터와 칼뱅)은 결혼에서 부부간의 성을 오직 자식 생산에만 한정해야 한다는 견지를 넘어 부부간의 사랑을 주장한다. J. A. Brundage, 앞의 책, pp. 579~84.

65) 정화열, 「비코와 몸의 정치의 비평적 계보」, 『몸 또는 욕망의 사다리』, 이거룡 외 지음, 한길사 1999, 106~12쪽; 유초하, 「동서 철학적 전통에서 본 육체」, 『문화과학』 1999년 가을호, 113~35쪽.

66) N. Elias, *The Civilizing Process*(유희수 옮김, 『문명화 과정: 매너의 역사』, 신서원 1995); M. Foucault, *Histoire de la sexualité: la volonté de savoir*(박정자 옮김, 『성은 억압되었는가?: 성의 역사, 그 앎의 의지』, 인간 1979).

67) 김진균, 「육체노동, 그 자본주의적 의미」, 『문화과학』 1993년 가을호, 11~34쪽; Mike Featherstone, 「소비문화 속의 육체」, 같은 책, 35~63쪽.

변화와 지속: 종교개혁이 가정과 여성에 미친 영향
독일과 스위스를 중심으로

박준철

1. 결혼과 가정의 의미 제고

1523년 부활절 전날 밤, 독일 님프셴(Nimbschen)에 위치한 한 수녀원에서 생활하던 열두 명의 수녀들이 그곳을 드나들던 한 청어납품업자의 짐마차를 타고 탈출에 성공하였다. 그들 가운데 집으로 돌아갈 수 없었던 아홉 명은 당시 세간의 이목을 한몸에 집중시키며 교회개혁운동을 주도하고 있던 마르틴 루터에게 도움을 청했고, 루터는 그중 여덟 명에게 배필을 마련해 주는 배려를 보였다. 유일하게 짝을 구하지 못하고 남아 있던 카타리나(Katharina von Bora)는 애초부터 루터를 마음에 두고 있었고, 그동안 신변의 위협 때문에 결혼을 한사코 거부해 왔던 루터는 1525년 6월 13일 그녀를 아내로 맞이하였다.[1]

열다섯의 나이에 수녀가 되어 속세를 등져온 카타리나와 20년간 성직자로 외길인생을 살아온 루터는 이로써 독신이라는 과거를 청산하고 한

쌍의 부부로서 가정이라는 낯선 영역에 첫발을 내디뎠다. 10년 전만 하더라도 성직자의 결혼은 감히 엄두도 낼 수 없는 일이었으나, 루터의 혼인식은 많은 하객들의 축복 속에 진행되었고 흥겨운 연회와 무도회가 뒤따랐다.[2] 종교개혁은 이미 사회를 변혁시키고 있었다.

결혼과 가정은 인류와 동행해 왔고 적어도 사회적으로는 필수적 제도이다. 중세교회 역시 성경적으로나 경험적으로 이를 받아들이지 않을 수 없었다. 남녀의 공식적 결합은 사제의 주관 아래 교회에서 치러졌고, 교회법은 결혼과 가정생활을 구석구석 규정하였으며, 부부간의 갈등과 분규는 교회법정이 관할하였다. 또한 1184년 결혼은 성례(sacrament)에 포함되었다. 이와 같이 중세교회는 결혼생활에 뚜렷한 종교적 성격을 부여하면서 그 당위성을 인정하였다.

그러나 중세사람들에게 제시된 이상적 인간상은 남편과 아내가 아니라 수도사와 수녀였고, 교회가 예찬하고 추앙한 것은 결혼생활이 아니라 독신생활이었다. 독신생활에 대한 중세교회의 입장은 "이 세상에서 육체와 영혼의 순결보다 하나님을 더 기쁘게 하고 그로부터 더 사랑받는 삶의 방식은 없다"[3]는 제르송(Jean Gerson, 1363~1429)의 표현 속에 응축되어 있으며, 그의 이러한 사고는 새로운 사상의 주창이 아니라 이미 사회 저변에 정착된 이념적 전통이었다. 육체적 순결은 영적 순결의 전제조건이었고, 이를 수행하는 성직자들은 세속인과 구별된 영적 상위계급이었으며, 그들의 삶은 진정한 기독교인들이 추구해야 할 전범이었다. 중세교회는 분명 결혼과 가정생활을 종교적으로 수용하였지만 오히려 그것을 거부하는 독신생활에 월등한 가치를 부여하면서 그 명분과 의미를 제한시켰고 나아가 결혼을 기피하는 사회적 분위기를 조성하는 데 일조하였던 것이다. 아이스레벤(Eisleben)의 루터파 성직자 귀텔(Caspar Gütell)의 한 설교는 결혼에 대한 부정적 시각이 16세기 초반에도 계속되고 있음을 예증한다.

사람들은 결혼생활을 개에게도 권하려 하지 않는다. 사람들은 자녀들을 결혼생활로부터 벗어나게 하기 위해 그들을 수도원으로 몰아넣어 악마에게 주어버린다. 그렇게 함으로써… 그들은 자녀들의 영혼을 지옥으로 보낸다.[4]

루터파는 수도원생활을 집요하게 힐난하였고 따라서 그 일원인 귀텔의 설교는 다분히 선전적이고 종파적 입장을 반영한다고 할 수 있다. 그러나 "아내를 취하는 것은 당신의 등에 악마를 업는 것이다"[5]라는 속담이 당시 항간에 회자되었다는 사실은 그의 묘사가 실상과 크게 다르지 않다는 것을 보여준다. 중세교회의 메커니즘 속에서 결혼은 결코 비난의 대상은 아니었지만 권장과 선망의 대상은 더더욱 아니었다.

결혼과 가정에 대한 프로테스탄티즘의 입장은 전통교회와의 단절을 의미하며 이는 무엇보다도 성직자 결혼에 대한 종교개혁가들의 시각에서 명확히 드러난다. 그들에 따르면, 자발적인 독신생활은 귀감이 될 만한 미덕이기는 하지만 육체적 유혹과 정신적 고통 없이 순결을 고수하는 일은 인간의 능력으로는 거의 도달 불가능한 영역일 뿐만 아니라 거기에 특별한 종교적 가치가 내재하는 것도 아니다. 따라서 현실적으로 가능성도 희박하고 뚜렷한 종교적 명분도 없는 독신생활을 강요하는 것은 기존 교회의 명백한 오류라는 것이다.

이와 같은 파격적인 주장의 바탕에는 다양한 성경적·신학적 근거가 깔려 있다. 종교개혁가들은 독신의 의무화가 우선적으로 성경의 가르침에 위배된다고 지적하였다. 루터는 자신의 개혁사상을 총체적으로 밝힌 「독일 기독교 귀족에게 보내는 서한」(1520)에서 다음과 같이 밝히고 있다.

바울은 목회자가 합법적 아내 없이 살도록 강요되어서는 안 된다고 말한다. 성 바울이 "감독(bishop)은 책망할 것이 없으며 한 아내의 남

편이 되며…"라고 디모데전서 3장[2, 4절]과 디도서 1장[6절]에 기록
한 바와 같이 목회자는 한 아내를 취할 수 있다.[6]

「수도서원(誓願)에 관하여」(1521)에서 루터는 자신의 소신을 거듭 강
조하였다. 예수는 독신생활을 결코 장려하지 않았고, 사도 바울은 독신
을 '선택사항'으로 규정하였기 때문에 "순결을 서약하는 것은 복음에 정
면으로 저촉된다"는 것이다.[7] 한편 루터파 개혁가들 가운데 가장 먼저
결혼을 감행한 칼슈타트(Andreas von Karlstadt)는 디모데전서 3장 2절
의 의미를 더 급진적으로 해석하였다. 그는 "한 아내의 남편이 되며"는
선택사항이 아니라 오히려 의무조항이며 따라서 오직 결혼한 자들만이
성직자의 자격이 있다고 피력하였다.[8]

　프로테스탄티즘의 중추적 교의인 믿음지상주의와 만인사제주의 역시
카톨릭교회의 전통과 양립될 수 없었다. '오직 믿음에 의한 구원'을 표방
한 종교개혁가들이 볼 때, 순결유지에 대한 카톨릭교회의 집착은 '선행
을 통한 구원'이라는 그릇된 교리의 소산이다. 구원은 그 태생적 한계로
인해 영원히 죄인으로 존속할 수밖에 없는 가련한 피조물에게 창조주가
무상으로 제공하는 선물임에도 불구하고 "그들[수도사들과 수녀들]은
그들의 복종, 청빈, 순결이 구원으로 향하는 길이라고 생각한다"[9]는 것
이다. 한편 세속인에게 허락된 결혼을 성직자에게 금하는 것은 만인의
영적 평등을 도외시하고 성직자를 성별(聖別)된 계급으로 오판한 결과
라는 것이 종교개혁가들의 공통된 입장이다. 더 이상 구원의 중개자가
아닌 성직자에게 별난 잣대와 규범을 적용해서는 안 된다는 것이다.
　종교개혁가들이 성직자 결혼을 집요하게 촉구한 데는 나약한 인간의
속성과 그에 따른 성직수행의 어려움에 대한 고려가 크게 작용하였다.
수도사시절 타오르는 성욕 때문에 여러 번 잠을 설쳤다고 고백한 루터
는 "인간의 연약함은 순결한 삶을 허락하지 않는다"[10]라고 단언하였고,

그의 막역한 동료 멜란히톤(Philipp Melanchthon)은 대부분의 경우 독신 생활자보다 기혼자들이 성적으로 순수하다며 결혼의 우월성을 강조하였다.[11] 성적 욕구는 억제할 수 없는 자연적 본능이고, 이를 차단하는 것은 성직자들에게도 감당하기 어려운 생리적 억압이며, 따라서 강요된 독신생활은 고결한 생활이 아니라 오히려 문란한 생활을 낳고 나아가 목회활동에 엄청난 장애를 가져온다는 것이 종교개혁가들의 판단이다.

당시의 실상은 이러한 판단이 상당한 타당성을 갖고 있음을 입증한다. 1521년 보름스(Worms) 제국회의에서 황제 카를 5세에게 제출된 카톨릭 제후들의 보고서는 이렇게 명시하고 있다.

> 대부분의 교구사제들과 여타 성직자들은 도덕적으로 해이한 여자들과 부부관계를 유지해 왔다. 그들은 거리낌없이 여자들 그리고 자녀들과 함께 살고 있다. 그것은 부정직하고 혐오할 만한 생활이며 또한 그들의 교구민들에게 추악한 본보기를 제공한다.[12]

루터파 지역에 유통된 한 팸플릿에는 어느 성직자의 참담한 심경이 생생하게 묘사되어 있다.

> 나는 괴롭다. 나는 한편으로 아내 없이 살 수 없고 다른 한편으로는 아내가 허락되지 않는다. 그래서 나는 남들이 다 아는 수치스러운 삶을 살 수밖에 없다. 내 영혼과 명예는 더럽혀졌고 많은 사람들이 [내가 집전하는 성례를 거부하면서] 나를 저주한다. 내가 상대한 매춘부가 교회에 나가고 길거리를 나다니며 내가 낳은 사생아가 내 눈앞에 앉아 있는데 내가 어떻게 순결에 대하여 그리고 음란에 반대하는 설교를 하겠는가?[13]

종교개혁가들은 이와 같은 성직자들의 표리부동 그리고 그에 수반되는 고통스런 자책감과 성직수행의 차질을 치유하는 길은 성욕의 제어가 아니라 그것의 정당한 해소에 있다고 확신하였고, 그 구체적 대안을 바로 결혼에서 찾았다. 한 과부와 동거하고 있던 츠빙글리(Ulrich Zwingli)는 1522년 콘스탄츠 주교에게 보내는 타워서에서 "스위스뿐만 아니라 모든 지역에서 대다수의 성직자들이 이미 아내를 갖고 있다는 한 보고서가 있는데 이를 저지하는 것은 당신은 물론 당신보다 훨씬 세도 있는 그 사람[교황]의 능력 밖에 있다"[14]며 성직자의 결혼 승인을 강력히 요구하였다.

요약하자면 종교개혁가들의 성경해석과 교리적 입장, 그들이 목격한 성직자들의 현실 앞에서 중세교회의 전통은 더 이상 설득력이 없었다. "만일 절제할 수 없거든 혼인하라. 정욕이 불같이 타는 것보다 혼인하는 것이 나으니라"(고린도전서 7장 9절). 종교개혁가들의 저술 속에 일일이 열거할 수 없을 정도로 빈번히 언급된 구절이다.

프로테스탄트 종교개혁은 성례를 비롯한 교회의식(ritual)의 중요성을 격하시키면서 성직자의 기능도 변화시켰다. 구원과 무관한 의식의 집전이 아니라 성경교육과 설교를 통해 교리를 가르치고 신앙과 관련하여 교구민들이 겪는 일상적 문제를 조언하고 해결하는 일이 성직자의 주요 임무로 부상하였다. 그들은 더 이상 '사제'가 아니라 '목회자'였다.

종교개혁가들이 성직자의 결혼을 독려한 배경에는 가정을 가진 자들이 이와 같이 새로이 부각된 역할수행에 제격이라는 판단이 있었다. 즉 성직자의 결혼은 육체적 욕망의 굴레에서 벗어나게 한다는 차원을 넘어 목회생활에 다양한 혜택을 제공한다는 것이다. 가족과 동고동락하는 성직자는 자녀의 양육, 부부간의 갈등 등을 비롯한 평신도들의 가정에서 불거지는 일상의 구구한 문제들과 고통을 제대로 파악하고, 거기에 보다 적절한 조언과 걸맞은 대안을 제공할 수 있으며, 또한 배우자나 자녀와의 관계를 통하여 이웃사랑의 의미를 체득하게 된다는 것이다. 요컨대 프로테스탄티즘이 이상화한 진정한 성직자는 "사람들 속에서 살고 다른 사람들과 마찬가지로 가정을 유지하고 있는 목회자들"[15]이다.

독신생활에 부여되었던 종교적 의미의 퇴색은 결혼과 가정의 일반적 의미의 제고로 이어졌다. 종교개혁가들에 따르면, 결혼은 인간에 의해 만들어진 사회적 산물이 아니라 신이 인간을 위해 내린 신성한 제도이며 가정은 신앙과 인격수양의 으뜸가는 배움터로서 더할 나위 없는 축복이었다. 16세기 중반 루터파 설교가 가운데 가장 활발한 활동을 펼쳤던 마테시우스(Johannes Mathesius)는 수많은 대중설교를 통해 인생의 반려자를 맞는 것은 아담과 이브를 결합시킨 신의 의도에 순응하는 것이고, 자녀를 낳고 기르는 것은 "생육하고 번성하라"는 신의 명령에 복종하는 것이며, 이러한 순응과 복종은 하늘의 지복과 지상의 기쁨을 제공한다면서 결혼과 가정의 중요성을 강조하였다.[16]

가정의 혜택에 대해 개진된 의견은 이에 그치지 않는다. 우선 결혼생활은 음란을 예방하여 "건강한 몸과 올바른 의식"을 제공하며 이는 정결하고 기강 잡힌 사회를 만든다.[17] 가정은 신앙교육의 현장이다. 자녀는 부모를 공경함으로써 신을 경외하는 자세를 배우게 되고, 자식을 양육하는 부모나 부모의 사랑을 접하는 자녀 모두 인간을 향한 신의 사랑을 체험한다는 것이다. 가정은 또한 사회교육의 요람이다. 더불어 사는 삶 속에서 아집과 독선은 사라지며, 공동체의 중요성이 드러나며, 나눔과 협력의 정신이 고취된다는 것이다. 한마디로 가정은 그 구성원들의 신앙과 인성을 성숙시키고 나아가 신의 뜻에 부합하는 사회건설의 교두보로 인식되었던 것이다.

과거의 전통을 부단히 성토하며 제도적 개선을 촉구한 종교개혁가들의 염원은 실제적 개혁으로 구현되었다. 1525년 시당국이 공포하고 이듬해부터 성직자들에게도 적용된 취리히 결혼법령(Ehegerichtsordnung)

은 여인과 동거하는 성직자들에게 현 생활의 청산 또는 동거녀와의 정식결혼을 규정하면서 유럽 최초로 성직자 결혼을 공인하였다. 루터주의를 채택한 덴마크에서는 1525년 말 시정부가 인정한 재속성직자의 결혼 사례가 있었으며 1529년 프레데리크 1세는 수도성직자의 결혼을 재가하였다.[18] 그동안 성직자 결혼을 단호히 일축해 왔던 카를 5세 역시 제국 내 곳곳에서 드러난 엄연한 현실에 승복하면서 1548년 프로테스탄트 성직자들의 결혼을 승인하였다.

한편 모든 프로테스탄트 지역에서 수도원 철폐가 단행되면서 독신이라는 이상도 종말을 고했고, 일종의 필요악으로 간주되어 음양으로 묵과되어 온 매춘[19]은 가정의 위해요소로 지탄받았고 결국 독일과 스위스의 프로테스탄트 지역에서는 강력한 철퇴를 맞았다. 매춘굴은 폐쇄되었고 종전의 생활을 고집하는 매춘부들은 중형을 감수해야만 했다. 또한 1577년 신성로마제국에서는 성직자와 속인을 불문하고 동거의 완전한 금지를 규정한 법령이 반포되었다.[20] 종교개혁가들로서는 탓할 데 없는 일련의 개혁이었다.

종교개혁가들의 일관된 논리와 그에 부응하는 구체적 개혁은 결혼과 가정의 의미에 괄목할 만한 변화를 가져왔다. 그다지 환대받지 못했던 결혼은 각광의 대상으로 탈바꿈하였고 가정은 개인과 사회 그리고 현세와 내세의 안녕을 보장하는 보금자리로 승격되었다.

물론 새로운 교리와 새로운 제도가 당대인들의 의식과 일상 속에 어느 정도 수용되었는지는 알 길이 없다. 그러나 제도적 변화는 분명 인식의 변화를 전제로 하며 또한 인식의 변화를 동반한다. "하나님의 은총으로 모든 사람들은 이제 화합과 화평 속에 아내와 사는 것을 유익하고 성스러운 것이라고 말한다."[21] 루터의 이 말이 사실이라면, 근대 서구사회에 나타난 가정중심의 생활양식과 의식구조는 종교개혁에 많은 빚을 지고 있는 셈이다.

2. 여성에게 나타난 긍정적 변화

비록 스물여섯의 한창 나이에 미래가 불투명한 사십대의 중년남자와 새 생활을 시작했지만, 카타리나는 슬하에 여섯 자녀를 두었고 경제적으로도 넉넉한 생활을 하였으며 무엇보다도 "나는 나의 카티를 프랑스나 베네치아와 바꾸지 않겠다"[22]는 남편의 지극한 애정 속에서 살았다. 이만하면 당시로서는 남부럽지 않은 결혼생활이었고 수녀원을 뛰쳐나온 것은 현명한 선택이었다. 그렇다면 후대에까지 널리 알려진 카타리나의 유복한 결혼생활은 종교개혁과 여성의 관계를 대변하는가?[23] 먼저 여성에게 나타난 몇몇 긍정적 변화를 살펴보면서 문제의 실마리를 풀어가기로 한다.

우선 거론되어야 할 것은, 성직자의 결혼이 승인됨에 따라 동거녀라는 불안하고 모호한 위치에 놓여 있던 여성들의 상당수가 이제 법의 보호를 받는 성직자의 아내로 전환되었다는 점이다. 당시 성직자와 동거하던 여성들의 규모는 가늠하기 어렵다. 그러나 앞에서 언급한 대로, 1521년 카를 5세에게 제출된 보고서는 "대부분의 교구사제들과 여타 성직자들" 그리고 1522년 콘스탄츠 주교에게 보낸 탄원서는 "스위스뿐만 아니라 모든 지역의 대다수 성직자들"의 사실혼을 밝히고 있다. 이를 액면 그대로 받아들이기는 힘들지만, 성직자의 동거는 교회가 암묵적으로 인정할 수밖에 없을 정도로 당시에 만연하였고[24] 따라서 적지 않은 여성들이 이에 관계되었음은 자명한 사실이다.

주지하듯이, 성직자들과 동거하는 여성들은 법적으로나 인습적으로 큰 제약을 감수해야만 했다. 재산상속이 허락되지 않았고, 사실상의 남편에게 부양을 요구할 권리도 없었으며, 세인의 빈축과 곱지 않은 시선은 그들이 지고 가야 할 삶의 무게였다. 사생아로 간주된 그들의 자녀들 역시 아버지의 유산을 넘볼 수 없었으며 대부분의 경우 동업조합(guild)

의 가입도 봉쇄되었다.[25] 일탈된 계급으로서 사회의 변두리에 서 있던 그들은 종교개혁을 통하여 버거운 과거를 매듭짓고 비로소 정상적인 삶의 궤도에 진입할 수 있었던 것이다. 이 점에서 볼 때, 성직자의 동거녀들과 그들의 자식들이 종교개혁을 가장 열렬히 옹호한 부류 가운데 하나였다는 것은 쉽게 수긍이 가는 일이다. 종교개혁은 그들에게 분명 하나의 낭보였다.

이와 관련하여 시각을 좀더 넓혀보면, 성직자의 배우자라는 새로운 영역이 여성에게 제공되었다는 점이 부각된다. 여전히 사회의 한 구심점이자 건재한 영향력과 권위를 가진 성직자의 정식아내가 된다는 것은 당시의 여건에서는 비교적 뚜렷한 정체성을 의미하며, 또한 제한적이기는 하지만 자아구현을 위한 하나의 기회였다. 그들은 성직자의 아내라는 이유만으로도 지역공동체에서 주목받는 존재가 될 수 있었고, 때때로 마을소녀들의 교육을 담당하였으며,[26] 빈민구호단체의 일원으로 적극적 활동을 펼치기도 하였다.

한편 카타리나 첼(Katharina Zell)을 비롯한 일부 루터파 성직자의 아내들은 교리와 교회운영에까지 자신들의 소신을 공개적으로 고집하면서 이를 구현하기 위한 다채로운 노력을 경주하였다.[27] 그들은 만인사제주의가 지향한 영적 평등을 여성에게 확대 적용시켜 "남성과 마찬가지로 교회를 비판할 수 있는 권리"를 제안하였고 이를 통해 독일 종교개혁의 도정에 적지 않은 영향을 끼쳤다.[28] 성직자의 아내라는 위치는 사회에 공고히 안착되었고 나아가 여성의 위상 고양에 호재로 작용하였다.

여성에게 나타난 또 하나의 긍정적 변화는 교육기회의 확대라고 할수 있다. 교리와 신앙생활의 유일한 규범으로 간주된 성경을 대중화하는 것은 종교개혁가들의 우선적 관심사였으며, 이에 따라 여성에게도 최소한의 교육을 제공해야 할 필요성이 대두되었다. 1520년 루터는 독일의 제후들에게 다음과 같이 촉구하였다.

모든 마을에 여아들이 독일어나 라틴어로 매일매일 복음을 배울 수 있는 학교가 있어야 합니다. …모든 기독교인들이 9세나 10세에 이르러 성스러운 복음 전체를 아는 것은 타당한 일이 아닌가요?[29]

그 이후로도 거듭된 루터의 촉구는 1533년 비텐베르크에 소녀들을 위한 학교(Mädchenschule)가 건립됨으로써 비로소 실현되었다. 곧 이어 독일 루터파 지역 곳곳에 비텐베르크 여학교의 체제와 교과과정을 모방한 여학교들이 우후죽순처럼 들어섰다. 또한 이러한 소녀학교들에서 여교사의 채용이 독려되었다는 점 역시 주목되는 사안이다. 당시 독일 카톨릭 지역에 이와 유사한 교육기관이 거의 전무했다는 점을 고려해 볼 때, 종교개혁이 여성교육의 신장에 크게 공헌하였음은 두말할 나위가 없다.[30]

종교개혁이 여성에게 가져온 가장 큰 혜택은 아마도 이혼과 재혼의 조건이 확대된 것이라 할 수 있다. 결혼보다 독신생활에 월등한 의미를 부여한 중세교회는 공교롭게도 부부의 결별에 강경한 입장을 취했고 이러한 경향은 1184년 결혼이 성례에 포함되면서 더욱 두드러졌다. 마태복음 19장 6절("그러므로 하나님이 짝지어주신 것을 사람이 나누지 못할지니라")에 입각한 부부관계의 영속성은 중세교회가 초지일관 고수한 원칙이었다. 가장 심각한 사유인 배우자의 간통마저도 이혼이 아닌 "〔상대방의〕 침대와 식탁으로부터 떨어짐"(divortium quoad thorum et mensam), 즉 영구적 별거로 종결되었다. 어떠한 경우라도 한번 맺은 부부의 고리는 끊어질 수 없었고(matrimonium perfectum), 그 당연한 귀결로서 헤어진 배우자가 살아 있는 한 재혼은 불가능하였다. 한마디로 근대적 의미의 이혼은 중세에 존재하지 않았던 것이다.[31]

한편 종교개혁가들은 결혼에 남다른 의미를 부여했지만 결혼을 성례로 인정하지 않았고, 따라서 그들은 이혼과 재혼의 해석에 있어서 비교적 운신의 폭이 넓었다. 그들은 무엇보다도 재혼이 가능한 명실상부한 이혼을 인정하였고 그것을 가능케 하는 다양한 경우를 제시하였다. 배우자의 간통은 이론의 여지가 없는 이혼조건으로 간주되었다. 루터는 "그리스도께서는 〔배우자의〕 부정을 이혼사유로 허락하였고 그 누구에게도 재혼하지 않은 채로 남아 있을 것을 강요하지 않았으며, 성 바울은 정욕이 불같이 타는 것보다 오히려 혼인하는 것이 바람직하다고 하였다"[32]며 기존의 관행에 일침을 가하였고, 이러한 그의 입장은 츠빙글리와 스위스 개혁가들에게 그대로 답습되었다.[33]

또한 루터파의 핵심 요원으로서 덴마크 교회개혁을 주도했던 부겐하겐(Johannes Bugenhagen)은 "오늘날 얼마나 많은 사람들이 간통을 즐기고 있는지 여러분은 보지 않았습니까?"라며 간통을 가볍게 생각하는 당시의 상황을 개탄하면서 이를 바로잡기 위한 대안을 제시하였다. 처녀가 간음하는 순간 더 이상 처녀가 아닌 것처럼 한 배우자가 부정을 범하는 순간 더 이상 남편과 아내의 관계는 지속되지 않기 때문에 즉시 부부의 관계를 종식시키고 동시에 피해를 당한 배우자의 재혼을 허락해야 한다는 것이다.[34]

나아가 루터를 비롯하여 부겐하겐, 브렌츠(Johannes Brenz), 부처(Martin Butzer) 등의 루터파 개혁가들은 간통과 더불어 임포텐스[35]와 결별을 목적으로 배우자의 동의 없이 장기간 집을 떠난 경우 이혼이 인정되어야 한다고 공통적으로 주장하였으며, 츠빙글리는 이에 전염성 질병을 추가하였다.[36] 스위스 츠빙글리파 지역에서 실시된 결혼법령은 종교개혁가들의 의견이 십분 수용되었음을 보여준다. 스위스와 남부독일에 걸쳐 대대적인 영향력을 행사한 취리히의 결혼법령은 간통, 임포텐스, 악의에 의한 장기간의 가출뿐만 아니라 성생활에 장애가 되거나 전염되는 질병(간질·정신질환·나병), 중대한 범죄 그리고 생명에 위협을 가하는 폭력을 이혼사유로 규정하였고, 1533년 채택된 바젤(Basel)의 결혼법령이 명시한 이혼조건은 취리히의 경우와 거의 완벽하게 일치한다.[37] 그렇지만 스위스나 독일에서 가해당사자의 재혼은 완전히 봉쇄되거나 극히 제한적으로만 허가되었다.

개인과 사회를 위해 더없이 소중한 제도인 부부의 결합에 육체적이든 정신적이든, 의도적이든 불가항력적이든 치명적 균열을 가져오는 요소가 있다면 결혼생활은 그 본연의 기능을 수행할 수 없으며 따라서 이혼과 재혼을 통한 새로운 삶의 모색이 보다 바람직하다는 것이 종교개혁가들의 합의사항이었고, 이러한 그들의 판단은 실제적 개혁으로 이어졌다. 이제 적어도 제도적으로는 한 남자와의 만남이 돌이킬 수 없는 운명을 의미하는 것은 아니었다. 이혼과 재혼의 개방화는 "16세기 결혼과 가족의 역사에 있어서 진정한 혁명적 순간"[38]이었고, 장기적으로 볼 때 그 '혁명적 순간'의 수혜자는 아무래도 여성이었다.

3. 변화의 한계와 전통의 지속

지금까지 종교개혁이 여성에게 미친 영향의 긍정적 단면을 살펴보았다. 그러나 종교개혁이 여성에게 하나의 쾌거였다고 속단하기에는 이르다. 앞에서 예시한 변화들은 그 이면에 역행적인 요소를 동시에 갖고 있거나 혹은 간과할 수 없는 한계를 지니고 있으며, 무엇보다도 여성에 대한 종교개혁가들의 전반적 시각이 변화보다는 뿌리깊은 전통의 지속을 보여주기 때문이다. 요컨대 종교개혁을 통해 결혼과 가정의 의미는 현저히 제고되었지만 결혼과 가정의 한 당사자인 여성에게서 그에 상응하는 완연한 변화를 찾아보기는 쉽지 않다. 총론을 밝혔으니 각론으로 들어가보자.

먼저 종교개혁은 여성에게 성직자의 아내라는 새로운 삶의 영역을 제공한 반면 수녀생활이라는 또 다른 삶의 형태를 원천적으로 봉쇄하였다는 점을 들 수 있다. 물론 종교개혁가들은 수녀원생활을 잘못된 교리에서 파생된 하나의 억압으로 간주하였고 수녀원의 폐지를 통해 여성들을 종교적 속박으로부터 해방시켰다고 확신하였다. 가족과 사회로부터 차단된 채 구원에 하등의 역할을 하지 못하는 금욕주의적 생활은 아무런 의미 없는 고통의 연속이라는 것이며, 당시 많은 여성들이 자발적으로 수녀원을 떠났다는 사실과 암울했던 과거에 대한 전직 수녀들의 회상[39]은 이러한 그들의 논리에 무게를 실어준다.

그러나 거듭되는 종용에도 불구하고 상당수의 수녀들이 종전의 생활을 고집하였다는 점 역시 시사하는 바가 크다. 그들에게 수녀생활은 남성들이 독점하고 있고 성별된 존재로 인정받는 성직자계급의 반열에 합류할 수 있는 유일한 수단인 동시에 영생으로 향하는 첩경이었다. 또한 비록 물질적 청빈을 고수해야 했지만 학문과 지식의 보고인 그들의 생활장소는 지적 풍요를 가져다주었고, 남편의 억압이나 불가능한 재혼을 예상한다면 엄격한 규율과 복종은 충분히 감내할 수도 있었으며, 출산의 위험으로부터 벗어날 수 있었기에 독신의 외로움과 고통은 얼마든지 상쇄될 수도 있었다. 중세의 여성에게 수녀생활은 분명 감당하기 어려운 철저한 자아부정을 요구하였지만, 그 자아부정은 바로 뚜렷한 자아구현의 이면이었다. 이를 절감하고 있던 수녀들이나 혹은 이를 동경하며 미래를 계획하고 있던 여성에게는 종교개혁은 축복이 아니라 차라리 저주였다.

앞서 언급한 대로 성경지상주의를 토대로 한 여성교육의 확대는 비범한 도약이라 할 수 있다. 그러나 교육의 양 못지않게 중요한 것은 교육의 질과 교육의 궁극적 목적이며, 이러한 관점에서 본다면 종교개혁이 여성교육에 미친 영향은 극히 제한적이다. 독일 루터파 지역의 소녀학교에서 학습된 교과내용은 읽고 쓰기, 간단한 산수, 기도 연습, 성경구절의 암송, 1529년 출판된 루터의 「소(小)교리문답」(*Der kleine Katechismus*) 등에 국한되었다. 또한 교육의 주안점은 지적 능력의 계발을 통한 미래의 주역을 양성하고자 한 소년문법학교의 경우와 달리, 종교적 교훈과 정숙, 겸손, 단정과 같은 여성으로서 갖추어야 할 미덕과 도덕적 자질을 정립시키는 데 있었다.[40]

한마디로 당시의 여성교육은 "더 큰 세상을 향하는 창문을 열기 위해 의도된 것이 아니며"[41] 그 효용성이 제대로 발휘될 수 있는 곳은 결국 가정이었다. 르네상스기에 등장한 여성도 '교육되어야 할 존재'라는 이념[42]은 종교개혁에 의해 더욱 부각되었지만 그들의 삶의 근본적 양태를 변화시키기에는 아직 역부족이었다.

한편 이혼과 재혼이 가능해졌다는 것은 장기적으로 볼 때 여성의 권익 향상에 단연 돋보이는 기여라 할 수 있지만, 이 역시 종교개혁기 당대에는 별다른 변화를 이끌어내지 못하였다. 그 이유는 이혼과 재혼의 절차가 대단히 까다로웠기 때문이다. 당국의 세밀한 조사를 거쳐 명백한 증거가 드러나지 않는 한 이혼은 원천적으로 불가능하였고, 이론의 여지가 없는 경우라 할지라도 이혼의 최종승인은 일정 기간이 지난 후에야 내려졌다.

프로테스탄트 결혼법의 메카라 할 수 있는 취리히의 예를 들면, 남편의 임포텐스를 사유로 이혼소송을 제기한 여성은 우선 조산원이나 의사에게 자신의 자궁을 검사받아야 하며, 사실로 판명된 후에도 법원은 자연적 치유를 기대하면서 1년의 유예기간을 명령하였고, 더구나 이 기간 동안 회복의 조짐이 가시화되지 않았더라도 대부분의 경우 남편의 동의는 이혼의 필수조건이었다. 장기가출로 인한 이혼이 성립되기 위해서는 사망이나 귀가의사가 없음이 증명되거나 적어도 원고가 피고의 행방과 소재파악에 최선을 다했다는 점이 뚜렷이 드러나야만 했다.

재혼 역시 이혼 후 일정 기간의 경과를 요구하였다. 배우자의 간통과 장기가출을 사유로 이혼한 자는 재혼을 위해 각각 최소한 6개월과 1년을 의무적으로 기다려야 했다.[43] 독일 루터파 지역이나 바젤과 비교하여 취리히의 규정이 이혼과 재혼에 관대했다는 점을 감안한다면, 절차의 번거로움과 소요되는 기간만으로도 새로운 삶의 모색은 당대인들에게 지난한 과제였다.

그리고 이혼소송을 담당한 법정은 사안이 심각한 경우에도 설득과 회유를 통해 당사자간의 갈등을 봉합하고 화해를 촉구하는 데 주력하였다. 이는 승인된 이혼이 제도적 변화를 무색케 할 만큼 적었던 연유를 설명하는 또 하나의 요소이다. 또한 16세기 중반까지 바젤에서 취급된 총 이혼소송 가운데 오히려 남성이 제기한 소송의 비율이 높았다는 사실[44]은 결국 이혼의 개방화가 여성에게 유리하지만은 않았다는 것을 반증한다. 이혼은 더 이상 불가침의 영역은 아니었으나 "종교개혁은 전반적으로 이혼의 승인을 극도로 꺼렸고"[45] 이러한 당시의 여건 아래서 새로운 제도의 혜택을 누린 여성은 분명 이례적이었다.

지금까지 일별한 개별적 사안들을 종합해 보면, 눈에 띄는 변화 속에서도 전통의 위세가 여전히 건재하였음을 알 수 있다. 그러나 이를 가장 극명하게 보여주는 것은 다름 아닌 여성에 대한 부정적 시각과 남편의 권위에 기초한 가부장적 가족구조이다.

주지하듯이 중세를 통하여 여성은 정신적·육체적으로 미천한 존재로 인식되어 왔다. 여성은 교부 테르툴리아누스(Quintus Tertullianus)에게는 "하수구 위에 세워진 사원"이었고, 아우구스티누스에게는 "애를 만드는 기계"에 불과하였으며, 히에로니무스(Hieronymus)에게는 "만져서 좋을 것이 없는" 대상이었다.[46] 13세기 교회법학자 호스티엔시스(Hostiensis)에 따르면, 여성은 남자가 없으면 한숨을 쉬고, 남편으로부터 충족되지 않으면 다른 남자들의 침대를 배회하고, 무엇이나 쉽게 믿으며, 너무 무지해서 때로는 간통이 죄가 되는 것을 인식하지 못한다.[47] 한마디로 여성은 죄의 온상인 이브의 딸들이라는 것이며 이러한 부정적 여성관은 여성을, 남성이 지배하는 가정이든 혹은 그 성향을 교화시키는

수녀원이든, 기본적으로 통제된 영역에 제한시켜야 한다는 사상으로 이어졌다.[48]

남녀결합의 중요성을 한결같이 강조한 종교개혁가들에게서 종래의 여성혐오적 시각은 현저히 완화되었다. 그러나 여성의 속성과 여성의 활동 영역에 대한 그들의 입장은 본질적으로 과거와 크게 다를 바 없다. 루터는 훌륭한 단서를 제공한다. 아내를 그토록 사랑했고 뭇 여성들에게 관대하고 온화한 태도를 보였던 루터의 모습이 다음 글에 잘 그려져 있다.

> 하나님께서 우리를 창조하신 대로 나는 남자고 당신은 여자다. 하나님의 피조물로서 우리는 서로 예우하고 존경해야 한다. 남자는 여자의 신체나 성격을 경멸하거나 조롱할 권리가 없으며 여자는 남자를 비하할 권리가 없다.[49]

그러나 루터는 한 식탁대화에서 "여성은 좁은 어깨와 넓은 엉덩이를 갖고 있으므로 집에 가만히 있어야 한다"[50]며 여성에 대한 그의 소견을 드러냈다. 루터는 비록 부부간의 애정과 협력의 필요성을 일관되게 주장하였지만 그것은 여성의 열등함을 전제로 하는 애정과 협력이었고, 그가 이상화한 가정은 남편의 권위와 여성의 순종이 철저히 지켜지는 가정이었으며, 그가 예찬한 여성은 가정이라는 울타리에 만족하는 여성이었다. 루터의 또 다른 면모를 보자.

> 지배하는 자는 남편이며 아내는 신의 명령에 따라 〔남편에게〕 복종해야 한다. …남자는 가정과 국가를 지배하며, 전쟁을 수행하고, 재산을 보호하며, 토지를 경작하고, 〔집을〕 짓고, 〔나무를〕 심는다. 한편 여성은 벽에 박힌 못처럼 집에 있어야 한다.[51]

　이 인용문은 종교개혁기의 지배적 여성관을 명료히 대변하고 있다. 종교개혁가들은 남편에게 복종·헌신하고 자녀의 양육과 가사를 전담하는 것이 아내 본연의 역할이며 이는 더없이 소중한 가정을 온전히 유지하기 위해 신이 아내들에게 부여한 소명이라고 확신하였다. 종교개혁이 당시의 딸들에게 주문한 기도는 "하늘에 계신 아버지… 제가 좋은 가정주부가 되게 해주세요"였고, 그들의 어머니들에게 요구한 기도는 "구세주 그리스도시여… 당신의 명령에 따라 제가 남편 앞에 겸손하고 제 자식을 당신을 경외하는 자로 기르게 도와주소서"였다.[52]

　'좋은 가정주부'는 바로 루터파 지역의 여학교가 소녀들에게 우선적으로 주입한 덕목이었고, '남편 앞에 겸손'은 이혼법정에 나가기 전 다시 한번 되새겨봐야 할 교훈이었다. 남편이 군림하는 가정은 외면할 수 없는 시대의 흐름이었고 대다수의 여성에게는 정체성 발견의 유일무이한 공간이었다. 종교개혁가들은 여성을 수녀원의 속박으로부터 해방시켰다고 자부했지만, 그들이 그려낸 가정은 결국 여성에게는 또 하나의 수녀원이었다. 여성은 여전히 열등한 부류였고 그래서 여전히 예속되어야 할 대상이었다. 변화의 중요성을 강조하기에는 전통의 지속이 너무나 완연하다.

　서양가족사 연구에 큰 획을 그었던 아리에스(Philipp Ariès)와 스톤(Lawrence Stone)에게 공감하는 역사가들은 근대의 여성들을 정서적 교감이 결여된 가정과 가부장적 남편에 철저히 예속된 존재로 파악하였다. 근대 유럽사회에서 "암소 한 마리가 아내보다 훨씬 가치가 있었다"[53]는 한 역사가의 단언이 시사하는 바는 꾸준한 비판에도 불구하고 그 무게를 유지하고 있다. 이러한 시각은 종교개혁과 여성의 관계에 대한 평가와도 밀접히 맞물려 있다. 일부 학자들에 따르면, 종교개혁은 여성의 영역을 가정에 더 강력히 제한하고 나아가 거기에 종교적 의미마저 부여함으로써 남성의 지배에 박차를 가하고 여성의 삶의 질을 저하시킨 반(反)여성적 운동이었다. 종교개혁가들의 사회관은 여성을 "한낱 아내들"과 "보이지 않는" 존재로 강등시켜 결국 "여성의 지위를 악화시켰다"는 것이다.[54]

거듭 밝혔듯이, 필자는 종교개혁이 여성의 지위를 개선시켰다고는 생각하지 않는다. 그러나 종교개혁기 여성사 연구 곳곳에는 현재의 잣대를 사용하여 과거를 재단하는 위험한 경향이 깊숙이 배어 있음을 지적하고 싶다. 당시 사회는 분명 엄격한 가부장적 사회였고 또한 남편과 아내 사이에는 불평등이 엄연히 존재했지만, 그 누구도 이를 척결되어야 할 구조적 모순으로 간주하지 않았다. 그것은 성별과 계급을 불문하고 사회의 모든 구성원의 뇌리에 깊게 각인된 하늘의 섭리였고 장구한 세월 동안 인정되어 온 하나의 당위였다. 또한 신의 소명이라는 종교적 의미가 부여되었기 때문에 아내의 역할은 비록 속박을 의미하더라도 여성에게는 나름대로의 정체성을 가져다줄 수 있었다. 이는 중세의 수녀들이 고통을 감내하면서도 자기구현을 도모한 것과 크게 다를 바 없다.

요컨대 가정과 남편에의 예속이 16세기 여성들에게 반드시 불행을 의미하는 것은 아니었다. 그들에게 가정은 누추하지만 그나마 가장 안전한 생존의 울타리였고, 행복의 충분조건은 아니지만 적어도 필수조건이었다. 오늘날의 시각에서 보면 그들은 '암소 한 마리'만도 못한 '한낱 아내들'이겠지만, 그들 가운데는 예속을 불행으로 느끼지 못한 채 '프랑스나 베네치아'와 바꾸지 않을 만큼 행복한 삶을 산 자도 얼마든지 있었을 것이다. 당대 여성들의 침묵 속에서 필자는 '악화' 대신 '지속'을 고집하고 싶다.

4. 맺음말

모든 전환기적 현상들이 그러하듯이 종교개혁 역시 어제의 연속이자 내일의 출발이었다. 종교개혁은 중세라는 과거를 따갑게 질책했지만 중세가 공들여 키워온 기독교적 세계관을 고스란히 인수하였고, 근대라는 미래의 구체적 청사진을 제공하지는 못했지만 그 밑그림을 손색없이 그려냈다.

종교개혁이 가정과 여성에 미친 영향에서도 과도기의 양면성은 뚜렷이 부각된다. 중세교회가 총애했던 독신생활이 음지로 내몰리면서 결혼과 가정생활은 새로운 총아로 부상하였다. 이는 근대의 여명이었고 분명 현격한 변화였다. 그러나 가정의 한 구성원인 여성에게 종교개혁은 명암이 교차하고 득실이 공존하는 함량미달의 개혁에 불과하였다. 거시적으로 볼 때 여성의 생활은 과거의 답습이며 패러다임의 존속을 의미하였다. 종교개혁을 통하여 *변화*된 가정의 의미와 *지속*된 여성의 위상은 주변의 여건에 반응하면서 또한 그 나름의 자체조율을 겪으면서 오랫동안 서구사회에 남아 있게 된다.

주

1) J. M. Kittelson, *Luther the Reformer: The Story of the Man and His Career*, Minneapolis: Augsburg Publishing House 1986, p. 201.
2) L. W. Spitz, *The Protestant Reformation 1517~1559*, Harpercollins 1985, p. 111.
3) S. Ozment, *When Fathers Ruled: Family History in Reformation Europe*, Cambridge, Mass.: Harvard Univ. Press 1983, p. 10에서 재인용.
4) 같은 책, p. 4에서 재인용.
5) J. L. Irwin ed./trans., *Womanhood in Radical Protestantism, 1525~1675*, Edwin Mellen Press 1979, p. 67.
6) J. Dillenberger ed., *Martin Luther: Selections from His Writings*, Anchor 1961, p. 447.
7) "On Monastic Vow," *Luther's Works*(이하 *LW*), St. Louis: Concordia Publishing House 1955~86, vol. 44, p. 262.
8) S. Ozment, *The Age of Reform 1250~1550: An Intellectual and Religious History of Late Medieval and Reformation Europe*, New Haven: Yale Univ. Press 1980, p. 384.
9) *LW* vol. 44, p. 285.
10) J. Dillenberger ed., 앞의 책, p. 449.
11) P. Melanchthon, *Loci Communes in Melanchthon and Bucer*, Wilhelm Pauck ed./trans., Philadelphia: Westminster Press 1969, p. 59.

12) Gerald Strauss ed./trans., "The Statement of Grievances Presented to the Diet of Worms in 1521," *Manifestations of Discontent in Germany on the Eve of the Reformation*, Bloomington: Indiana Univ. Press 1985, p. 61.

13) S. Ozment, *When Fathers Ruled*, p. 6에서 재인용.

14) S. Ozment, *The Age of Reform 1250~1550*, p. 388에서 재인용.

15) J. Dillenberger ed., 앞의 책, p. 449.

16) S. Karant-Nunn, "Kinder, Küche, Kirche: Social Ideology in the Sermons of Johannes Mathesius," A. C. Fix & S. C. Karant Nunn eds., *Germania Illustrata: Essays on Early Modern Germany Presented to Gerald Strauss*, Kirksville, Mo. 1992, pp. 126~27.

17) "The Estate of Marriage," *LW* vol. 45, pp. 43~44.

18) G. Jacobsen, "Women, Marriage, and Magisterial Reformation: The Case of Malmø, Denmark," K. C. Sessions & P. N. Bebb eds., *Pietas et Societas: New Trends in Reformation Social History*, Kirksville, Mo. 1985, p. 67.

19) V. L. Bullough, "Prostitution in the Later Middle Ages," Vern L. Bullough & James Brundage eds., *Sexual Practices and the Medieval Church*, Prometheus Books 1982, pp. 176~86.

20) H. Wunder, *He is the Moon, She is the Sun: Women in Early Modern Germany*, Thomas Dunlap trans., Cambridge, Mass: Harvard Univ. Press 1998, p. 45.

21) *LW* vol. 1, p. 135.

22) *LW* vol. 54, Tabletalk no. 49, p. 8.

23) M. E. Wiesner, "Studies of Women, Family, and Gender" (*Reformation Europe: A Guide to Research* II, St. Louis: Center for Reformation Research 1992, pp. 159~87)는 종교개혁과 여성의 관계에 대한 90년대 초반까지의 연구성과와 동향을 체계적으로 서술하고 있다.

24) J. A. Brundage, "Concubinage and Marriage in Medieval Canon Law," *Sexual Practices and the Medieval Church*, p. 126.

25) H. Wunder, 앞의 책, pp. 40~41.

26) S. C. Karant-Nunn, "The Reformation of Women," R. Bridenthal, S. M. Stuard and M. E. Wiesner eds., *Becoming Visible: Women in European History* III, Houghton Mifflin College 1998, p. 185.

27) R. Bainton, *Women of the Reformation in Germany and Italy*, Minneapolis, 1971, pp. 55~73; Jane D. Douglass, "Women and the Continental Reformation," R. R. Ruether ed., *Religion and Sexism*, Wipf & Stock Publishers 1998, pp. 307~14.

28) S. Wyntjes, "Women in the Reformation Era," R. Bridenthal & C. Koonz eds., *Becoming Visible: Women in European History* I, Houghton Mifflin College 1977, pp. 171~73. 인용구는 p. 171.

29) J. Dillenberger ed., 앞의 책, p. 475.

30) J. W. Zophy, "We Must Have the Dear Ladies: Martin Luther and Women," *Pietas et Societas: New Trends in Reformation Social History*, pp. 147~48.

31) T. M. Safely, *Let No Man Put Asunder*, Kirksville, Mo. 1984, pp. 13~26.

32) S. Ozment, *When Fathers Ruled*, pp. 83~84에서 재인용.

33) T. M. Safely, 앞의 책, p. 33.

34) S. Ozment, 앞의 책, pp. 85~87. 인용문은 p. 85.

35) 루터는 결혼 전부터 갖고 있는 임포텐스(impotentia antecedens)만을 이혼사유로 인정한 반면, 츠빙글리·브렌츠·부처는 결혼 후 발생한 임포텐스(impotentia superveniens)도 정당한 이혼사유로 간주하였다(같은 책, pp. 90, 95).

36) T. M. Safely, "Protestantism, Divorce, and the Breaking of the Modern Family," *Pietas et Societas: New Trends in Reformation Social History*, 1985, p. 39.

37) T. M. Safely, 앞의 책, 1984, pp. 33~40.

38) 같은 책, p. 182.

39) S. Ozment, 앞의 책, pp. 19~22 참조.

40) S. C. Karant-Nunn, 앞의 글, pp. 185~86; "Continuity and Change: Some Effects of the Reformation on the Women of Zwikau," *The Sixteenth Century Journal* vol. 13, 1982, p. 19.

41) J. W. Zophy, 앞의 글, p. 148.

42) 마르틴느 소네, 「딸: 교육되어야 할 존재」, 『여성의 역사』 3(상), 나탈리 데이비스 · 아를렛 파르주 편, 조형준 옮김, 새물결 1998, 153~56쪽.

43) S. Ozment, 앞의 책, pp. 94~97.

44) T. M. Safely, 앞의 글, p. 55.

45) J. D. Douglass, 앞의 글, p. 303.

46) J. W. Zophy, 앞의 글, p. 142; R. R. Ruether, "Misogynism and Virginal Feminism in the Fathers of the Church," *Religion and Sexism*, pp. 162, 166에서 재인용.

47) J. A. Brundage, "Prostitution in the Medieval Canon Law," *Sexual Practices and the Medieval Church*, p. 152.

48) V. Bullough, "Medieval Medical and Scientific Views of Women," *Viator* vol. 4, 1973, pp. 485~501.

49) *D. Martin Luthers Werke*, Weimar, 1883~1993, 10/2, p. 276. "···ich eyn man, du eyn weyb, und solch gutte gemecht will er geehrt und unveracht haben als seyn gottlich werck, das der man das weybs bild odder glid nicht verachte noch spotte."

50) J. Irwin, "Society and the Sexes," S. Ozment ed., *Reformation Europe: A Guide to Research* I, St. Louis: Center for Reformation Research 1982, p. 359, note 26에서 재인용.

51) *LW* vol. 1, p. 202.

52) S. C. Karant-Nunn, "Kinder, Küche, Kirche," pp. 130~31에서 재인용.

53) E. Shorter, *The Making of the Modern Family*, Basic Books 1975, p. 55.

54) N. Z. Davis, "City Women and Religious Change in Sixteenth Century France," D. McGuigan ed., *A Sampler of Women's Studies*, Ann Arbor 1973, p. 31; S. C. Karant-Nunn, "The Reformation of Women," pp. 107, 113.

앙시앵 레짐 말기 가족 속의 여성

주명철

1. 머리말

칠보산 송이버섯을 가지고 우리나라의 민주주의 문화를 생각해 보자고 제안한다면, 마치 자장가 연주에 대포소리처럼 엉뚱하게 들릴지 모른다. 그러나 그 제안에는 분명히 어떤 진실이 들어 있다. 2000년 남북정상회담의 답례로 북한당국은 방북인사 300명에게 추석선물이라며 칠보산 송이버섯 3톤을 보내면서 나누어 가지라고 했으며, 우리나라에서는 그대로 했다. 물론 나눠 가진 사람 근처에 있었기 때문에 송이버섯 맛을 본 사람이 있긴 해도, 나는 분배방식이 비민주적이었다고 생각한다. 그리고 그것이 우리의 문화를 그대로 보여준 현실이었음을 깨달은 사람은 몇이나 될까 생각해 보았다. 내 생각에 300명에게 일정량을 나눠준 뒤, 나머지를 가지고 실향민이나 고령자 가운데 몇 분을 추첨하여 나눠줬다면, 비록 북한의 주문을 그대로 실행하지는 않았다 할지라도, 북한에 대해 우리가 그렇게 자랑하던 체제의 우월성을 가르쳐줄 기회를 가졌을 것이다.

우리나라에서 좋은 것은 끼리끼리만 나누고, 고통은 국민에게 골고루 분담시키는 문화가 어디 송이버섯을 나누는 데서만 나타나겠는가? 아무튼 우리는 정치문화와 전혀 관계가 없는 것처럼 보이는 데서도 정치문화를 읽을 수 있음을 지적하면서, 이 글에서 혁명 전의 프랑스사회에서 여성이 차지한 위치에 대해서 생각하는 이유를 에둘러 설명했다고 생각한다. 특히 신분사회가 여러모로 붕괴하는 과정에서 불평등한 위치에 있던 평민, 그중에서도 여성을 살펴보면서 우리는 무엇을 배울 수 있을까? 이 글에서는 무엇보다도 사회와 국가의 기본단위라 할 수 있는 가족 속에서 여성이 맡은 역할과 지위를 살펴보려 한다. 특히 앙시앵 레짐의 사회에서 가족은 오늘날의 가족과 권력관계, 경제적 관계에서 많이 달랐으며, 국가와 가족의 관계도 오늘날과 달랐기 때문에, 옛 가족 속의 여성을 이해한다고 해서 그 사회의 모든 측면을 이해할 수는 없다 할지라도 사회가 기능하는 방식에 대해 어느 정도 지식을 얻을 수 있으리라고 생각한다.

우리는 옛 프랑스의 가족을 여러 가지 측면에서 살펴볼 수 있다. 첫째, 신학자의 눈으로 볼 때 결혼은 그 누구도 끊을 수 없는 관계를 만들어주는 성사이며 가족은 특히 사생활의 목가적 장소이다. 둘째, 법률학자가 볼 때 결혼은 계약으로 이루어지고 가산을 대물림하는 것이다. 셋째, 인구학자는 부부와 자식을 중심으로 사회 전체의 재생산문제와 관련시켜서 가족을 다룬다. 넷째, 결혼당사자가 결합할 때 경제적 문제, 사회적 유동성을 고려하여 배우자를 고르기 때문에 사회학자는 가족에 관심을 갖는다. 끝으로, 민족학자나 민속학자는 민간의 전통이 생긴 시기와 발전과정을 관찰하기 위하여 관심을 갖는다.[1] 우리가 프랑스혁명 전의 가족에 초점을 맞추어본다면, 그것을 정치적인 관점에서 작은 국가에 비유할 수 있다. 앙시앵 레짐 아래서는 가족관계가 왕국의 지배자와 신민의 관계 속에서 상징적으로 나타났으며, 가족은 여로모로 국가의 권력구조를 닮았고, 공권력은 공공질서를 유지하기 위하여 가족의 우두머리(가장)를 지원했기 때문이다. 린 헌트는 『프랑스혁명의 가족 로망스』(조한욱 옮김, 새물결 1999)에서 이같은 측면을 분석하고 있다. 이 시대를 연구하는 사람은 이러한 원칙과 함께 실제로 여러 가지 모습의 가족을 만나게 된다. 그러므로 역사가는 될 수 있는 대로, 당시의 집안과 일터 또는 거리에서 만날 수 있는 사람들의 실생활을 통해서 가족의 모습을 살피고 복원하려고 노력한다.

가족의 모습을 파악하는 방법에는 여러 가지가 있을 수 있지만, 여기서는 크게 두 가지 측면에 초점을 맞추려 한다. 첫째, 질서를 유지하는 '평균'가족을 통해서 가족이 어떻게 기능을 유지하는지 볼 수 있을 것이다. 여기서 말하는 '평균'가족이란 편의상 이상화해서 이해하는 가족이다. 부부가 자식을 낳고 경제활동을 하면서 일상생활을 할 때 만날 수 있는 가족, 질서를 유지하는 가족을 뜻한다. 옛 프랑스의 '평균'가족은 시간이 흐를수록 오늘날 우리가 이상적으로 생각하듯이 애정에 바탕을 둔 것으로 발전해 나갔다 할지라도,[2] 그보다는 생존을 위한 경제활동을 수행하고, 그에 따라 남녀의 영역과 역할을 분명히 가른다.

둘째, 질서가 깨졌을 때의 가족을 살펴야 한다. '정상적'인 '평균'가족의 평화로운 기능에만 초점을 맞춘다면, 실제로 그 시대를 살다 간 사람의 모습을 찾을 수 없기 때문이다. 예나 지금이나 모든 가족에게는 그들만의 문제인 것처럼 보이지만 사회적 현실과 뗄 수 없는 문제가 있게 마련이다. 모든 가족이 살아가면서 질서를 위협하는 위기를 맞이하지는 않는다 할지라도, 가족구성원의 불화는 늘 있게 마련이다. 가족구성원의 한 사람이 바람을 피우거나 폭력을 휘두를 때, 또는 가산을 탕진하거나 가족의 명예를 떨어뜨리는 행위를 할 때, 그것을 정상화시키려는 노력

속에서 우리는 '정상적인' 가족의 또 다른 모습을 볼 수 있을 것이다. 한 마디로 말해서 질서를 유지하는 가족과 함께 질서를 유지하지 못하는 가족을 살펴보는 일은 모순을 돋보이게 만들기보다는 차라리 좀더 참다운 모습을 찾는 데 도움을 줄 것이다.

이렇게 파악한 가족 속에서 여성은 어떤 역할을 했을까? 다시 말해서 질서를 유지하는 가족 속에서 여성은 남편과 함께 경제생활을 하면서 자녀를 키우는 가운데 어떤 위치를 누렸는가? 그리고 만일 질서가 깨지고 위기를 맞이했을 때, 여성은 질서파괴의 주체거나 피해자로서 어떻게 행동했고 대처할 수 있었을까? 이러한 측면을 이해하기 위하여, 우리는 먼저 앙시앵 레짐 사회에서 가족을 정의하는 방식과 가족의 질서유지에 필요한 봉인장의 관계, 여성에 대한 집단정신자세, 다시 말해서 여성의 표상은 어떤 것이었는지 차례로 살피려 한다. 그러고 나서 실제 가족의 한 구성원으로서 여성은 어떤 역할을 맡았는지 살핀 뒤에, 마지막으로 가정의 질서는 어떤 요인으로 무너지며 그때 여성은 어떤 현실에 처했는지 살피려 한다.

2. 가족, 모든 질서의 근원

1694년에 나온 『아카데미 프랑세즈 사전』을 보면 '가족'(famille)이란 첫째, "똑같은 우두머리를 모시고 같은 집에서 사는 모든 사람"이다. 이 경우 '가장'(chef de famille), "먹여 살려야 할 대가족"이라는 용례가 있다. 둘째, "좀더 각별한 뜻으로 어린이·형제·조카 따위의 같은 피를 가진 모든 사람"이다. 이러한 의미에서 '왕족'(famille royale)이라는 이름 아래, 왕들의 자식과 손자들이 포함된다. 셋째, 하느님·성모·성 요셉·성 요한을 나타내는 그림을 '성스러운 가족'이라고 부른다. 라파엘로나 푸생이 남긴 그림 「성스러운 가족」(sainte famille)이 있다. 넷째,

가족은 또한 혈통, 가문을 뜻한다. 이것은 남자로서 같은 피를 가진 사람들을 가리키는 말이다.

1798년에 나온 『아카데미 프랑세즈 사전』에서는 정의가 조금 달라졌다. 첫째, 어린이·형제·조카 따위의 같은 피를 가진 모든 사람…. 둘째, 아버지와 어머니의 권위에 복종하면서 사는 젊은이를 양가의 자제(fils de famille)라고 부른다. 그러므로 '가족'에는 '양가'라는 뜻이 있다. 셋째, 하느님·성모·성 요셉 그리고 가끔 성 요한을 보여주는 그림을 '성스러운 가족'이라고 부른다. 넷째, 가족은 혈통, 가문을 뜻한다. 이러한 뜻으로, 같은 피를 가진 남자를 가리킨다. 다섯째, 같은 우두머리를 모시고 한 집에 사는 모든 사람을 뜻한다.

이처럼 1세기가 흐르는 동안 앙시앵 레짐의 사회에서는 1798년판에서 볼 수 있는 두번째 뜻이 가족의 개념에 추가되었음을 알 수 있다. 양친이 자식을 거느리고 살아가는 질서라는 뜻이 생겼던 것이다. 우리는 이것이 '가족봉인장'의 관행과 관련을 맺고 있다고 생각한다. 머리말에서 이미 지적했듯이, 왕과 신민의 관계를 '가족 로망스'로 이해할 수 있는 앙시앵 레짐 말기에 가족은 공권력의 뒷받침을 받아 구성원의 질서와 명예를 지켰고, 그 결과 공공질서의 유지에 이바지했던 것이다.

사전에 나타난 가족의 뜻과 달리 실제의 가족은 어떤 모습이었는가? 피터 래슬릿(Peter Laslett)은 앙시앵 레짐의 가족을 ① 독신자 세대(아이 없는 홀아비나 과부), ② 오누이처럼 혈족을 배제하진 않지만, 가족의 구조를 갖지 못한 세대, ③ 부부가족 또는 핵가족(여기에 아이를 가진 홀아비와 과부가 포함된다), ④ 혈족의 다른 구성원을 가진 확대가족(핵가족이 나이 든 혈족이나 조카딸같이 아직 어린 아랫세대 또는 형제자매나 사촌 같은 구성원을 가진 경우), ⑤ 다세대가족(같은 조상을 가진 가족이 여럿 함께 사는 경우), ⑥ 구조를 결정할 수 없는 가족이라는 여섯 가지 범주로 나누었다. 그러나 모든 유형학이 그렇듯이 이 유형학에도 결함이 있다. 실생활에서는 핵가족에서 확대가족에 이르기까지 변화가 수시로 일어날 수 있기 때문이다.[3]

따라서 우리는 가장 일반적인 가족형태였던 부부가족 또는 핵가족을 중심으로 논의할 필요가 있다. 왜냐하면 중세 이래로 교회가 이끌어온 오랜 책략의 결과 결혼이 성사되었고, 그 결과로 결합한 부부와 그 자녀는 왕국의 질서를 유지하는 데 가장 기초적인 구성인자였기 때문이다. 그리고 결혼이 피렌체공의회(1439) 이래 7성사(聖事)에 속했고, 트리엔트공의회의 "'비록'(Tametsi) 령"으로 이 점이 공식 확인되었다고 해서, 세속권력이 결혼에 대해서 아무런 조치도 취하지 않았던 것은 아니다. 프랑스 군주정은 그 나름대로 부모의 권한을 유지하려는 데 관심을 가진 나머지, 결혼을 엄숙하고 공적이고 형식화된 행위로 만들 필요성을 끊임없이 강조했고, 비밀결혼을 비난했던 것이다.[4]

『아카데미 프랑세즈 사전』의 1694년판에서 정의한 첫번째 뜻이나 1798년판의 다섯번째 뜻과 마찬가지로, 앙시앵 레짐기의 가족은 무엇보다도 "같은 우두머리를 모시고 한 집에 사는 사람"이었다. '같은 우두머리'라는 말에서 '가장'이라는 말이 나왔다. 이렇게 볼 때, 이 시대의 일반적인 가족은 가장을 정점으로 아내, 자식, 그밖의 구성원(친척·하인·견습공)으로 이루어졌으며, 가장이 가족에 대한 책임을 졌다. 물론 남자가장이 죽었을 때, 그 아내가 그의 뒤를 이었다. 가장은 모든 가족을 대표하여 공통의 충성심을 가진 집단 속에 끼여들었다.

가족은 이렇게 해서 사적인 동시에 공적 의존관계의 그물을 이루었다. 가족 내의 권력분배에서 모든 구성원은 가장에게 복종하는 대신, 가장은 외부세계(직업인조합이나 마을공동체 같은 연대감의 그물 또는 그 상위의 공권력)의 질서를 유지하는 데 최대한의 책임을 졌다. 이렇게 해서 가족은 최소한의 정치적 조직이었던 것이다. 그것은 사회적 의존관계에 직접 끼여들었기 때문에 사회관계 전반을 움직이는 의무, 명예, 호의와 불이익을 주는 제도의 영향을 받았다. 그러나 가족은 또한 사회를 끊임없는 시민전쟁에 끌어들였던 수많은 결혼과 보호관계의 동맹과 연합전략으로 사회적 연대와 재화와 행위를 주고받는 데 능동적으로 참여하는 주체이기도 했다.[5]

이처럼 가족이 앙시앵 레짐의 정치영역에 직접 끼여들었기 때문에, 사회권력을 행사하는 데 두 가지 결과를 가져왔다. 중앙의 기구와 관련해서, 가장은 그 구성원에 대한 책임이 있었다. 첫째, 국가의 보호와 인정을 받는 대가로 그는 공공질서의 일부인 사람들이 마땅히 그 질서를 충실히 지키도록 보장해야 했다. 둘째로 세금, 의무노동(부역, corvées), 남자(민병대)를 제공해야 했다. 가장은 그를 속박하는 권력에 책임을 다하는 데 대한 보상으로, 실제로 그 주변의 가족구성원에 대해 자유재량권을 가졌다.

가장은 자기 지위를 더욱 확고히 할 수 있는 모든 행위를 위하여 구성원을 이용했다. 그는 자식의 장래를 결정하고, 가족구성원이 어떤 직업에 어떻게 종사할 것인지 또는 결혼을 어떻게 시킬 것인지 결정했다. 바로 이같은 맥락에서 가장은 구성원이 가족에 대해 의무를 게을리 할 때 벌을 줄 수 있었다. 이같은 벌을 위해서 그는 공권력의 도움을 받을 수 있었다. 전체적인 맥락에서 봉인장은 악명이 높은 것이었다 할지라도, ‘가족봉인장’은 공권력이 자기에게 협조하는 가장의 권위를 보장해 주는 제도였다. 그것은 공권력과 가족의 권위 사이에 보호와 의무의 교환과정에서 나오는 것이었기 때문이다.[6]

다시 말해서 평온한 사생활로부터 공공질서의 한 부분이 형성되기 때문에, 가족을 특별한 곳으로 대우하는 데서 ‘가족봉인장’ 제도가 나왔다. 그리하여 그것은 비록 비밀을 중시하긴 했지만, 가족에게만 국한된 문제로 끝나지 않았다. 과연 우리는 가족이 그 주위의 세계와 어쩔 수 없이 겹치고, 비록 고립을 원한다 할지라도 그렇게 될 수 없음을 이 제도에서 확인할 수 있는 것이다. 가족에게 속하지 않았고, 그리하여 사회적으로나 정치적으로 보증인이 없는 사람은 공공질서에 대해 문제를 불러일으키는 사람이었음도 이같은 맥락에서 이해할 수 있다. 결속력이 없고 가정도 없는 사람, 거지, 부랑자는 공권력이 운영하는 수용소나 구빈원에 수용되었다. 이같은 시설은 그들을 사회적으로 행동하지 못하게 하는 목적을 갖고 있었기 때문이다.[7]

가족에 속하는 일, 다시 말해서 가장의 보호를 받는 일은 일상적인 질서를 지키는 일이었다. 가장은 가족의 이익·명예·종교, 요컨대 가정의 질서를 지키기 위해서, 그 결과 사회질서를 지키는 데 협조하기 위해서, '가족봉인장'을 신청할 수 있는 권한을 인정받았다. 우리가 '가족봉인장'에서 앙시앵 레짐의 축소판을 볼 수 있는 이유가 여기 있다. ① 국가 차원에서 중대한 문제와 관련된 봉인장, ② 치안문제와 관련된 봉인장, ③ 군대나 종교 문제와 관련된 봉인장은 공권력이 직접 당사자를 대상으로 발행하고 집행하는 것이지만, '가족봉인장'은 가족의 구성원이 요청하여 발행하는 것이었다.[8]

물론 '가족봉인장'을 요구할 권리가 가장에게만 있었던 것은 아니다. 도서출판 행정총감을 지낸 뒤, 소비세 재판소장을 지낸 말제르브(Malesherbes)는 아버지가 요구하는 것, 가족이 요구하는 것, 부부의 한편이 상대편에 대해 요구하는 것으로 나누었다.[9] 그러므로 우리는 가족의 모습 그리고 그 속에서 여성의 모습을 찾기 위해서 '가족봉인장'을 분석할 수 있다. 그러나 그에 앞서 앙시앵 레짐기의 집단정신자세에서 여성의 표상은 어떠한 것이었는지부터 살피도록 한다. 왜냐하면 당시에 여성의 표상은 가정과 사회에서 여성이 차지하는 위치를 상징적으로 보여주는 것이기 때문이다.

3. 여성의 표상

당시에 나온 인쇄물에 실린 목판화나 동판화 또는 조그만 가구의 돋을 새김 가운데, 남녀의 역할에 관한 그림이 많다. "누가 바지를 입을 것인가"를 다투는 모습에서는 가정의 주도권을 바지로 표현하고 있음을 알 수 있다. 그리고 그림을 사선으로 나누어 아래쪽 부분을 아내에게, 윗부분을 남편에게 할당하는 경우도 있다. 그림이 실내를 표현한 경우 여성의 영역은 난로나 부엌에 가까운 곳이며, 집 밖을 표현한 경우 여성의 영역은 집 근처이다.[10] 이러한 그림은 우리에게 여성이 처했던 현실을 말해 준다. 그러나 그 현실은 여성의 본질을 심하게 왜곡하고, 여성을 억압하는 가운데 발전한 것이다.

서양의 전통에서 여성은 남성보다 늘 불리한 지위에 있었다. 17세기 『여성들의 불완전함』의 속표지에 "여기에 그대가 찾는 여자가 있다"는 설명을 붙인 그림은 당시 사람들이 생각하던 여성을 상징적으로 표현하고 있다. 그림 속에서 실패를 들고 있는 여성에게는 머리가 없다. 남자가 찾는 여자란 생각할 줄도 모르고, 그저 실을 가지고 옷감이나 짜는 일을 천직으로 아는 존재라는 내용이다.[11] 물론 여성의 교육에 대해서 생각하고, '양성의 평등에 대하여' 생각한 사람이 전혀 없었다는 뜻은 아니다.[12] 그러나 18세기 주요 계몽사상가의 저서에서도 거의 예외없이 여성의 모습을 왜곡해서 보여주고 있음을 보면서, 우리는 현실의 모습을 과장한 측면을 감안하더라도 그 시대의 집단정신자세를 읽을 수 있다.

콩도르세(Condorcet) 같은 소수를 제외한 18세기 계몽사상가들도 이러한 생각을 공유했다.[13] 디드로(Diderot)는 『경솔한 보배』에서 여성은 머리로 생각해서 말하는 존재가 아니라 보배, 다시 말해서 생식기, 아니 그보다는 성기로 속마음을 털어놓는다는 이야기를 늘어놓았다. 그 보배는 생각이 깊지 못해서 할 말, 못할 말을 가리지 못하는 '경솔한 보배'

(les bijoux indiscrets)다.[14] 루소는 교육에 관한 주요 저작 『에밀』에서 주인공을 인간이나 시민을 만들려는 목적에 따라 자연환경 속에서 하는 육체교육과 그 다음 단계인 영적 교육을 구상했지만, 에밀의 짝이 될 소피의 교육에 대해서는 아주 간결히 다룬다. 『달랑베르에게 보내는 편지』에서는 "여자는 술 먹는 남자보다 더 위험한 존재"라고 극언을 서슴지 않는다.[15] '연약한 성'(sexe faible)에 대한 편견은 볼테르, 몽테스키외, 칸트에게도 있었다.

행상인이 가지고 다니면서 팔던 '청색문고'(la Bibliothèque Bleue)에서도 여성은 게걸스럽고 잔인하고, 때로는 죽음보다 더 해롭고 치명적이라는 주제를 지나칠 정도로 다루고 있다. 민중이 주로 읽던 이 작은 책자에서 여성은 남성에게 끊임없이 불행을 가져다주는 존재로 묘사되었다. 개중에는 찬양받을 만한 대상이 있었지만, 대부분의 여성은 남성의 피와 돈을 빨아먹는 흡혈귀와 같은 존재였다. 비록 남성이 여성과 함께 살아야 한다 할지라도, 그같은 이유에서 여성을 사회적으로 존재할 수 없게 만들어야 했다.[16] 여성은 '아베 마리아'(Ave Maria)나 '에바'(Eva, 이브)의 두 가지로밖에 분류할 수 없는 존재이지만, 대부분의 여성은 '에바'의 속성을 갖고 있다. 왜냐하면 여성은 아담의 갈비뼈, 다시 말해서 굽은 뼈로 만든 존재로서 날 때부터 한계를 갖고 있었기 때문이다.

이러한 그릇된 생각을 가지고 쓴 계몽주의 시대의 텍스트들은 결혼에 대해서도 남녀 불평등을 공공연히 인정하고 있다. "부부가 헤어지지 않으려면 한쪽이 다른 한쪽보다 우월해야 한다는 것이다. 부부가 평등해지면 결혼생활은 곧 파경을 맞게 될 것이다. 결혼은 분명히 남편과 부인 간의 민주주의와는 양립할 수 없다. 이것은 참으로 역설적이다. 왜냐하면 결혼은 자발적인 계약에 기반한다고 하면서도 실제로는 종속적 계약에 근거한 것임이 드러나기 때문이다."[17]

퐁파두르 부인, 마담 뒤 바리, 마리 앙투아네트는 왕의 애첩이거나 왕비라는 이유로 여론의 표적이 된 대표적인 여성이었는데, 당시 사람들은 아마도 가장 왜곡된 여성상을 이들에게 투영했던 것처럼 보인다. 평민 출신의 퐁파두르 부인은 1745년부터 바람기 있고 사람 좋은 루이 15세의 곁에서 온갖 사치를 일삼으면서 18년 동안 정치를 주무르는 가운데 오스트리아 왕위계승전쟁이나 7년전쟁의 고통을 제공한다는 비난을 받았다.[18] 또한 마담 뒤 바리도 역시 평민 출신이었지만 뒤 바리 백작의 '젖소' 역할을 하면서 몸을 팔다가,[19] 퐁파두르 부인을 잃고 말년에 접어든 루이 15세의 외로움을 달래주는 상대가 되었으며, 왕의 대신들과 고등법원의 싸움의 중심에 서게 되었다.[20]

마리 앙투아네트는 오스트리아에서 시집온 뒤로 7년 동안이나 루이 16세와 결혼생활을 실제로 이루지 못한 채 시동생과 친하게 지냈기 때문에, 온갖 포르노그래피 문학과 판화의 놀림감이 되었다. 1778년 마리 앙투아네트가 임신을 하고, 1779년에 그 사실을 놀리는 포르노그래피성 시라 할 수 있는 「샤를로와 투아네트의 사랑」이 나왔다.[21] 특히 혁명 직전에 있었던 목걸이 사건에서는 오스트리아 대사를 지낸 로앙 추기경과 관계가 있었던 것처럼 그릇된 소문에 시달리면서 왕국의 온갖 고통을 가져오는 괴물의 모습으로 비쳐졌다.[22] 결국 그녀는 자기가 지은 죄보다 훨씬 큰 벌을 받았다. 그것도 루이 16세가 1792년 재판을 받았던 국민공회가 아니라, 1793년 일반 반혁명분자처럼 혁명재판소에 회부되어 남성 배심원과 남성재판관의 심판을 받았다.[23]

이처럼 앙시앵 레짐의 사회에서 여성의 지위는 늘 불리했고, 늘 왜곡된 모습으로 나타났다. 이같이 왜곡된 모습은 현실생활에서 여성이 약자였기 때문에 형성된 것일 뿐만 아니라, 여성을 약자로 만드는 억압의 수단이기도 하였다. 우리는 이로써 당시의 집단정신자세를 이해할 수 있다. 그러나 여성의 모습은 어디까지나 표상이었음을 잊지 말아야 한다. 표상은 그 대상을 상징적으로 표현하긴 해도, 그 대상에 관하여 모든 것을 말해 주지는 않는다. 따라서 우리는 가족 속에서 여성이 맡은 역할을 통해서 직접 당시의 여성을 이해할 필요가 있다.

4. 가족 속의 여성의 역할

귀족부터 평민에 이르기까지, 모든 여성은 무엇보다도 아내와 어머니의 역할을 맡아야 했다. 귀족여성이 비록 가족의 경제행위와 상관없이 생활했다고 해도, 결혼을 하고 아기를 낳는 일만큼은 피할 수 없었다. 먼저 아내의 역할을 살펴보면, 귀족의 초혼연령은 비교적 낮아서, 빠르면 13세나 14세에 결혼하는 경우도 있었다. 대귀족의 경우 남자 21세, 여자 18세가 평균이었다.[24] 그러나 대다수 농민과 도시민은 18세기에 비교적 늦게 결혼했다. 특히 인구변동과 직결되는 여성의 초혼연령은 16세기에 19.1세, 17세기에 23.4세, 18세기에는 26세까지 늦어졌다.[25]

카톨릭교회가 생각하는 결혼의 첫번째 목적은 뭐니뭐니 해도 대를 물릴 아기를 얻는 데 있었다.[26] 한가하고, 경제적 여건이 좋은 가문의 여성은 자식을 많이 낳았다. 마리 레슈친스카는 루이 15세에게 왕자 두 명에 공주 여덟 명을 안겨주었다.[27] 귀족이나 평민이나 배우자가 죽은 뒤에 곧 재혼을 하는 일이 많았기 때문에, 어떤 귀족은 1738년에 73세에 죽으면서 22명인가 23명인가의 자녀를 세상에 남겼다.[28] 여성이 40세를 전후해서 단산을 한다고 가정할 때, 귀족여성이 어린 나이에 결혼을 하고 아기에게 젖을 먹이는 기간에 자연피임이 된다고 본다면, 11∼15명도 낳을 수 있었다.

평민여성도 경우에 따라서 아기를 많이 낳았지만, 앞에서 말했듯이 평균 초혼연령이 점점 늦어짐에 따라 아기를 낳을 수 있는 기간이 자연스럽게 단축되었다. 피에르 쇼뉘(Pierre Chaunu)의 말대로, 늦결혼은 당시의 진정한 피임수단이 되었다.[29] 따라서 평민여성이 자연스러운 가임률에 따라 2년에 한 명씩 낳는다고 볼 때, 이론상 7명 정도를 낳을 수 있었다. 그러나 실제 통계학적 연구에 따르면 평균숫자는 넷이나 다섯으로 준다. 왜냐하면 부부가 아내의 가임기간 동안 함께 살아 있는 '완전한 가족'(familles complètes)뿐만 아니라, 부부 중 한 사람 특히 여성이 산욕열 때문에 먼저 세상을 떠서 '깨지는 가족'(famillies rompues)이 있었기 때문이다.

재혼의 경우, 두 사람은 먼저 배우자 사이에서 낳은 자식을 데리고 결혼했으며, 새로운 결혼생활에서 또 아이를 얻었다. 그러나 자크 메네트라의 경우는 우리에게 중요한 사실을 암시해 준다. 첫 결혼과 달리 재혼에서는 아이가 없었기 때문이다. 그의 아내는 아들 자크-루이가 두 살 때 딸을 낳다가 죽었다. 우리가 계모에 대해 잘못 상상하는 것과 달리, 자크의 새 아내는 자크-루이와 누이 셋을 잘 보살펴주었다. 그녀가 아기를 낳지 못했기 때문인가, 아니면 당시에 흔한 경우처럼 아기가 빨리 죽었기 때문인가? 자크-루이는 이 부분에 대해서 침묵한다. 한 가지 가능성이 또 있다. 자크와 새로 얻은 부인은 당시의 부부가족이 유지할 수 있는 수를 넘기지 않기 위하여, 물론 경제적인 이유에서, 18세기에 점차 널리 퍼지고 있던 피임의 방법을 이용하지 않았을까?[30]

귀족과 평민 가운데 누가 아내나 어머니 노릇에서 더 행복을 느꼈을까? 쉽게 말할 수 없다. 18세기 초까지만 해도, 귀족은 본인의 의사보다는 가문의 정략과 이익에 따라 결혼을 했기 때문에, 여성은 시어머니는 물론 심지어 하인에게도 얕보이기 쉬웠다. 뒤포르 드 슈베르니 백작 같은 이는 자신이 바람을 피울 동안, 어린 아내가 홀로 시간을 보낼 수 있도록 트럼프패를 떼는 방법을 가르쳐주었다. 그러나 18세기 후반의 귀족여성은 사랑을 위한 결혼을 생각하게 되었다.[31] 평민여성이 일찍부터 자기 자신을 위해서 남편을 선택할 수 있었다 해도, 앞으로 살펴보듯이 찌든 삶은 말할 것도 없거니와 그 속에서 세련되지 못한 남편의 폭력을 견뎌내야 하는 사람이 많았음도 사실이다.

　가족의 기능 가운데 가장 기본적인 것은 경제활동에서 찾을 수 있다. 가족 속의 여성의 역할도 이러한 측면에서 살펴봐야 한다. 귀족과 상층 부르주아의 경우, 여성에겐 경제적인 일은 거의 없었고 대체로 여가생활과 관련된 일만 했기 때문에, 여성과 일은 평민층의 이야기이다. 과연 앙시앵 레짐 말기, 인구의 90%에 달하는 농민과 소시민의 여성은 가정에서 맡은 일 외에도 모두 돈벌이를 해야 했다. 14세 이상의 여성 가운데 적어도 90%가 일을 했다.[32] 당시 남자는 결혼할 상대로부터 일정한 경제적 보상을 기대했기 때문에, 혼전의 처녀도 일자리를 찾았다. 가족의 부양비용을 절약하는 동시에, 지참금을 마련하여 결혼시장에서 경쟁력을 갖추기 위함이었다.[33]

　도시장인의 아내가 하는 일은 가사와 경제적인 성격을 함께 갖춘 일이었다. 이를테면 장인은 반드시 결혼한 사람이어야 했는데, 그의 아내는 자기 집에서 함께 살아야 하는 직공들의 '어머니' 노릇을 해주어야 했기 때문이다.[34] 이처럼 장인의 아내는 집안일과 경제활동의 경계가 분명치 않은 일로 남편의 활동을 돕다가, 남편이 먼저 죽으면 사회적으로 그의 뒤를 이었다. 또한 특정한 직종에 종사하는 남자의 아내, 과부, 자매, 딸은 그의 일을 나누면서 돈을 벌기도 했다. 예를 들어 제본업자와 관련된 여성은 책을 꿰매는 일로 일당 1.5리브르를 벌었다.[35]

　프랑스의 규정과 관행에 따르면, 여성의 일은 남성가장의 권위에 종속된 가족경제와 밀접히 관계를 맺고 있었다.[36] 아버지가 가난한 미혼여성의 경우, 농촌에서는 약 80%가 12세에 집을 떠나 농업노동자로 또는 인근 도시의 가정부로 일을 해야 했다. 이들은 보통 집에서라면 무료로 하는 일을 돈을 받으면서 했다. 여성이 인근 도시에서 일자리를 찾는 경로도 대체로 "계절별로 일자리를 바꾸는 남성노동자들이 이미 더듬어갔던 이동의 흐름"을 따랐다.[37] 이들에게는 늘 위험이 도사리고 있었다. 특히 하녀를 마음대로 다루어도 좋을 대상으로 생각하는 주인이 성폭력을 휘두르는 경우가 많았다. 아기를 마음대로 버리거나 죽이지 않도록 마련한 장치인 '임신신고'는 불륜의 사랑과 함께 불평등관계 속에서 성폭력의 희생자가 얼마나 많았는지 보여주는 자료다.[38]

농촌이나 도시의 여성은 모두 젖어미 노릇을 할 수 있었다. 농촌의 아녀자는 모두 농업노동에 종사했고, 돈을 위하여 인근 도시의 아기를 대신 길러줬다. 도시의 아녀자도 귀족이나 부르주아 또는 도시노동자 부부의 아기에게 젖을 대주었다. 또한 도시에서 발달한 공장의 노동이 반드시 도시민에게만 일자리를 만들어주었다고 말할 수 없다. 원료를 대주고 초보적인 기술을 가르쳐주면서 완제품을 걷어가는 도매상-제조업자는 도시 부근의 농촌에서 값싼 노동력을 찾았기 때문이다. 도시에서는 방직공장이나 방적공장, 옷가게 점원, 가정부의 일뿐만 아니라, 파리 같은 대도시의 일정 구역에서 양말이나 옷을 깁는 영세한 자영업이나 심지어 파리 여성 가운데 약 13%가 드나든 매춘의 세계에서 몸을 파는 일도 있었다.[39]

이제까지 우리는 가장의 권위로 질서를 유지하는 가정의 여성이 맡는 역할에 대해서 살펴보았다. 그러나 이것만으로는 부족하다. 왜냐하면 여성의 위치를 알기 위해서는 질서가 깨지는 가정도 살펴보아야 하기 때문이다. 봉인장을 요구할 정도로 가족의 질서가 위협을 받는 상황에서 여성이 차지하는 위치를 살피는 일이야말로 가족의 모습과 그 속에서 여성의 위치를 잘 드러내줄 것이다. 왜냐하면 위기상황은 모든 문제를 가장 날카롭게 부각시켜서, 평소에 잘 보이지 않던 요소까지 드러나게 만들어주기 때문이다.

5. 가정의 무질서와 여성

'가족봉인장'에 관한 연구는 가족의 무질서가 어떻게 참을 수 없는 지경에 이르며, 가족구성원은 어떤 방식으로 거기에 대처하는지, 그리고 그 문제는 가족이라는 울타리를 넘어서 어떻게 사회적인 문제로 떠오르는지 보여준다. 여기서는 아를레트 파르즈(Arlette Farge)와 미셸 푸코(Michel Foucault)의 공동연구,[40] 앨런 윌리엄스(Allan Williams)의 연구,[41] 로드릭 필립스(R. Phillips)의 연구[42]를 종합해서 이 문제를 살펴보려 한다. 파르즈와 푸코의 연구에서는 주로 바스티유 문서에 포함된 '가족봉인장'에서 1728~58년의 것을 집중적으로 분석하여 거기에 나타난 무질서의 원인과 '가족봉인장'을 요구하는 주체에 대해 밝히고 있다.

먼저 지적해 둘 만한 점은 남편이나 아내가 배우자에 대해 똑같은 수단을 이용할 수 있었고, 봉인장 발행의 요청을 받은 왕도 남녀를 차별하지 않고 청을 들어주려고 노력했다는 사실이다. 부부는 대체로 평균 12년 동안 견뎌온 뒤에 봉인장을 요청했다. 그러니까 참을 만큼 참다가 봉인장을 요청했는데, 그 이유는 여러 가지가 있다. 이 종류의 탄원서 가운데 2/3는 배우자의 나쁜 행실과 경제적 불만으로서 주정, 난봉, 경제적 낭비, 살림을 망치는 행위, 무분별한 행동, 재산의 탕진, 간통을 봉인장을 요청하는 주원인으로 꼽았다. 탄원서의 나머지 1/3에서는 오로지 상대의 나쁜 행실에 대해서 말할 뿐, 경제에 관한 이야기는 한마디도 하지 않았다.

봉인장을 요청하는 탄원서를 분석하면 부부간에 참을 수 없는 선이 있었음을 알 수 있다. ① 아내의 지참금을 까먹는 일, ② 배우자의 봉급을 대신 타서 쓰는 일, ③ 상대가 모르는 사이 상대의 물건을 팔아서 술을 마시거나 즐기는 데 쓰는 일, ④ 침대를 팔아먹는 일은 대체로 남편이 여성의 분노를 사는 원인이었다. 특히 침대를 팔아먹는 일은 가장 견딜 수 없는 분노를 자아냈다. 침대는 중요한 가구였기 때문이다. 아무리 가난한 집이라도 침대 하나는 있었다.[43] 그런데 침대를 몰래 팔아먹는 일은 동거를 부정하는 파렴치한 사기행위였다. 그것은 돌이킬 수 없는 죄를 짓는 일이기 때문에 반드시 벌을 받아 마땅했다. 그리고 침대를 잃는다는 것은 경제적 손실일 뿐만 아니라 성행위의 장소를 빼앗긴다는 의미임을 어떻게 강조하지 않을 수 있겠는가?

난봉, 주정, 무위도식은 남녀 모두에게 해당되는 요인이었지만, 폭력만큼은 대체로 남편의 전유물이었다. 남편은 칼, 자, 컴퍼스, 삽, 냄비, 장작받침쇠 따위를 가지고 아내에게 화를 풀었다. 남편의 구금을 요구하는 탄원서 가운데 3/4이 폭력과 학대에서 벗어나려는 아내의 한탄을 늘어놓은 데 비해, 아내의 구금을 요구하는 남편의 경우 70명 가운데 8명만이 아내의 폭행에 대해서 탄원했다. 이처럼 구타는 특히 남성의 무기였다. 아내가 남편을 구금하기 위하여 제시하는 이유 가운데 미침(folie)과 무신앙도 있었다.[44]

이제부터 부모와 자식 간의 갈등에 대해서 살펴보도록 하자. 1728~58년, 부모가 감금을 원하는 자식(아들과 딸)의 나이는 다음과 같이 분포되어 있었다. 17세 이하 6건, 17~19세 13건, 20~22세 20건, 22~25세 26건, 26~28세 15건, 29~31세 7건, 31세 이상은 6건이다. 모두 93건을 가지고 살펴보기 때문에 일반화할 정도는 못 된다 할지라도, 어떤 경향을 읽을 수 있다는 면에서 언급할 만하다. 다시 말해서 20~28세의 자식이 부모와 가장 갈등을 겪고 있었다는 사실로써, 우리는 이 연령층이 부모에게 의존하는 나이의 한계라는 사실을 알 수 있다. 부모는 이 나이에 달한 자식을 더 이상 통제할 수 없다고 느끼면서도 아직은 자기네에게 통제권이 있다고 생각했다고 해석할 수 있다.

부모와 자식 간의 갈등이 일어나는 첫번째 원인은 이해관계였다. 이해관계가 얽힌 갈등은 부모가 자식에게 들이는 경비를 계산하는 순간, 또는 첫배에서 태어난 자식이 계부모나 두번째 결혼에서 태어난 자식에 대해 자기 권리를 요구하는 순간 발생한다. 두번째 원인은 부정한 품행이었다. 아들은 외박이나 논다니 집을 드나들고, 장기간 가출을 하는 경우가 많았다. 딸의 경우도 방랑벽이 문제가 되었지만 아들만큼 경우가 많지는 않았다. 아무튼 딸은 연인이나 군인을 따라 몇 달씩 떠돌아다니면서 부모의 속을 썩이는 경우가 많았다. '매춘'이라는 말도 나오지만, 혼외의 관계를 한두 번 가진 것을 과장해서 말한 것 같다. 부부간의 탄원서에서는 성생활에 대해서 직설법으로 말하지 않는 경우가 대부분이었음을 볼 때, 실제로 매춘과 관련된 자식이 있었다면, 부모는 그 점을 애써서 감추려 했을 것이라고 추측할 수 있기 때문이다. 아무튼 가족에게 가장 견딜 수 없는 것은 그 집안의 딸이 집에서 멀지 않은 이웃이나 인근에 정착하여 난잡한 관계를 가지고, 보호자를 바꿔가고, 연인을 줄을 세우는 일을 한 경우였던 것 같다.

아들이나 딸의 폭행, 위협, 도둑질 때문에 부모는 탄원서를 냈다. 특히 아들의 주정은 폭력을 함께 하는 것으로 문제가 되었고, 딸은 아들보다는 폭력을 덜 행사했지만 그래도 도처에서 딸의 폭력에 대해 호소하고 있음을 볼 수 있다. 그렇긴 해도 딸은 집 안에서 입히는 피해보다 바깥에서 가족의 명성을 해치는 피해가 더 컸다. 노동의 문제에서도 아들이 딸보다 더 많은 문제를 불러일으켰다. 딸의 경우 노동에 관한 문제는 겨우 서너 건에 지나지 않았지만, 아들의 경우 견습기간은 여러 가지 이유에서 아주 민감했다. 왜냐하면 집에서 돈을 대서 견습기간을 가졌기 때문에 아들의 '부정한 품행'이 돈을 헛되이 만들지 몰랐기 때문이다.

부모와 자식 간의 위기는 대부분의 경우 두 가지가 동시에 불가능할 때 결정되었다. 첫째 부모가 자식을 효과적으로 통제하지 못하고 경제적으로 책임지지 못하고 충분한 공간을 만들어주지 못할 때, 둘째 자식이 부모로부터 벗어나거나 자식에 대해서 부모의 본모습을 찾지 못할 때

위기가 왔다. 그렇다면 부모는 집 밖에서 어디까지 권한을 행사할 수 있는가? 가족에게는 명예, 정부에게는 공공질서, 이 두 가지는 똑같은 결과를 겨냥했다. 그것은 개인의 몸가짐을 끊임없이 통제하려는 것이었다.[45]

파르즈와 푸코의 공동연구에서도 '가족봉인장'이 이웃과 지역사회(예를 들어 교구사제)의 증언을 필요로 했다는 사실을 밝혔지만, 로드릭 필립스의 연구가 이같은 사실을 확인하는 데 더 적합하게 보인다. 그러나 이 문제는 뒤에서 짚기로 하고, 여기서는 앨런 윌리엄스의 연구를 먼저 살피기로 한다. 앞서 말했듯이, 윌리엄스의 연구도 어느 정도 한계가 있음을 지적할 필요가 있다. 그는 갈등의 현장에 출동한 순찰대가 들은 이웃의 증언까지 대상에 포함시켰지만, 증언자의 사회직업적 분류가 빠진 자료를 많이 이용하고 있기 때문이다. 그럼에도 불구하고 그의 연구는 18세기 말 파리의 가족에 대한 몇 가지 사실을 밝힐 수 있는 단서를 제공한다.

윌리엄스는 무엇보다도 가족들 속에서 일어난 갈등에 가담한 사람들을 검토하고, 여기에 어떤 양식이 있는지 묻고자 한다. 확실히 불만을 토로하는 일은 가족구성원 가운데 누구로부터 더 자주 나오는가? 누가 불만의 표적이 되는 경우가 가장 많은가? 요컨대 우리가 찾을 수 있는 한, 18세기 파리의 가족갈등의 구조는 무엇이었는가? 이러한 질문에 대한 답으로서, 그는 아내가 경찰의 도움을 요청하는 경우가 자주 있었다는 사실이 가장 두드러진다고 밝혔다. 아내들이 거의 절반에 가까운 불만을 토로했고, 그 대부분이 남편에 대한 행정적 구금을 요청했다는 것이다. 이는 파르즈와 푸코가 얻은 결론과 조금 다르다. 이들에 의하면, 가족문제로 봉인장을 요청한 사람의 대부분은 말을 듣지 않는 자식을 말 잘 듣게 가르치기 위해서 국가의 도움을 요청하는 아버지였기 때문이다.

그러나 사료의 부족 때문에 남편의 불평과 아내의 불평에서 어느 편이 많았는지 정확히 비교할 수 없음을 인정하면서, 파리의 아내들이 불평을 자주 늘어놓은 까닭은 어디 있었는지 생각해 봐야 한다. 윌리엄스는 세 가지 해석이 가능하다고 말한다. 첫째, 가족 가운데 그 어떤 위치의 구성원보다 아내의 역할이 훨씬 더 불만을 느낄 수 있는 기회가 많기 때문이라고 생각할 수 있다. 가족 사이의 권리와 의무의 분배는 불가피하게 아내의 역할을 맡은 여성을 심각하게 불만상태에 놓이게 만들었다는 점을 지적할 수 있다. 이러한 견해는 가족이라는 사회적 조직에서 아내가 가장 많은 경우 불행한 구성원이었음을 보여준다.[46]

둘째, 아내가 불만을 느낄 기회가 남편의 기회보다 적지만 좀더 심각하다는 사실도 생각해 볼 수 있다. 아내의 육체적 또는 심리적 행복을 위협하는 데 그치지 않고, 아마 심지어는 생존까지도 위협할 만큼 불만의 원인이 더 심각했다는 것을 생각할 수 있다. 이 경우, 아내는 불만이 쌓이고 그 결과 불행하기 때문에 불평하기보다는, 최근에 두려움을 느낄 기회가 한두 번 이상 있었기 때문에 불평할지 모른다.[47]

셋째, 여성은 남편의 불만보다 더 자주도 아니고 더욱 심각하지도 않은 불만을 경험했다고 주장할 수 있을지 모른다. 만일 여성이 더 많이 불평했다면, 그것은 어느 모로 보나 그들이 결혼이라는 맥락 속에서 덜 행복했거나 더 많이 두려움에 떨었기 때문이 아니라, 공격적인 남편에게 맞춰가기 위한 대안을 많이 갖지 못했기 때문이라는 해석이다. 예를 들어 아내보다는 남편이 육체적 위협을 가하거나 버리겠다는 으름장을 놓는 경우가 더 많았다.[48]

파르즈와 푸코의 연구에서도 밝혔듯이, 윌리엄스도 여성이 '가족봉인장'을 이용한 점을 가지고 그들이 자기가 살고 있는 정치체제를 근본적으로 자신들에게 해롭거나 가부장적인 것으로 보았는지 의심할 수 있다고 말한다. 여성은 생활 속에서 가부장제를 구체화시키는 인물을 국립감옥에 넘기면서 체제의 존재원칙을 뒤집어엎도록 해달라고 요청함으로써 체제에 접근하는 데 주저하지 않았기 때문이다. 그러나 파르즈와 푸코와는 달리, 윌리엄스는 봉인장의 발행에서 사실상 남편보다 여성이 도움을 더 적게 얻었음을 추측할 수 있는 이유를 발견할 수 있다고 말한다.

파리치안총감으로서 봉인장 발행을 건의하는 일을 맡았지만, 실제로 발행에 결정적인 역할을 했던 르누아르는 경찰이 어려움을 겪는 가정의 아버지, 어머니 또는 남편을 돕기 위해 개입할 수 있지만, 아내에 관한 한 다른 차원에서 생각할 문제라고 말했다. 왜냐하면 남편 또는 어머니의 역할을 맡은 여성과 달리, 아내는 학대나 무절제의 경우 법원으로 달려가고, 남편으로부터 재산이나 신체상의 분리를 허락해 달라고 법원에 청원을 할 수 있었기 때문이다.[49]

옛날의 치안총감이 이같은 이유를 내세우긴 해도, 윌리엄스가 이용한 사료에서는 남편이나 아내가 거의 비슷한 비율로 청원한 것에 대한 답을 얻었다. 그리고 남편이 괴로움을 겪는 가족구성원으로서 경찰의 도움을 받는 일은 아내 다음으로 나타났으며, 또한 아내보다 훨씬 적었다. 남편의 불평은 아내의 불평에 비해 절반도 안 되었기 때문이다. 전체의 20%를 조금 웃돌 뿐이다. 아버지로서 불평한 경우는 11%에 해당했다. 그 다음으로는 어머니의 불평이 9%였다.[50]

우리는 법적 가족(인척)의 불평이 거의 없고, 소수의 아저씨를 제외하고는 핵가족의 구성원이 아닌 사람이 불평한 사례를 거의 찾아볼 수 없다. 이같은 현상은 누가 간섭할 수 있고 또 누가 간섭할 수 없는지에 관한 규범을 반영하기도 하겠지만, 수많은 도시가족은 좀더 광범위한 친족그물에서 비교적 떨어져 있었음을 암시하는 것처럼 보인다. 또한 자식들 가운데 국가에 도움을 요청한 사람이 실제로 없었음을 볼 수 있다. 가족의 다른 구성원에 대해서 어떤 차이를 보여주었든지간에, 왕권이 적어도 경찰력으로 구현되는 한에 있어서는 가족에서 아이들의 지위를 향상시키는 일을 소홀히 했다.[51]

만일 우리가 불평의 원인보다는 목적을 검토한다면, 불평의 목록이 포함하는 것에 첨가해서 말할 것이 별로 없다. 아내가 주로 불평을 늘어놓은 주체였던 만큼, 남편은 주로 불평의 표적이었다. 남편이 아내에 대해서 불평하는 사례는 그 반대의 경우보다 적었다. 가장이 아들에 대해 불평을 하는 경우는 아내에 대해서 불평하는 사례보다 약간 적었고, 딸에 대한 불평은 아주 적었다.[52] 이것은 아내가 남편에 대해서보다는, 남편이 아내에 대해 더욱 손쉽게 제재수단을 찾을 수 있었고, 자식에 관한 한 아들보다는 딸을 다스리기 쉬웠음을 반증하는 것이 아닐까?

윌리엄스는 일반화를 할 수 없을 정도로 허약한 자료를 이용하고 있지만, 국가권력의 성격과 이용방법에 대해서 중요한 가설을 증명할 수 있었다. 국가권력은 단지 그것을 잡고 있는 사람들이 누구인가 또는 그들이 무엇을 원하는가에 따라서만 이용되었다기보다는, 탄원을 통해서 이러한 권력을 운반하고 권력에 형태를 주는 데 어느 정도 도움을 주었던 비교적 무력한 사람들의 결정에 따라서 동원되는 경우가 많았다는 사실을 상기시켜 준다. 그리하여 아내로서 여성은 경찰과 쉽게 접근할 수 있는 봉인장이라는 새로운 맥락에서 부분적으로 자기의 또 다른 불리함을 보완하기 위한 수단을 찾았을지 모르며, 남성은 아버지보다는 남편의 역할에서 권력을 증진시키기 위해 똑같은 수단을 이용했던 것 같다.[53]

그렇다면 우리는 가족의 갈등구조에 관해서 무슨 말을 할 수 있을까? 우리의 자료를 통해서 본 갈등의 주요 요소는 남편과 아내 사이의 관계였다. 부부간의 어려움은 윌리엄스가 조사한 불만의 2/3가 될 정도로 심각했다. 가족 속에서 남녀 성인이 남편과 아내 이외의 역할을 맡았을 때 가졌던 불만보다 거의 10배나 많았다. 남편과 아내 다음으로, 오직 아들이 심각한 가족갈등에 꾸준히 등장한다.[54]

윌리엄스는 가족간의 역할이나 세대간에 볼 수 있는 갈등도 살피지만, 성별간의 갈등도 살핀다. 그리하여 같은 세대의 구성원 사이에 일어난 논쟁이 70%를 차지했다면, 거의 90%에 달하는 경우가 같은 성이 아니라 다른 성(gender)에 속한 갈등의 당사자였다. 이렇게 볼 때, 가족갈등은 한편으로는 같은 세대 안의 갈등이고, 다른 한편으로는 이성간의 갈등으로 보인다. 이성간의 갈등의 경우에서, 60% 이상의 불만이 여성측에서 나왔고, 남성은 불만의 표적 가운데 70%를 차지했다. 동성간의 불평이 있는 경우, 그것은 대체로 남성이 남성에 대해 보고하는 것으로서, 여성간의 불평보다 4배나 더 많은 것으로 나타났다.[55]

로드릭 필립스는 18세기 가족 속의 여성이 이웃과 어떤 방식으로 유대감을 갖고 있었는지 살펴보았다. 그는 루앙의 사례를 가지고 18세기 후반 프랑스의 도시에서 이웃과 어울려 사는 여성은 개별적인 위기가 발생하여 기록되었을 때 가장 분명하고 명확하게 나타나는 상호 도움의 관계를 구축하고 있었음을 밝혀냈다. 그는 이같은 도움의 관계망으로 뒤얽혀 있던 것은 여성을 여성끼리, 남성을 남성끼리 연결시켰던 성별의 연대감이었으며, 이같은 연대감으로 말미암아 종종 여성이 남성에 대해, 또는 남성이 여성에 대해 대립했다고 말한다. 요컨대 이같이 성별화된 연대감은 분명히 존재하고, 이웃의 차원에서 논의할 것이지만, 그것은 결혼과 가족 안에서 여성과 남성이 차지하는 서로 다른 지위의 연장이었다는 주장이다.

필립스는 앙시앵 레짐의 세속기관과 종교기관 그리고 혁명기 새로운 기관의 기록을 바탕으로 연구했다. 특히 가정법원(tribunaux de famille)과 가족회의(assemblées de famille)는 모두 가족논쟁에 대해 재판을 하는 기관으로서 값진 증거를 생산했다. 왜냐하면 거기서는 가족구성원끼리 벌인 광범위한 쟁소를 맡았기 때문이다. 그리고 치안법정(tribunal de police correctionnelle, 치안판사가 맡은 법정)에서는 사소한 폭행사건 같은 법률위반과 경범죄를 다루었기 때문에, 가족의 문제에 관해서도 기록을 남겼다.[56]

별거와 이혼을 위한 행동은 위급시, 예를 들어 가정폭력의 상황에서 일반적으로 가장 가까운 이웃지역에서 도움을 찾는다는 사실을 보여주었다. 부부간의 갈등에 관한 기록을 보면, 여성이 때로는 폭력을 휘두르는 남편으로부터 아이를 데리고 도망치거나, 집에서 쫓겨난 경우가 많았다. 그러나 그들이 가까이 사는 남자이웃보다는 여자이웃으로부터 기꺼이 도움을 받았다는 사실은 주목할 만하다. 이웃으로서 여성은 도덕적 뒷받침, 정서적 위안, 물리적 피난처와 보호, 의료적 도움 같은 모든 종류의 도움을 주었다. 이웃 여성이 피해여인을 돕지 않는 경우는 그 결과에 대한 두려움을 예상하고 그렇게 했다.[57]

남자는 대개 피해자 여인에게 도움을 거절했던 것으로 나타났다. 그들은 그 결과를 두려워해서가 아니라, 원칙에 따라서 거절했던 것이다. 그 원칙이란 남편은 자기 아내의 행위와 활동을 통제할 권리를 갖고 있으며, 그러한 권리에 아무도 간섭해서는 안 된다는 것이었다. 이렇듯 여성은 남자가 아내를 때릴 때 좀더 기꺼이 개입하였던 반면, 남자이웃은 뒷짐을 지고 있다가 단지 폭력이 좀더 위험한 수준에 도달할 때만 개입하였다.[58]

이웃이 당한 폭력에 대해서 탄원서나 순찰대에게 진술하는 태도에서도 남녀의 차이가 있었다. 남자는 대체로 들은 이야기를 수동적인 태도로 늘어놓는 경향을 보여주었지만, 여자는 폭력이 일어나는 현장에 적극적으로 개입하여 그 자체를 몸으로 막아주려고 노력했기 때문에 진술에서도 남자와 차이가 있었다. 이처럼 부부간의 폭력에 대해 성별화된 반응은 성별 연대감이 있었음을 시사한다. 예를 들어 이웃, 특히 여자이웃은 가정폭력 같은 위기의 순간 여성을 위한 중요한 도덕적 공동체를 구성했다.[59]

물론 우리는 여성이 피난처를 구할 수 있는 공적인 원조망과 기관이 달리 존재했음을 지나쳐서는 안 된다. 그렇긴 해도 우리는 개별적인 필요에 부응했던 원조의 원천이 서열화했음을 주목해야 한다. 예를 들어 법원이 있었지만 여성이 도망가지 않으면 안 될 위급상황 또는 화가 나 있거나 종종 술취한 남편으로부터 구원을 받아야 할 상황에서는 손쉽게 찾아가지 못할 먼 곳이었던 것이다.[60]

친척이 가족의 문제에 개입할 수 있는 측면에 대해서도 분석이 필요하 겠지만, 여기서는 이 경우에도 여성의 연대감이 더 크게 작용했다는 사실만 짚고 넘어가도록 한다. 예를 들어 장모가 사위에 대해서 강력히 항의를 하는 모습은 여성이 가족 속에서 피해당사자인 예가 남성보다 훨씬 많았다는 사실과 함께 두드러진 측면이라 하겠다. 혁명기에는 재판소에서 가정폭력과 이혼문제를 다루지만, 앙시앵 레짐의 사고방식에서 크게 벗어나지 못한 남성판사가 여성의 자유와 평등과 행복을 어느 정도 제약했음을 알 수 있다.[61]

지금까지 세 가지 주요 연구성과를 가지고 여성이 가족의 무질서를 고발하는 주체이거나, 무질서의 원인인 경우를 살펴보았다. 가족 속의 여성은 주로 가정폭력의 희생자로 나타나긴 해도, 각박한 삶의 현장인 집 밖에서 폭력적인 여성이 되기도 했음을 잊지 말아야 한다. 시장에서 장사를 하는 아낙들의 싸움은 일상적인 사소한 폭력이었다.[62] 소요사태, 폭동 같은 정치적이거나 사회적인 행위에서 여성이 주역을 맡지 않았다 해도, 몇몇은 두각을 나타냈다. 그리고 생메다르 교회의 무덤에서 발작을 일으킨 열광적인 장세니슴(Jansénisme) 신도 가운데 여성이 몹시 두드러졌다.[63] 이처럼 여성에 대한 폭력뿐만 아니라 여성의 폭력도 중요한 주제이며, 세심한 연구가 필요한 분야이다.

6. 맺음말

지금까지 우리는 앙시앵 레짐 말기의 가족이 일반적으로 어떻게 기능

을 했는지, 그 속에서 여성은 어떤 모습과 지위를 갖고 있었는지를 살펴
보았다. 17세기 말과 18세기 말에 나온 사전에서 정의한 '가족' 개념이
어떻게 변했는지 살피고, 계몽사상가의 저술이나 집단정신자세에 반영
된 여성상을 짚어본 뒤에, 정상적인 가족 속에서 여성의 일을 살펴보았
다. 그리고 이같은 '평균'가족 속의 여성상을 보완하기 위하여 '가족봉인
장'을 분석한 연구를 이용했다. 가족의 일원이 가정의 질서를 지키기 위
해서 공권력에 의존하는 중요한 수단이었던 '가족봉인장'을 요청한 주체
와 거기 나타난 불만을 분석하여, 가족이라는 '작은 국가'의 권력관계를
이해하고, 부수적으로 탄원서에 증인으로 참여한 이웃과 친인척이 이루
는 사회적 연대감의 그물도 이해할 수 있었다.[64]

이 글에서 살폈듯이, 앙시앵 레짐의 여성은 여전히 왜곡된 상을 안고
다녔으며, 실제로 가정생활에서도 불평등한 부부관계의 제물인 경우가
남편보다 많았음을 알 수 있었다. 그렇긴 해도, 그러한 상태에서 이웃과
도덕적인 연대감을 구축하여 남성과 대립하였고, 공권력은 미약하나마
이같은 연대감을 인정하여 도움을 주었다. 따라서 우리는 혁명 초기의
'자매들'이 '형제들'과 경쟁을 벌이는 과정의 배경을 이같은 연대감으로
이해할 수 있으며, 이러한 갈등의 구조는 사회계급이나 사회집단 간의
갈등에 앞서 가정에서 발생한 것이라는 점에서 눈여겨볼 만하다. 요컨
대 우리는 여성의 본모습과 상관없이 문화적으로 구축된 차별성의 원리
를 될 수 있는 대로 뛰어넘고, 남성의 지배라는 상징적 지배구조 속에서
여성이 살아나가는 방식을 이해하려고 노력하는 가운데,[65] 앙시앵 레짐
말기 사회의 여성이 좁게는 가족 속에서, 조금 넓게는 이웃이나 친족의
관계 속에서 이루는 연계망을 이해할 수 있었다.

1) D. Roche, *Les français et l'Ancien Régime : 2. Culture et société*, Armand Colin 1984, pp. 131~ 32.

2) C. Fairchilds, "Women and Family," Samia I. Spencer ed., *French Women and the Age of Enlightenment*, Indiana Univ. Press 1984, p. 97.

3) J.-P. Poussou, "Familles," *Dictionnaire de L'Ancien Régime*, sous la direction de Lucien Bély, P. U. F. 1996; A. Burguière, "Les cent et une familles de l'Europe," *Histoire de la famille: 3. Le choc des modernités*, sous la direction de André Burguière et al., Armand Colin 1986, p. 68; 프랑수아 르브룅, 『옛 프랑스인의 부부생활』, 주명철 옮김, 까치 1994, 제2장 "부부 가족" 참조

4) '비록'령에 관해서는, J. Poumarède, "Mariage"(*Dictionnaire de L'Ancien Régime*); 프랑수아 르 브룅, 앞의 책, 36~39쪽 참조

5) J. Donzelot, *The Policing of Families*, forword by Gilles Deleuze, Robert Hurley trans., Johns Hopkins Paperback Editions 1997, p. 48.

6) 같은 책, pp. 49~50.

7) 같은 곳.

8) F. Funck-Brentano, *Les lettres de cachet à Paris. Etude suivie d'une liste des prisonniers de la Bastille(1659~1789)*, Paris, 1903.

9) P. Grosclaude, *Malesherbes. Témoin et interprète de son temps*, Librairie Fischbacher 1961, pp. 398 ~404.

10) 프랑스와즈 보랭, 「이미지로의 짧은 산책」, 『여성의 역사』 3권(상), 조형준 옮김, 새물결 1999, 263~346쪽.

11) 같은 글, 298쪽.

12) 우리는 여성의 권리에 대해서 생각한 사람들에 대해 눈여겨볼 필요가 있다. 예를 들어 프랑수아 풀랭 드 라 바르(François Poullain de La Barre)는 1673년 페미니즘 사상사에서 획기적 의미를 갖는 『양성에 관하여』(*De l'égalité des sexes*)를 출판했다. 저자는 남성과 여성 이 동등한 능력을 갖고 있기 때문에 그들을 똑같이 교육시켜야 한다고 주장한다. 여성의 교육이라는 주제는 여기서는 제대로 다루지 못했지만, 따로 다룰 만한 중요한 주제다.

13) 미셸 크랑프-카스나베, 「18세기 철학저서에 나타난 여성의 이미지」, 『여성의 역사』 3권 (하), 453~96쪽.

14) D. Diderot, "Les bijoux indiscrets," *Oeuvres*, Gallimard 1951, pp. 1~234.

15) J.-J. Rousseau, *Discours sur les sciences et les arts; Lettre à d'Alembert sur les spectacles*, J. Varloot, éd., Paris, 1987, p. 277.

16) A. Farge, "Proximités et inégalités. Paris, XVIIIe siècle," *De la violence et des femmes*, sous la direction de Cécile Dauphin et Arlette Farge, Albin Michel 1997, p. 75.

17) 미셸 크랑프-카스나베, 앞의 글, 477쪽.

18) 프랑수아 제나르의 『남자의 학교』(*L'Ecole de l'homme*)나 『우유부단한 사람』(*L'Indécis*)은 모두 루이 15세와 애첩 마담 드 퐁파두르에 대한 중상비방문으로서, 특히 프랑스 재정의 파탄이 퐁파두르 부인의 책임이라고 비난한다. 이에 관해서는 주명철, 「앙시앵 레짐의 사 회와 제나르가 경험한 세계」(『역사학보』 146집, 1995); Myongcheol Jou, "La société de l'ancien régime et le monde vécu par François Génard"(*Studies on Voltaire and the Eighteenth Century* vol. 362, 1998, pp. 237~53) 참조

19) BN. Ms. Fr. 11357-11360, 풍기감독관 마레 보고서 참조 특히 1765년 9월 27일자 보고서.

20) R. Darnton, *The forbidden Best-Sellers of Pre-Revolutionary France*, W. W. Norton & Company

1995. 단턴은 *Anecdotes sur Mme la Comtesse du Barry*(1775)를 포함한 세 가지 '베스트셀러'를 분석한다.

21) 주명철, 『지옥에 간 작가들』, 소나무 1998.

22) C. Thomas, *The Wicked Queen. The Origins of the Myth of Marie-Antoinette*, Julie Rose trans., Zone Books 1999; S. Maza, "The Diamond Necklace Affair Revisited(1785~86): The Case of the Missing Queen," Lynn Hunt ed., *Eroticism and the Body Politic*, The Johns Hopkins Univ. Press 1991; *Vies privées, affaires publiques. Les causes célèbres de la France prérévolutionnaire*, Fayard 1997, chap. IV "L'affaire du Collier de la reine."

23) 린 헌트, 『프랑스혁명의 가족 로망스』, 특히 4장 참조

24) F. Bluche, *La vie quotidienne de la noblesse française au xviiie siècle*, Hachette, 1973, p. 56; *Histoire de la population française: 2. De la Renaissance à 1789*, sous la direction de Jacques Dupâquier, P. U. F. 1988, p. 305; 프랑수아 르브룅, 앞의 책, 34~35쪽.

25) *Histoire de la population française*; A. Burguière, 앞의 글, p. 22. 남자의 경우 늦게는 29세까지 초혼연령이 늦춰졌다.

26) F. Lebrun, "Le prêtre, le prince et la famille," *Histoire de la famille: 3. Le choc des modernités*, pp. 127~28.

27) M. Antoine, *Louis XV*, Fayard 1989, p. 467.

28) F. Bluche, *La vie quotidienne de la noblesse française au xviiie siècle*, p. 34.

29) A. Burguière, 앞의 글, p. 23; 자크 솔레, 『성애의 사회사』, 이종민 옮김, 동문선 1996, 제1부 1장 "만혼" 참조

30) *Journal of My Life by Jacaues-Louis Ménétra*, with an introduction and commentary by Daniel Roche, translated by A. Goldhammer, foreword by Robert Darnton, Columbia University Pres, 1986, pp. 18, 244~45.

31) C. Fairchilds, 앞의 글, pp. 98~99.

32) E. Fox-Genovese, "Women and Work," *French Women and the Age of Enlightenment*, p. 111.

33) 올웬 허프턴, 「여성, 노동, 가족」, 『여성의 역사』 3권(상), 45~82쪽.

34) 프랑수아 르브룅, 앞의 책, 79쪽, 로버트 단턴, 『고양이 대학살』, 조한욱 옮김, 문학과지성사 1996, 제2장.

35) 주명철, 『바스티유의 금서』, 문학과지성사 1990, 74쪽.

36) E. Fox-Genovese, 앞의 글, p. 114.

37) 올웬 허프턴, 앞의 글, 50쪽.

38) 프랑수아 르브룅, 앞의 책, 94~108쪽.

39) Marie-Erica Benabou, *La prostitution et la police des moeurs au XVIIIe siècle*, présenté par Pierre Goubert, Perrin 1987.

40) *Le désordre des familles. Lettres de cachet des Archives de la Bastille*, présenté par Arlette Farge et Michel Foucault, Gallimard/Julliard 1982.

41) A. Williams, "Patterns of Conflilct in Eighteenth-Century Parisian Families," *Journal of Family History* vol. 18/no. 1, pp. 39~52.

42) R. Phillips, "Women, Neighborhood, and Family in the Late Eighteenth Century," *French Historical Studies* vol. 18/no. 1, 1993/Spring, pp. 1~12.

43) D. Roche, "Un lit pour deux," *Amour et sexualité en Occident*, Seuil, 1991, pp. 219~28.

44) *Le désordre des familles…*, pp. 30~35.

45) 같은 책, pp. 157~73.

46) A. Williams, 앞의 글, pp. 42~44.

47) 같은 글, p. 44.
48) 같은 곳.
49) 같은 글, pp. 44~45.
50) 같은 글, p. 45.
51) 같은 곳.
52) 같은 곳.
53) 같은 글, pp. 46~47.
54) 같은 글, p. 47.
55) 같은 글, pp. 47~48.
56) R. Phillips, 앞의 글, p. 2.
57) 같은 글, pp. 2~3.
58) 같은 글, p. 3.
59) 같은 글, p. 5.
60) 같은 곳.
61) 같은 글, p. 6.
62) A. Farge, 앞의 글, p. 79.
63) 같은 글, pp. 80~82.
64) 이 글에서는 자세히 말할 기회가 없었지만, 1750년 7월에 일어난 어린이 납치사건에서도 파리 여성은 이웃과 정보망을 형성하고, 지역간에 접촉을 가지면서 경찰에 저항했다.
65) Roger Chartier, "Différences entre les sexes et domination symbolique(note critique)," *Annales ESC* 1993. 7/8, no. 4, pp. 1005~1011.

18세기 초 런던상인의 생활세계

이영석

1. 디포와 그의 시대

다니엘 디포(D. Defoe, 1660~1731)는 사십을 바라보는 나이에 문필가
의 길로 들어섰다. 그가 활동하던 시기에 런던은 국제무역 및 상업의 중
심국가로 떠올랐다. 디포 자신의 생애가 바로 그 시대의 분위기를 여실
히 보여준다. 그는 상인의 아들로 태어나 어린 시절에 그 분야에서 도제
수업을 쌓았고, 1688년에는 런던의 상인조합원(liveryman) 자격을 얻었
다. 그러나 문필가로 성공을 거둔 것과는 달리 상인으로서 그의 이력은
굴곡이 심했다. 처음에는 잡화수입 및 포도주중개상으로 그리고 다음에
는 건축자재를 취급하다가 두 번씩이나 파산을 겪었으며, 결국 죽을 때
는 한푼의 재산도 남기지 못했다.

디포가 우리에게 널리 알려진 소설들이나 정치문제를 다룬 논설 외에
도 무역과 상업에 관한 많은 글을 썼다는 것은 그의 이력을 고려하면

"

이상한 일이 아니다. 그의 글들은 18세기 초 상인들의 세계에 발을 들여
놓는 단서가 된다. 특히 『완벽한 영국 상인』(*The Complete English Trades-
man*)[1]은 해외무역이나 도매업에 종사하는 상인들이 갖추어야 할 자질과
영업수완을 설명하고 있어서 상인사회를 이해하는 데 도움을 준다. 그렇
더라도 이 책을 비롯한 그의 상업관련 저술들은 주로 영국경제를 위한
무역·식민지·국부(國富) 등의 문제에 관심을 기울이고 있기 때문에
상인세계의 구체적인 생활을 들여다보는 것은 아무래도 한계가 있다.

　18세기 초 런던은 해외무역의 성장과 함께 상인층의 분화가 가속되고
있었다. 무역상인도 지역과 상품에 따라 전문화되었고, 무역거래와 관련
된 다양한 금융업종이 새롭게 나타났다. 무역상인과 직접 거래하는 도
매상도 상품별로 특화하는 모습을 보여준다. 이 시기의 상인사회를 이
해하는 데는 무엇보다도 사회학적 접근이 필요하다. 근래에 피터 얼(P.
Earle)은 각지의 문서고에 산재한 단편적인 자료들을 뒤져서 런던상인
(및 제조업자) 375명을 치밀하게 분석한 연구를 내놓았다.[2] 그가 선택
한 상인들은 17세기 후반과 18세기 전반에 살았던 사람들이다. 얼의 연
구는 이 시기 런던상인층의 영업과 일상생활에 관해서 풍부한 정보를
제공한다.

　이 글은 디포의 저술과 얼의 연구를 출발점으로 삼아 18세기 초 런던
의 상인세계를 탐사한다. 상인 가운데서도 가장 높은 반열에 해당하는
사람들, 이를테면 무역이나 금융업 분야의 상인을 주된 관찰대상으로 삼
는다. 먼저 같은 시기 해외무역 발전에 따른 런던의 번영과 여러 회사조
직을 개괄한 후에, 견습시절에서 영업장 개설까지 상인의 인생행로와 가
정생활의 모습을 간략하게 그리려고 한다.

2. 금융혁명과 런던상인

1660년대에 영국은 '대역병'(Great Plague)이나 '대화재'(Great Fire)와 같은 일련의 사회적 재앙을 겪으면서도 경제적 번영의 길로 나아갔다. 이러한 경제적 활력은 무엇보다도 항해법 이후 네덜란드와의 경쟁에서 승리한 영국이 해외무역의 주도권을 차지한 데서 비롯된 것이었다. 실제로 17세기 말과 18세기 초에 살았던 동시대 사람들은 대부분 영국의 번영을 낙관적으로 그리고 당연하게 생각했다. 그레고리 킹(G. King)이나 윌리엄 페티(W. Petty) 같은 이들이 '정치적 산술'(political arithmetic)을 통하여 영국의 국부와 국민소득에 관심을 기울인 것도 이러한 낙관적인 분위기를 반영한다. 디포 또한 예외가 아니었다. 그는 영국의 무역에 자긍심을 가졌으며, 그만큼 애국적이었다.

나는 잉글랜드의 무역이 다른 나라의 무역보다 갈수록 더 확고해진다고 주장하는데, 그 이유는 이렇다. 첫째, 잉글랜드는 이 세계의 어떤 나라보다도 국내소비나 해외수출을 위한 상품을 더 잘 만들기 때문이다. 둘째, 잉글랜드는 이 세계의 어떤 나라보다도, 여러 나라로부터 수입한 해외생산물을 더 많이 자기 나라에서 소비하기 때문이다. 셋째, 이를 위해 잉글랜드는 유럽의 다른 나라들보다 더 많은 상선을 보유하고 있기 때문이다.[3]

디포의 자부심 그대로, 18세기 초의 영국은 세계에서 가장 넓은 시장을 가진 경제권을 이룩하였고 가장 규모가 큰 상선대(商船隊)를 보유하고 있었다. 이에 따라 해외에서 값싸면서도 다양한 소비재가 영국으로 흘러들었다. 에스파냐의 포도주와 오렌지, 이탈리아의 견직물과 기름, 동인도 및 아메리카의 캘리코·차·담배·커피·설탕 등이 대표적인 수입품이었다. 사실 디포가 태어난 1660년과 그가 문필가로 명성을 얻기 시작한 17세기 말 사이에 영국의 무역규모가 얼마나 증가했는가는 몇 가지 수치를 통해서도 짐작할 수 있다. 같은 기간에 상선 배수량, 인도산 면포 수입량, 아메리카 담배 수입량 등이 모두 2~3배 늘고 있다.[4]

해외무역의 성장과 더불어 런던도 번영을 누렸다. 1650~1750년에 런던의 인구는 40만 명에서 67만 5천 명으로 증가했고, 전체 인구에서 차지하는 비율도 7%에서 11%로 높아졌다. 이것은 파리의 경우와 대조적이다. 파리는 같은 시기에 전체 인구에서 차지하는 비율이 여전히 2.5% 수준에 머물러 변화가 없었기 때문이다.[5] 그러나 이와 같이 인구가 증가했음에도 런던의 겉모습은 커다란 변화를 보이지 않았다. 도시공간이 급팽창하기 시작한 것은 적어도 18세기 후반의 일이었기 때문이다. 그 이전까지만 하더라도 런던은 도심이 좁았다. 도심을 벗어나면 빈민층의 슬럼지역이 앞을 가로막고 있을 뿐이었다. 이것은 별다른 교통수단이 없던 전(前)산업시대 도시들의 일반적인 모습이었다. '도보도시'라고 불러야 할 이 전통적인 도시들은 부유한 사람들이 좁은 도심에서 상업활동에 종사하고 가난한 사람들의 거주지가 주변에 퍼져 있는 특징을 지녔다.

그러나 이와는 달리 템스 강변으로 나아가면 새로운 변화의 물결을 느낄 수 있었다. 물동량의 증가와 더불어 런던교(橋) 밑의 런던항에 연이어 새로운 부두가 증설되었다.[6] 이와 함께 런던교에서 런던탑에 이르는 북쪽 제방(Bank)을 중심으로 광범한 상거래가 이루어졌다. 이 구(舊) 런던시, 즉 '시티'(The City of London)야말로 무역상인과 돈을 굴리는 새로운 자산가들이 운집한 무역 및 상업 활동의 중심무대였다. 해외무역만이 아니라 국내의 상업 또한 런던으로 집중되는 경향이 더 짙어졌다. 인구가 급증한 런던은 이미 거대한 소비시장을 형성하고 있었다. 디포는 잉글랜드 각 지방을 여행하면서, 지방에서 특화된 생산물이 대부분 런던시장을 겨냥하고 있다는 사실에 놀라움을 드러냈다. "이 왕국 전체가 무언가를 공급하는 일에 몰두하고 있다. 덧붙이지만, 그 모든 것 가운데 가장 좋은 일은 '시티'에 물자를 공급하는 것이다. 내가 말하는 물자란 곡물·육류·어류·버터·치즈·소금·목재·의류 등이다."[7] 디포가 받은 인상으로는, 온 나라가 마치 시티에 의존하는 것처럼 보였 던 것이다.

18세기 영국 경제사에서 두드러진 현상은 화폐자산을 운용하는 새로 운 제도와 방식들이 도입되고 그와 함께 '금전적 이해관계'(moneyed interest)가 중요해졌다는 점이다. 역사가들은 이들 새로운 제도의 정착 을 '금융혁명'(financial revolution)이라 부른다. 그것은 주로 1694년 잉 글랜드은행(Bank of England)의 설립과 '국채'(national debt) 발행으로 요약된다. 당시 영국정부는 전쟁을 위해 빌린 단기부채를 장기부채로 전환하는 데 관심을 가졌다. 이것은 국채라는 수단을 통해 가능한 일이 었다. 이제 사람들은 정부에 자본을 빌려주는 대가로 잉글랜드은행이나 '사우스시사'(The South Sea Company)의 채권(bond)을 가질 수 있었 다. 이에 따라 정부는 재정에 필요한 돈을 장기부채로 차입하게 되었으 며, 18세기 일련의 식민지전쟁에서 영국이 우위를 확보한 것도 이러한 혁신에 힘입은 탓이었다. 물론 이 혁신은 당시 금융부문에서 이루어진 광범한 변화와 관련된다. 즉 1697년 화폐 재주조와 사실상의 금본위제 도, 구 런던시의 전문적인 상인은행의 발전, 담보융자시장의 성장, 환어 음(bill of exchange) 이용 증가, 주식거래, 해상 및 화재 보험의 발전 등 이 이 변화의 주된 내용이었다.[8]

금융혁명은 런던 상인사회의 변화를 반영한 동시에 그 변화를 가속시 켰다. 원래 런던에서 '상인'(merchant)이라는 말은 주로 해외무역과 직 접 또는 간접적으로 관련된 업무에 종사하는 사람들을 가리켰다. 그들 은 대부분 모직물 분야의 '머천트 어드벤처러스'(Merchant Adventurers)

와 같은 상인조합의 일원으로 활동하였다. 17세기 말에 이같은 부류의 전업상인은 600~1천 명 규모였을 것이다.[9] 그밖에 비정기적으로 해외 무역에 뛰어드는 사람들도 있었다. 이러한 현상은 분명 국내 상업직종이 밖으로 확대된 것이지만, 그럼에도 국내 상업에 참여하는 사람들, 특히 점포를 경영하는 사람들은 또 다른 이름으로 불렸다. 디포는 이렇게 구분한다.

> 도매상이건 소매상이건 온갖 부류의 상품점 주인이나 상점주를 일반적으로 '트레이즈먼'(tradesman)이라 부른다. …그러나 브리튼의 북부나 다른 나라에서는 수공업자를 그렇게 부르며 우리가 트레이즈먼이라고 일컫는 상점주를 '머천트'(merchant)라고 한다. 하지만 잉글랜드에서 그 말은 그와 같은 뜻이 아니라, 외국과 거래하며 다른 나라의 상품과 생산물을 수입하고 잉글랜드의 산물과 제품을 수출하는 사람으로 이해된다.[10]

금융혁명이 진행되던 시기에 상인세계의 뚜렷한 변화 가운데 하나는 상품을 직접 취급하지 않으면서도 무역활동에 기여하는 새로운 업종들이 분화해 나갔다는 사실이다. 신용제도가 발전하면서 국채와 공채를 다루는 사람, 주식 거래 및 중매인, 사설 은행업자들이 늘었다. 무역 및 상업 활동에서 자본축적의 규모는 이전보다 더 확대되고 있었지만, 그와 함께 금융활동을 통한 화폐이윤의 증식 또한 활발하게 이루어졌다. 기존 무역상인들의 일부도 금융업에 뛰어들었을 것이다. 그러나 그보다는 화폐자산을 가지고 능동적으로 이윤을 창출하고자 하는 또 다른 세력들이 새롭게 자라났다. 넓게 보면 이들이야말로 상인과 함께 '금전적 이해관계'를 가진 사람들이었다.[11] 이 은행가와 투기꾼과 주식중매인들은 자신의 금융소득을 늘리기 위해서라면 무엇이든지 저지를 준비가 되어 있

었다. 그들에게 전쟁이란 애국적인 차원을 넘어서서 자신의 주머니를 늘리는 수단일 뿐이었다.[12]

이 시기 상인 및 화폐자산가들이 관련을 맺은 회사조직을 살피기로 한다. 우선 길드의 전통을 이어받은 제규(制規)회사(regulated company)가 있다. 17세기 후반에는 머천트 어드벤처러스를 비롯하여 레반트사(Levant Company)와 이스트랜드사(East-land Company), 함부르크사(Hamburg Company) 등이 영업중이었다. 상인은 이 회사의 조합원으로 가입할 때, 입회료를 납부한 후에 독립적인 영업에 종사하면서 무역거래액 가운데 일정한 몫을 떼어 회사의 운영자금으로 지원하였다. 그렇지만 상인의 활동은 어디까지나 회사 전체의 이익보다는 자신의 부를 증식하기 위한 것이었다. 이들 상인조합의 특징은 해외무역의 발전과 더불어 점차 특정 지역의 무역을 독점하는 형태로 자리잡았다는 점이다. 예컨대 레반트사는 동지중해 무역을, 이스트랜드사는 발트해 무역을, 함부르크사는 북해 무역을 독점하는 경향이 짙었다.[13]

한편 정부의 국채발행과 관련하여 중요한 역할을 수행한 것이 주식회사였다. 물론 주식회사는 이미 17세기 초에 나타났으며, 동인도회사도 이러한 조직에 해당한다. 그러나 이들 회사의 주식매매는 원시적이었고 직거래가 대부분이었다. 이 당시 주식회사 채권은 3~6개월 만기의 단기대부의 성격을 지녔다. 금융혁명기에 정부는 주식회사를 통해 단기부채를 장기적인 채권으로 전환하고자 했다. 신동인도회사(New East India Company), 왕립 아프리카사(Royal African Company), 사우스시사의 채권(주식) 발행이 이를 보여준다. 화폐자산을 가진 사람들이 주식매입에 뛰어들었고, 신동인도회사가 발행한 채권 200만 파운드는 발행 3일 만에 예약이 끝나기도 했다.[14]

디포야말로 국채발행의 열렬한 지지자였다. 그는 사우스시사를 설립하여 단기채무를 갚으려는 정부의 정책을 옹호한다. 그 회사의 주식이

상승하면 지난 20여 년간 국가재정을 짓눌렀던 채무문제를 한꺼번에 해결할 수 있다는 것이었다. 그리고 남해무역의 활성화를 위해서 정부는 좀더 적극적이고 호전적인 정책을 내세워야 했다. "남해무역에 대해서 우리는 아메리카 항구나 지역 점령을 이해해야 한다. 이미 소유했든지 그렇지 않든지 간에 합당하다는 생각이 들면, 위에서 말한 조약을 통해 우리 자신의 것으로 만들어서 식민지와 똑같이 정착하고 이주하고 살아야 한다. 에스파냐나 또는 다른 나라 그리고 인접한 이웃나라들과의 교역을 활성화하며, 그곳 고유의 과실을 가능한 한 많이 이용해야 한다."[15] 왕립 아프리카사의 경우도 마찬가지였다. 디포는 이 회사를 정부가 육성할 필요성을 다음과 같이 강조한다.

무역에서 일반적인 이익을 거두고, 영국 식민지의 번영을 가져오고, 모직물 제품의 수출과 소비를 촉진하며 정금(正金)으로 금을 환수하는 것 그리고 무역에서 최대한 수출하고 최소로 수입하는 것이야말로 지속하고 촉진할 만한 가치가 있다. 정부는 아프리카무역을 높이 평가하고 보호해야 한다.[16]

이제 18세기 초 상인들의 세계를 원근법으로 그려보자. 원래 상인의 전형은 해외에 거래점이나 영업장을 열고 대리인[17]을 통해서 특정한 상품을 수입 또는 수출하는 영업자의 모습에서 찾을 수 있었다. 그들은 자신의 주관 아래 또는 다른 사람의 주문을 받고서 특정 상품의 수출입업무를 맡았다. 그들은 시공간적 제약을 활용하여 상품을 투자하는 데 뛰어난 자질을 보여주었다. 그와 함께 화폐신용을 다루기도 하고 운송중인 화물과 선박의 보험업무에도 뛰어들었다. 그러나 17세기 후반 이래 상인들은 이 다양한 업무 가운데 특정한 영역으로 특화하는 경향을 보여준다.[18] 따라서 어느 쪽으로 전문화했는가에 따라 상인집단을 다음과 같은 세 집단, 즉 자본을 대부분 무역업무에 투자하는 적극적인 상인, 국채·주식 등을 사들여서 그 이자를 추구하는 수동적 상인(rentier) 그리고 환어음·주식·공채 등에 대한 공세적 투자와 조작을 통하여 자본축적을 꾀하는 금융세력 등으로 나눌 수 있다.

이들 상인의 부는 토지나 건물보다는 대부분 유동자본의 형태로 투자되었다. 상품, 원료, 배, 현금, 채권, 주식 등이 상인자산의 주류를 이루었다. 대부분의 상인은 그 뿌리를 해외무역에 두고 있지만, 여기에서 특히 주목해야 할 것은 세번째 범주에 해당하는 사람들이다. 18세기 초에 이르면, 상업세계에서 부의 축적은 상품교역 자체보다는 금융분야의 다양한 영업을 통해 더 많이 이루어졌다. 은행가나 주식중개인을 비롯하여 '금전적 이해관계'를 가진 부류들이 번영의 열매를 따먹었다.

이들의 주된 활동무대는 왕립거래소(Royal Exchange)였다. 이 거래소는 1666년 대화재 이후 대규모로 신축되었다. 새 건물은 정방형의 형태로서 위층 100개, 아래층 60개 등 모두 160개의 사무실이 있었다. 이밖에 지하 저장소 공간도 넓었다. 거래소가 상인에게서 거두어들인 임대료(연간 4천 파운드)는 건물의 유지 및 운영비로 사용하였다. 여기에서 온갖 상인과 중개인들이 서로 만나 거래했다. 동시대의 조지프 애디슨(J. Addison)은 이렇게 말한다. "거래소는 내게 비밀스러운 만족감을 안겨준다. 어느 면에서는 나의 허영심을 채워주기도 한다. 내가 영국인이어서 무수한 시골사람과 외국인이 개인사업 분야에 관해서 상담하고, 이 수도를 지구 전체의 중앙시장으로 만드는 것을 보니까 말이다."[19]

우리는 '금전적 이해관계'를 대변하는 은행가의 기원을 다음의 두 직종에서 찾을 수 있다.

첫째, 채권이나 공증문서 기록을 맡았던 공증인(scrivener)이 있다. 이들은 점차 문서기록 업무를 넘어서서 돈을 빌리려는 사람과 채권자를 연결하는 지위에 올랐다. 이 과정에서 그들은 2~5% 수준의 수수료

(procuration)를 받았다. 얼은 1680년대에 활동한 폴 윅스(P. Wicks)의 사례를 소개한다. 그는 모든 종류의 채권을 기록했으며, 그의 고객을 채권 또는 저당을 잡히고 돈을 빌리려는 사람에게 소개하였다. 그는 또한 주택매매에도 끼여들었고, 당당한 사업가로 처신했다는 것이다. 그의 활동은 수수료를 받고 법적 공증문서를 작성하는 수준을 넘어서 사실상 은행업으로 변모하였다.[20]

둘째, 금세공인(gold-smith) 출신이 있다. 이들의 원래 업무는 금을 가공하는 일이었다. 그러나 17세기 중엽 이래 일부 부유한 금세공인은 손님의 주화와 귀금속 예탁업무를 맡기 시작했다. 그것은 아마도 그들의 영업장이 귀중품을 맡기는 데 안전했기 때문이었을 것이다. 이런 활동으로 그들은 휴면중인 금전을 빌려주는, 진짜 신탁은행가로 성장할 수 있었다.

마지막으로 살펴볼 것은 근대영국에서 상인과 지주 세력의 관계이다. 사실 오늘날 영국 근대사연구에서 부르주아의 능동적인 역할을 강조하는 견해는 찾아보기 힘들다. 도시에서 성공한 상인들의 우선적인 목적은 스스로 귀족사회에 편입하는 것이었고, 그들 대부분이 '자의식적인 계급'으로 성장하지도 또 '새로운 상업적 부'가 사회제도를 변화시키지도 못했다는 주장이다.[21] 로렌스 스톤(L. Stone) 부부도 3개 주를 실증적으로 다룬 근래의 연구에서 18세기 토지시장에 상업적인 부가 흘러 들어온 증거를 발견할 수 없다는 결론을 내리고서 중간계급의 역할을 과소평가한다. 그보다는 오히려 토지엘리트의 부의 축적과 성공이 영국 근대사의 두드러진 특징이라는 것이다.[22]

19세기에 시티의 금융가집단이나 산업자본가들이 젠트리의 정서와 분위기에 동화되는 경향이 있다는 것은 부인할 수 없다.[23] 그러나 영국경제사의 전과정을 이렇게 해석하는 것은 잘못이다. 18세기 초 상인사회에 관한 한 우리는 그들의 독자적인 역동성과 정체성을 확인할 수 있다.

물론 이 시기에 상인이 토지시장에 진출한 사례가 이전의 역사가들이 생각해 온 것과는 달리 드물었던 것은 사실이다. 그럼에도 그것은 상인들이 토지에 투자할 만큼 경제적 여력이 없어서가 아니라 자산운용에 대해서 지주와 상인들이 가졌던 인식이 달랐기 때문이다. 상인의 자산은 대부분 유동자본의 형태를 띠고 있었고 또 성공적인 상인이라면 그래야만 하였다. 따라서 상인들이 토지시장에 진출한 사례가 적다는 것만으로 그들의 경제적 활력을 낮추어보아서는 안 되는 것이다.[24]

3. 견습에서 상인조합까지

얼이 분석한 375명의 런던상인들은 거의 대부분 어린 시절에 도제수업을 거쳤다.[25] 중세 도시길드의 전통을 이어받은 이러한 수업은 도제를 희망하는 젊은이가 견습료를 내고 그 직종의 일을 배우는 것을 뜻하였다. 이러한 관행은 상인에게는 상당히 유리한 것이었다. 7년씩 영업기술을 배워야 할 직종은 거의 없었으므로, 견습을 시작한 젊은이들은 머지않아 상인에게 긴요한 인력으로 자리잡게 마련이었다. 18세기 중엽에 도제수업 안내서를 작성한 캠벨(R. Campbell)은 소매업 직종 '비전'(秘傳, mystery)이라면 고작해야 한두 달 안에 습득할 수 있다고 생각했다.

그들의 숙련은 가격·재산·상품시장 그리고 그들이 거래하는 여러 품목들의 수요 정도에 관한 지식들로 이루어진다. 특정한 가격에 사들이고 또 다른 가격에 팔고 무게를 달며 저울질하는 것, 이것이 일반적으로 소매업 숙련지식의 모두이다. 그들이 더 많은 품목을 팔수록 더 많이 기억해야 하고 또 정확하게 기억할 필요가 생기지만, 대체로 약간의 지식만이 그에게 소용될 뿐이다.[26]

그럼에도 젊은이들이 이같은 불리한 조건을 묵묵히 받아들인 것은 이 길이야말로 런던의 상인조합(Livery Company)에 가입하는 일반적인 통로였던 까닭이다. 17세기까지만 하더라도 젊은이들은 이 경로를 통해서만 시티에서 영업할 수 있는 자유와 권한을 얻었다. 그러나 다음 세기 중엽에 이르러 영업권을 돈으로 살 수 있는 가능성이 높아지면서 도제수업의 관행은 점차 사라진다. 또 런던이 팽창함에 따라 굳이 시티가 아니더라도 영업할 수 있는 장소가 늘었다.

18세기 초 런던의 인구가 급증한 것은 자연증가보다는 다른 지역 사람들의 유입에 따른 결과였다.[27] 외부사람들이 런던으로 몰려든 것은 무엇보다도 런던에서 일자리를 구할 수 있었기 때문이다. 특히 소년과 젊은이들은 견습생활을 하기 위해 런던에 들어왔다. 런던은 여러 직종과 영업에서 도제수업을 받을 수 있는 곳, 말하자면 야망을 품고 도시로 몰려든 젊은이들에게는 새로운 기회의 땅이었다. 얼이 분석한 상인들은 런던토박이를 제외하면 대부분 동남부 여러 주 출신이었다. 16세기만 하더라도 이 젊은이들 가운데 부모가 시골의 농민인 경우도 많았다. 그러나 이러한 사례는 점차 줄어들었고, 시골 출신이라 하더라도 부농(yeoman)이나 젠트리 그리고 도시 출신은 전문직종사자나 상인을 부모로 둔 젊은이가 다수였다. 이것은 런던 상업직종의 견습료가 만만치 않게 올랐던 데서 비롯한다. 그리고 이러한 상승은 바로 상업에 대한 동시대 사람들의 평가가 높아졌음을 반영한다.[28]

여기에서 도제수업을 받는 젊은이들 가운데 젠틀맨가문 출신이 많아지고 있다는 사실을 어떻게 받아들여야 할 것인가. 스톤 부부는 그들이 대부분 젠트리의 흉내를 내는 의사(疑似) 젠틀맨(pseudo-gentleman)에 지나지 않았다고 단언한다. "그들은 약간의 재산을 가진 사람들이었고 소매업에 적극 종사했다. 그리고 아마 한 에이커의 토지도 소유하지 않았을 것이며, 특히 시골저택도 없었을지 모른다. 그들은 허리에 칼을 차고 뽐내는 꿈을 꾸지 않았다. 누군가 그들에게 결투를 신청하면 일방적으로 피해를 입었을 것이다. 어떤 사회학적 규정으로도 그들은 젠틀맨이라 할 수 없었다. 그럼에도 젠틀맨은 그들이 공식문서에서 자처한 신분이었다."[29]

그러나 얼의 연구에 따르면, 도제수업을 받은 젊은이 47명 중에서 도시 출신은 8명이었다. 이것은 젠트리가문 출신이 상인사회로 진출하려고 했음을 보여준다. 사실 그 시대에 젠트리가문의 차남 이하 자식들이 쉽게 세상을 살아가는 길이 널리 열려 있는 것은 아니었다. 그들은 장자상속제 아래서 토지를 가질 전망이 거의 없었다. 더욱이 유아사망률이 떨어지면서 그들 사이의 경쟁은 더욱더 심해졌다. 이제 미래의 삶을 위한 해결책은 전문직교육을 받거나 또는 상업분야의 도제수업을 거치는 것이었다. 아마도 전문직종은 더 깊은 지식을 쌓아야 했기 때문에 젠트리 출신 중에서도 소수만이 그 문턱을 넘었을 것이다. 그들에게 비교적 넓게 개방된 분야는 역시 상업세계였다.[30]

젊은이가 상업세계에 나간다고 하더라도 구체적으로 어떤 직종에서 일하며 그의 삶을 꾸려갈 것인가. 그것은 생활이 넉넉한 집안일수록 젊은이 자신은 물론 부모에게도 더욱더 중요한 문제였다. 부모는 자식이 도제수업을 받으러 세상에 나갈 수 있도록 뒷받침해야 하며 또 그들이 직종을 고르는 데도 직접 충고를 해주어야 했다. 캠벨이 『런던 상인』(*The London Tradesman*, 1747)이라는 책을 펴낸 것은 무엇보다도 이 문제를 걱정하는 사람들에게 런던의 상업에 관한 유용한 지식, 특히 부모가 자식의 직종을 결정하는 데 긴요한 정보를 전해 주기 위함이었다. 캠벨은 이렇게 경고한다. "부모가 인생의 가장 중요한 관심사, 즉 자식들이 세상에서 기반을 잡는 문제를 심사숙고할 때에, 그들이 의존하는 상담자는 자존심이나 욕심 또는 변덕이다."[31] 그는 런던 상업세계를 소개한 다음에 각 전문직종마다 필요한 재능과 숙련을 적고 이와 함께 그 직종에서 숙련을 갖출 때까지 들어가는 비용과 영업을 시작한 후에 벌어들일 금전적 보상을 예상한다.

사실 당시만 하더라도 시골의 젊은이와 그의 부모라면 런던에서 전망 좋은 직종이 무엇인지, 또 어떤 직종이 가장 적절한 것인지 알아내기가 쉽지 않았다. 특히 견습을 위해 평판 있고 신뢰할 만한 마스터를 고르는 문제는 더욱더 어려운 일이었다.

런던에 올라온 젊은이들은 어떻게 마스터를 구했을까. 얼은 몇몇 사례를 통하여 그 두 가지 길을 알려준다. 우선 친척 중에서 찾는 방법이 있었다. 예를 들어 젠트리가문 출신의 비단상 토머스 퍼셀(T. Purcell)은 자식과 조카, 누이동생의 두 아들을 도제로 데리고 영업하였다. 존 랜덜(J. Randall)은 1649~69년에 다섯 명의 도제를 받았는데, 그들의 성이 모두 그의 아내 처녀시절의 성과 같았다. 아마도 도제들 모두 처족(妻族) 사람들이었을 것이다. 다음으로, 젊은이들은 부모와 같은 고향 출신이거나 부모와 같은 업종에 종사하면서 안면이 있는 상인을 찾았다. 1650년대에 헤리퍼드서 출신의 서적상 토머스 윌리엄(T. William)은 한 젊은이를 도제로 삼았는데, 그는 같은 고향에 사는 한 부농의 아들이었다. 또 런던의 서적상 루크 메러디스(L. Meredith)는 옥스퍼드에서 서적상으로 영업하는 자신의 한 고객의 부탁을 받고서 그의 아들을 도제로 삼았다.[32]

젊은이가 세상에 나가 도제수업을 받는 데는 몇 가지 조건이 있었다. 먼저 부모의 재정적 후원이 있어야 했다.[33] 다음으로 그의 장래와 직업 선택을 조언하고 경제적인 도움도 줄 수 있는 후원인 '프렌드'(friend)가 필요했다. 여기에서 프렌드란 단순히 친한 동년배를 뜻하지 않는다. 대체로 젊은이보다 나이가 많고 인생경험이 풍부한 장년의 남성이었다. 숙부나 대부 또는 아버지의 친구가 후원자의 역할을 맡았다. 런던 동남부지역의 농촌가정은 대부분 런던에 그들 가족의 후원자를 두고 있었

다. 젊은이는 런던에서 마스터를 구하는 일에서 도제살이 계약에 이르
기까지 그의 도움을 받았다. 특히 견습계약에서 프렌드의 보증은 필수
적이었다. 디포는 이렇게 말한다. "일반적으로 도제의 일손을 완전히 믿
지 않으면 안 되는 상인은, 그 도제의 프렌드가 그들의 정직함을 보증하
도록 한다."[34)]

다음의 도제살이 계약서는 왜 마스터가 후원자의 보증을 요구하는지,
그 까닭을 알려준다.

앞에서 말한 도제는 전술한 그의 상전에게 충실하게 봉사해야 하고,
그의 비밀을 지키며 어디서나 상전의 정당한 명령을 따라야 한다. 그
는 전술한 상전의 자산을 낭비하지 말고 불법적으로 남에게 빌려주지
도 말아야 한다. 전술한 기간에 그는 사통을 저지르거나, 혼인해서는
안 된다. 그는 그의 상전이 손실을 입을 수도 있는 카드놀이, 주사위던
지기, 도박(table)이나 기타 다른 불법적인 놀이를 벌이지 않아야 한
다. 전술한 상전의 허락이 없이 그 자신의 재물이나 타인의 재물을 사
거나 팔아서는 안 된다. 그는 선술집이나 극장을 드나들어서는 안 되
며 전술한 상전에게 봉사하는 낮이건 밤이건 불법적으로 빠져서는 안
된다. 그는 이 모든 점에서 전술한 상전에게 충실한 도제로서 행동해
야 한다.[35)]

도제는 한 개인이라기보다는 집단이었다. 얼은 1700년경 런던에서 수
업중인 도제를 2만 7200명 내지 3만 2640명으로 추산한다. 그들은 직종
과 출신과 나이와 수업기간에 따라 가치관과 생활방식에 차이를 나타내
기 때문에 무조건 동질적인 집단으로 바라보기는 어렵다. 그렇더라도
상인업종의 경우 어느 정도의 일반화는 가능할 것이다. 우선 남의 집에
머물면서 일하는 것은 언뜻 보면 천하게 여길 수도 있다. 그러나 상업분

야의 도제생활은 약간 달랐다. 우선 그들은 부모와 후원인이 상당액의 견습료를 미리 건넨 처지였다. 또 대부분 괜찮은 집안 출신이었다. 처음에는 주인의 구박 때문에 불화가 생기는 경우도 있었다. 1~2년 후에 새로운 신참 도제가 들어오면 어린 도제는 비로소 허드렛일에서 벗어날 수 있었다. 그는 점포 계산대 밑의 바퀴 달린 침대에서 벗어나 다락방으로 옮기기도 했다. 또 부엌에서 쭈그리고 식사하는 대신에 이제 마스터와 같은 식탁을 사용할 수 있었다. 고객을 상대하는 고참은 정장 차림에 모자를 눌러썼다.[36]

17세기만 하더라도 도제수업을 끝내고 시티에서 자유로운 영업권을 얻은 사람은 대부분 상인조합인 제규회사의 회원으로 가입하여 독자적인 사업을 꾸려나갔다. 영업의 자유가 없는 시민이 시티의 시장에서 점포를 개설하는 것은 불법이었다. 그러나 18세기 초에 상인조합의 독점은 점차로 약화되기 시작했다. 어느 역사가의 지적대로 "상인조합은 아직 필요한 경제조직이고 부유한 자산가들의 모임이었지만, 변화의 시기에 길드적 영업권은 사실상 이전과 같은 경제적 이익도 영예도 주지 못했다." 시티 상인조합의 쇠퇴는 자유시민으로 편입되는 숫자의 추이에서도 확인할 수 있다. 1670년대에는 편입자의 수가 연평균 2100명 수준이었으나, 18세기 초에는 1900명, 1745년경에는 1250명으로 감소한다.[37]

이와 같은 변화 속에서도 도제수업을 마친 젊은이들은 대체로 상인조합에 가입하기를 원했다. 중요한 것은 조합원이 된 후에 독자적인 영업에 필요한 재원을 어떻게 마련할 것인가라는 문제였다. 수공직종의 경우는 소규모 투자로 영업이 가능했겠지만, 상인직종의 경우는 이와 달랐다. 처음 영업을 시작한 젊은이는 일정한 규모의 유동자본이 있어야 하고 또 점포를 마련하는 데 적지 않은 자본을 들여야 할 필요가 있었다. 캠벨의 안내서는 런던의 여러 직종의 개업비용을 제시하고 있다. 상인이 점포를 개설하려면 최소한 적어도 500파운드 이상은 필요했다. 좀더 지체 있는 업종인 포목상이나 비단상은 1천 파운드 이상의 투자가 있어야 했다.[38] 좋은 가문의 젊은이는 부모의 직접적인 후원과 가까운 인척의 도움을 받았을 것이다. 집안의 후원을 기대할 수 없는 가난한 상인이라면 조혼도 재정문제를 해결하는 데 기여했을지 모른다. 얼의 연구는 약혼녀의 지참금이 영업자금으로 쓰인 사례를 제시한다. 그가 분석한 375가지 사례 가운데 1/3 이상의 사람들이 24~26세에 결혼했다. 물론 이들 가운데 상인은 소수이며 수공업자들이 더 많았다. 어쨌든 상인으로 일찍 결혼하는 젊은이라면 아마도 투자자본을 마련하는 데 그 목적이 있었을 것이다.[39]

자본부족을 해결하기 위한 손쉬운 방법은 이른바 합명회사(partner-ship)를 차리는 것이었다. 이 형태는 특히 비단상이나 포목상과 같이 처음 개설할 때에 영업비용이 많이 드는 해외무역업에 필수적이었다. 그러나 합명회사는 동업자 사이에 불화가 일어날 위험이 있었다. 이런 회사조직에 실망했던 디포는 최상의 파트너란 개인적으로 친숙한 신참 젊은이라고 생각했다. 그런 젊은이라면 사업 밖의 일에 정신을 쏟지 않으리라는 것이었다. 그는 또한 경험 많은 동료상인을 지켜보면서 능숙한 상거래 수완을 전수받을 수 있었다. 나이 많은 동업자도 매일매일의 일상적인 경영업무에서 물러날 여유가 있어서 좋은 일이었다. 디포는 노련한 상인이라면 자신의 밑에서 견습생활을 마친 젊은 상인과 동업하는 것이 좋은 방안임을 강조한다.[40]

17세기 후반 이래 무역과 금융에 종사하는 상인들은 일반 도매상이나 소매상 또는 수공업자와는 다른 집단으로 여겨졌다. 물론 상인이 다른 사람들보다 더 자본축적에 뛰어난 자질을 보였다고 해서 사회적 존경의 대상이 된 것은 아니었다. 돈을 많이 버는 것 자체가 도덕적으로 비난받을 수도 있었다. 18세기 초 토리 문필가들이 '금전적 이해관계'를 비난하고 적대적인 태도를 보였던 것은 단순히 그들의 부의 축적에 대한 질시 때문만은 아니었다. 사업에서 부의 축적을 추구하는 한, 상인들은 공민적 덕목(virtue)이 인생에서 불필요하다는 것을 새삼 깨닫기도 했다. 두 번씩이나 파산의 아픔을 겪은 디포는 오히려 그 필요성을 솔직하게 털어놓기도 한다.

무역은 당신들의 모든 사치에서 이익을 얻는다. 상업은 악덕에서도 이득을 취한다. 그렇지만 상업이 그 악덕을 만드는 것은 아니다. 상업은 본질상 범죄가 될 수도 있다. 정직한 사람이라면 상인이 될 수 없다. 종교적인 사람은 포목상이나 레이스 의류상이나 양복상이 될 수 없다. 그 나머지 직종의 경우도 그렇다. 이런 점에서라면 내가 앞서 언급했듯이, 상인은 정직한 사람일 리 없다고 말할 수 있을 것이다.[41]

그러나 무역상인의 직종이 다른 분야보다 더 높은 권위와 체통을 지닌 것은 사실이었다. 그들이 갖추어야 할 자질과 능력은 누구나 쉽게 얻을 수 있는 것이 아니었기 때문이다. 동시대의 한 사회관찰자는 상인의 자질에 관해서 다음과 같이 열거한다. "상인은 훌륭한 서사(書士, penman)이고 산술가이며 회계인이어야 한다. 그는 여러 외국어에 능통해야 하고 뛰어난 지리학자이자 숙련된 항해사이자 그 동료들에 대한 최상의 판관이어야 한다. 그뿐만 아니라 외국의 산물, 관습, 법률, 거래 관행 등에 관해서도 모든 것을 알아야 한다."[42] 사실 디포가 자부심을 가졌던 그대로, '완벽한 영국 상인'이라면 세상에서 가장 지적인 인물의 반열에 낄 수 있었다. 그의 소설 『록사나』(1724)에서 여주인공 록사나는 다음과 같이 상인을 예찬한다.

저는 잘 다듬어진 상인이야말로 나라의 최고 신사라는 것을 깨달았습니다. 지식과 예절, 사물에 대한 판단에서 상인은 많은 귀족을 능가 합니다. …토지는 고인 연못이지만, 상업은 흐르는 샘입니다. 땅으로 말하자면 일단 저당 잡히면 좀처럼 해결이 되지 않고 주인을 계속 괴롭힙니다. 그러나 상인은 자신의 재산을 계속 흐르게 합니다. 그러므로 부동산이 없기는 하지만, 세상을 터득하고 사업에 매달리지 않아도 될 때쯤이면 상인은 토지를 가진 대부분의 신사보다 낫지요.[43]

상인은 자신이 거래하는 품목, 예컨대 술이며 담배며 향료며 모직과 같은 특정한 상품에 관한 한 그 생산에서 판매에 이르는 전과정을 해박하게 알고 있어야 했다. 그리고 거래와 관련된 지역에 관해서 백과사전적인 지식을 가질 필요가 있었다. 레반트 무역상인은 영국의 모직과 투르크(및 시리아)의 비단·면포를 교환했는데, 그러면서도 그들은 에스파냐나 이탈리아와 연결하기도 하고 때로는 발트 무역상과 거래하기도 했다. 발트 무역상인은 스웨덴의 철, 폴란드의 곡물을 취급하였고, 아메리카 무역상인은 설탕·담배·면의류·금속재·가구·포도주 등 가장 다양한 품목을 취급하였고, 18세기 삼각무역의 중추 역할을 맡았던 것이다.

4. 결혼과 가정

도제수업을 마치고 상업세계에 발을 들여놓은 젊은이가 마주칠 가장 중요한 문제는 배우자를 찾는 일이었다. 그 시대에 젊은 남녀의 배우자 선택에서 부모의 영향이 어느 정도였는지는 확실하지 않다. 아무래도 젊은 여성이 더 부모의 영향 아래 있었을 것이다. 얼은 딸의 결혼을 반대한 어느 상인의 사례를 소개한다. 런던의 무역상 조지 보딩턴(G. Boddington)은 기숙학교에 다니던 그의 딸에게 청혼한 남자를 만나보고 결혼을 반대했다. 보딩턴에 따르면, 그 젊은이의 출신배경은 그들과 맞지 않았다. 그는 이렇게 기록하고 있다. "그의 배경은 내가 딸에게 주어야 할 것과 맞지 않았다. 조사를 해보니 그는 비참하고 나쁜 성품을 지니고 있었다. 나는 그가 딸에게 구혼하는 것을 받아들일 수 없었다."[44]

그러나 청년의 경우는 이보다 영향을 적게 받았던 것 같다. 더욱이 그가 런던이 아니라 지방 출신이라면 부모의 간섭을 걱정할 필요가 없었을 것이다. 실제로 시골에서 올라와 런던에서 생업의 기반을 닦은 젊은이가 런던 출신의 처녀와 결혼하는 일은 흔한 사례였다. 이 경우 청년이 배우자를 고르는 데 중요한 역할은 한 것은 런던에 살고 있는 그의 '프렌드'였다. 프렌드는 젊은이의 상담도 들어주고 또 그를 대신해서 배우자로 적절한지 판단해 주기도 했다.

사람은 태어나서 죽을 때까지 몇 번씩 중요한 통과의례를 치른다. 그 중에서도 가장 의미 있는 일은 결혼식일 것이다. 18세기 초 상인세계의 젊은이들에게 결혼이란 경제적인 것 못지않게 정서적인 것이기도 했다. 이 시기에 런던의 서민층은 혼인을 미리 알리고 잉글랜드 교회에서 하객들의 축하를 받는 결혼식(wedding by ban)을 올렸다. 반면에 부유한 상인사회에서 결혼은 사적인 경향이 더 강했다. 그들은 교회에서 요구하는 청첩장 발행을 회피하고 가까운 친지들에게만 알리는 비밀스러운 혼례(marriage by license)를 더 좋아했다. 이것은 상인사회에 사생활에 대한 관심이 점증하고 있음을 나타낸다. 얼에 따르면, "〔이러한 풍습은〕 세상에 알리는 것을 싫어하고 일반 사람들과 떨어져 있고 싶은 성향이 뚜렷한, 품위 있고 점잖은 것에 대한 이해가 높아지고 있음을 반영한다."[45]

젊은 상인들의 결혼연령은 어떠했는가. 전통적인 견해에 따르면 근대 초 영국의 젊은이들은 새로운 가정을 꾸리는 데 들어가는 비용을 저축하기 위해 결혼을 늦추었으며, 결혼 후에도 자녀수를 제한하는 경향을 보여주었다.[46] 얼은 그의 표본 중에서 결혼연령을 알 수 있는 사례를 검토하여 분석한다. 남성의 경우 275사례, 여성은 216사례였다. 평균적인

〈표 1〉 직종별 결혼 연령

유산 총액	남성연령	여성연령	연령차	사례수
수공업자	25	22	3	18
잡화상(소매상)	27	22	5	26
무역상인	30	20	10	29

* 자료: P. Earle, *The Making of the English Middle Class: Business, Society and Family Life in London 1660~1730*, London: Methuen 1989, p. 182.

초혼연령은 남성 27세, 여성 22세, 남녀간의 나이차이는 다섯 살이었다. 그러나 직종별로 분석할 경우 〈표 1〉에서 나타나듯이 약간 편차가 있다. 부유한 상인일수록 만혼과 함께 배우자의 연령이 낮아지고, 반면에 수공업자의 경우 조혼에 배우자와의 나이차이가 적다.

재산 정도에 따른 분석 결과도 비슷한 추세를 보여준다. 1천 파운드 미만인 젊은이가 25세에 22세의 배우자와 결혼하는 반면에 5천 파운드 이상의 자산가는 30세에 20세의 배우자와 결혼하는 것으로 나타난다.[47] 이것은 그들의 배우자선택과 결혼관행이 일반서민의 그것과 차이가 있음을 뜻한다. 부유한 상인의 경우 자녀수를 제한하기 위해 배우자의 나이를 고려하는 경향은 별로 드러나지 않는다. 아마도 그들은 이미 하녀를 부리고 있기 때문에 자녀양육이 별다른 문제가 되지 않았을 것이다.

영국의 보통법(common law) 아래서 결혼 후의 여성은 경제적 독립성을 잃게 마련이었고, 그 정도는 대륙보다 더 심했다. 기혼여성의 법적 지위는 미혼여성이나 미망인보다도 더 낮았다. 사실 미혼여성이나 미망인은 남성과 마찬가지로 거래·계약·소송의 주체가 될 수 있었다. 실제로 상인사회 출신의 젊은 여성이 결혼 전에 상속재산(orphanage)을 활용하여 사업을 시작한 사례도 보인다. 그러나 여성은 결혼하는 그 순간부터 자신의 독립성을 잃게 마련이었다. 보통법에서 기혼여성의 법적 지위는 부부일체(conjugal unity)의 원리, 즉 "남편과 아내는 하나이며 남편이 바로 그 하나"라는 원칙에 입각한 것이었다.[48] 기혼여성의 지참금과 재산은 남편에게 귀속되고 여성은 자신의 자산을 소유할 수 없었다. 심지어 그녀의 의복이며 보석까지도 남편의 소유물이었다. 여성은 법적 인격을 갖지 못하기 때문이다. 단지 남편의 대리인이나 예속인의 자격으로 계약을 할 수 있을 뿐이었다.

이러한 경향은 서민층보다 런던 상인세계에서 더 강했던 것 같다. 여성은 남편에게 예속된 존재(feme convert)이며 평등한 부부라기보다는 주인 바로 밑 반열의 하인이라는 표현이 걸맞았다. 법과 관습이 남성중심적이었을 뿐만 아니라 부부간에 나이차이가 났기 때문에 여성의 지위는 더 낮을 수밖에 없었다. 상인층 출신의 여성은 이미 어렸을 때부터 부모의 훈육 아래서 부모와 나이 많은 사람에 대한 복종과 존경의 태도를 배웠다. 부르주아의 상층일수록 배우자의 선택에서 재력이 중요했다. 결혼이 사랑에 바탕을 두고 있더라도 재산은 그보다 더 강조되었다.

보통법에 따르면, 부유층 기혼여성은 두 가지 종류의 재산, 즉 결혼 당시 부모가 증여한 지참금(maritagium)과 남편이 죽기 전에 준 과부산(寡婦産, jointure)을 가질 수 있었다. 토지귀족의 경우 이 증여재산은 대부분 토지 형태를 취했다. 그러나 상인세계에서는 일반적인 현상이 아니었다. 토지자본은 다른 형태의 자산에 비해서 증식률이 낮았기 때문이다. 상인 자신이 은퇴하기 전에 토지를 구입하는 경우가 흔한 일은 아니었다. 얼은 레반트 상인 프랜시스 마치(F. March)의 사례를 소개한다. 그는 1680년 결혼할 당시에 아내에게 과부산으로 6천 파운드 가치의 토지재산을 남기기로 서약하였다. 그러나 1697년 그가 죽었을 때 어떤 토지도 남기지 않았다. 토지구입이 최악의 투자라고 생각했기 때문이다. 그는 그 대신에 신탁인에게 6천 파운드를 유산으로 맡겼다. 미망인은 이자까지 합쳐서 6540파운드의 유산을 받았다.[49]

물론 경제적으로 남편에게 예속되어 있다고 해서 상인의 아내가 영업과 동떨어진 채 가정만 지킨 것은 아니었다. 아직 영업장과 가정은 분리되지 않았다. 한 지붕 아래서 가정생활과 영업이 이루어졌다. 상인의 영업장에 필요한 노동력은 상인 자신과 아내와 자식과 도제들로 충원되었다. 특히 점포를 관리하는 일은 대체로 상인의 아내가 맡았다. 상인의 집은 대부분의 공간이 영업과 관련되었다. 고객맞이 응접실, 도제가 기숙하는 다락방, 지하의 저장창고에 이르기까지 순수한 생활공간은 사실상 없었다. 많은 동시대 문필가들이 아내는 남편의 사업을 배워야 한다고 강조한 것도 당연한 일이었다. 단순히 돕는다는 의미보다는 남편이 해외시장을 방문하고 다른 지방에 여행하거나 긴급한 일 때문에 자리를 비웠을 때 그의 역할을 훌륭하게 대신할 수 있어야 했다.

디포는 아내의 역할을 남편의 프렌드 또는 파트너에 비유한다. 아이들을 기르고 가정을 꾸리는 일은 아내의 역할이지만, 그 못지않게 중요한 것은 남편의 영업을 배우는 일이다. 우선 상인은 자신을 위해서라도 아내가 사업을 분간하고 그 유리한 점을 배우도록 해야 한다. 점포를 같이 운영하고 물건을 보기 좋게 진열하는 등 여러 일을 맡겨야 한다. 아내가 사업에 관해 많은 것을 알고 또 그 일에 재미를 느낀다면 남편은 커다란 조력자를 얻는 셈이다.[50] 디포가 젊은 나이에 결혼하는 상인을 마땅치 않게 생각한 것은, 하녀를 부릴 여유가 없어서 아내가 가정일을 도맡아 함으로써 남편의 사업을 배울 기회가 없지 않을까 우려했기 때문이다.[51] 그는 특히 부유한 집안에서 자라난 기혼여성에게 남편의 사업에 무지함으로써 빚어지는 어려움을 경고한다.

일반적으로 말해서 아내는 상업에 관해 머리를 쓰지 않으려고 한다. 계산대 뒤는 물론, 점포에 모습을 보이는 것을 싫어한다. 남편의 사업에 관한 지식을 경시하고, 마치 상인의 아내인 것이 부끄럽다는 듯이

행동하며, 상인의 아내 티를 내지 않는다. …그들은 그 불리함을 너무
나 늦게 깨닫는다.[52]

부부가족 형태가 지배적인 18세기 초 런던상인의 가정을 어떻게 묘사
할 수 있을까. 근세 이래 영국인의 가정생활에 관해서는 로렌스 스톤의
고전적인 연구가 있다. 그가 제시하는 영국인의 가족변화는 단선적인
진화 모델이다. 그것은 개방적인 대가족(open lineage)에서 엄격한 가부
장제 가족으로, 다시 폐쇄적인 가정(closed domesticated family)으로 변
모해 왔다.[53] 스톤은 셋째 국면이 17세기 후반에 이루어졌다고 주장하는
데, 이 시기에 가정의 전반적인 분위기도 변화를 겪기 시작했다.

이전까지 가족은 애정(affection)이나 사랑(love)으로 결합된 공동체
가 아니었다. 전(前)산업사회의 생활조건이 불안정했기 때문에 가족은
친족집단이나 이웃 또는 도제나 하인보다 더 친밀한 결합이라고 단정할
수 없었다. 가족관계가 쉽게 깨어졌을 때의 충격과 공포를 피하기 위해
사람들은 서로간에 깊은 애정을 쏟지 않았다는 것이다. 우선 결혼은 통
계적으로 "일시적이고 잠깐 동안의 결합"이었으므로 남편과 아내 사이
에 깊은 애정이 없었다. 아이들의 유아사망률도 높았다. 부모는 "그들의
정신적 안정을 도모하기 위해 아이들과의 심리적인 관계를 제한하지 않
을 수 없었다." 이들에 대한 경시가 거꾸로 아동의 사망률에 영향을 미
치기도 했다.[54]

스톤의 연구는 귀족편향성, 선별적인 자료 예시, 지나친 단순화 때문
에 많은 비판을 받고 있지만,[55] 어쨌든 근대 초 가정에서 부모와 자식
간의 애정이 결핍되어 있었다는 증거는 동시대 사람들의 진술에서도 무
수하게 나타난다. 아이들에 대한 경멸은 종교적 은유의 형태로 표현되
기도 했다. 1658년 리처드 올스트리(R. Allestree)는 이렇게 썼다. "새로
태어난 갓난아이는 우리의 최초 부모로부터 우리의 음부를 통하여 내려

온 원죄의 얼룩과 더러움으로 가득 차 있다."[56] 한 역사가의 말대로, 17세기까지만 하더라도 어린이에 대한 부모의 태도는 "독재적이며 실제로 포악한" 것이었다.[57] 그러나 17세기 후반에 이러한 태도는 변하기 시작한다. 아마도 그 변화가 가장 먼저 나타난 것은 부유한 상인의 가정에서였을 것이다.

17세기 후반 이래 도제수업을 마친 젊은 상인들은 자신의 선호에 따라 배우자를 고르는 경향이 짙어졌다. 부부 사이의 결합은 더 굳어졌고 부모와 자식의 관계도 보호와 애정에 토대를 두기 시작했다. 자녀교육에 관한 존 로크(John Locke)의 저술이 사람들의 관심을 끌었던 것도 이러한 분위기의 변화에서 비롯된다.[58] 로크는 교육이 사람을 사회에 걸맞게 변화시킬 것이라는 믿음을 버리지 않았으며, 특히 어머니의 자녀교육을 강조하였다.

18세기 런던 도심에는 전람회·박물관·인형극·서커스 등 어린이의 흥미를 자아내는 시설물과 행사가 곳곳에서 세워지거나 열렸는데 이 또한 당시의 새로운 변화를 반영하며, 그 시설의 주요 고객은 런던상인층이었을 것이다.[59] 18세기 복음운동(evangelicalism) 또한 폐쇄적인 가정의 출현에 적지 않은 영향을 미쳤다. 그 운동은 가정의 평화와 구원을 연결지었다. 남편과 아내, 부모와 자녀 사이의 애정과 유대야말로 기독교인이 받는 축복의 징표였다. 구원의 적은 가족 사이의 증오와 질시 그리고 가정 밖에서 가정의 평화를 깨뜨리는 온갖 유혹이었다. 복음운동가들은 외부의 유혹에서 멀리 떨어진 가정 그리고 애정이 충만한 그 가정의 수호자로서 아내의 모습을 내세웠다.

마지막으로 상인의 주거를 살펴보자. 적어도 디포의 시대까지는 영업장과 가정이 공간적으로 분리되지 않았다. 상인들은 자신의 집 아래층에서 일하고 2층과 3층에서는 가정을 꾸렸다. 다락방에는 주로 도제들이 기숙하였고 지하실은 거래상품의 저장소로 쓰였다. 런던상인들은 그

〈표 2〉 재산 정도에 따른 방 개수

유산 총액	방(평균)	방(중앙치)	사례
500파운드 이하	5.7	6	81
500~999파운드	5.8	6	41
1000~1999파운드	7.1	7	60
2000~4999파운드	7.6	7	80
5000파운드 이상	9.5	9	61

* 자료: P. Earle, 앞의 책, p. 211.

'민첩성'과 '신속함'으로 유명했다. 그것은 아마도 무수한 계단을 오르내리는 수직적 생활방식과도 관련이 있을 것이다. 얼은 그의 표본 가운데 323사례의 주거규모를 분석한 결과를 제시한다. 〈표 2〉에서 나타나듯이, 재산 정도에 따라 주택규모에 차이가 있다. 그러나 그 차이가 두드러지게 나타나는 것은 아니다.

당시 시티 상인들의 집은 3~4층이 일반적이었다. 롬바드가(街)를 비롯한 간선도로변에는 4층집이 늘어섰고, 눈에 띄는 도로와 좁은 길에는 3층집, 그리고 골목길에는 2층집이 주류를 이루었다. 시티의 주택들이 하나같이 획일적인 외양을 갖추게 된 것은 '대화재' 이후 1667년에 제정된 재건축법(The Rebuilding Act)이 엄격한 표준적인 규칙을 적용했기 때문이다.[60] 런던상인의 전형적인 집은 아마도 오늘날 남아 있는 빅토리아시대 초기의 양식과 비슷했을 것이다. 앞쪽이 좁고 3~4층의 높다란 외양에 각 층마다 두세 개의 방이 있었다. 대부분 후원을 갖추었고, 뒷마당에서 좁은 길을 따라가면 창고나 마구간에 이르렀다. 집 앞에 정원을 가꾼 집들은 별로 없었는데, 이것은 집이 바로 상인의 영업장이었기 때문이다. 지하실은 오늘날의 반지하층(basement)과 달리 천장이 낮은 편이었으며, 저장소 또는 석탄과 같은 가재를 저장하는 곳으로 쓰였다.

이상에서 살펴본 런던상인의 가정은 18세기 중엽 가정과 영업장이 분리되면서 새로운 변화를 겪는다. 이 분리는 부의 축적에 따른 영업장 고용인력의 증가와 서로 맞물려 전개된 것이었다. 우선 점포를 증설하고 일손이 더 필요한 부유한 상인층은 이제 가족노동의 힘을 빌리는 단계를 넘어섰다는 것을 깨달았다. 가정은 오히려 영업장의 운영에 방해가 될 뿐이었다. 이제 부유한 상인들은 이전의 건물과는 별도로 가정집을 새로 지으려는 경향이 있었다.

문제는 도심이 이러한 신축공간을 제공하지 못했다는 점이다. 런던의 좁은 도심은 생태적 한계에 이르러 더 이상 인구과밀을 감내할 수 없었다. 시티의 상인들은 도심을 떠나 도시교외의 변두리에 가족의 보금자리를 새로 만드는 데서 해결책을 찾았다. 비슷한 시기에 간선도로의 확장이 이러한 경향을 부추겼다. 최초의 교외개발은 복음운동에서 가정의 중요성을 더욱더 절감한 상인들에 의해 시도되었다. 바로 교외의 시대가 넓게 열린 것이다.[61]

5. 남는 문제들

단편적인 자료만으로 18세기 초 런던상인의 세계를 재현하는 것, 특히 그들의 정신세계와 문화까지 탐사하는 일은 애초에 불가능하다. 이 글에서는 상인사회의 겉모습과 외관을 멀리서 굽어보면서 스케치하는 것에 주안점을 두었다. 상인들의 내밀한 세계를 드러내지는 못한다고 하더라도 이 풍경이 그들의 세계를 이해하는 데 다소 도움이 될 수 있으리라는 기대가 작업 속에 깃들여 있다. 여기에서는 상인의 생애사(生涯史)와 가정생활의 편린에만 초점을 맞추었기 때문에, 정작 남성과 여성, 가족간의 관계는 피상적으로 개괄하는 선에서 더 나가지 못했다.

18세기 초 상인들의 모습에서 드러나는 특징은 그들이 무척 역동적이고 자의식적인 집단이었다는 점이다. 금융혁명이 이러한 경향을 가속시켰겠지만, 그 역관계도 생각해야 한다. 상인들의 활력과 연대가 금융혁명의 일련의 변화를 가져왔다고도 할 수 있다. 따라서 상인사회의 독자적인 성장을 과소평가하고 신사층의 유입과 영향이라는 맥락에서 이들을 이해하려는 근래의 경향은 재검토되어야 한다. 젠트리 출신이 상인사회로 활발하게 진입했다는 것은 오히려 상인직종에 대한 사회적 평판과 전망을 반영하는 것이다. 이 시기의 상인이 토지시장에 활발하게 진출하지 않은 것도 상업적 이윤을 철저하게 추구하고 유동자본의 비율을 높이려는 그들의 적극적인 태도를 나타낸다고도 할 수 있다.

18세기 초의 상인사회가 일종의 과도기적 풍경을 보여준다는 점을 감안하면, 다음과 같은 두 가지 문제에 주목할 필요가 있다.

우선, 상인들의 생애사에서 견습시절이 차지하는 중요성과 그 영향이다. 디포의 시대에 런던상인들이 자의식적인 집단을 이룰 수 있었던 것은 그들이 감수성이 예민한 청년기에 비슷한 경험과 삶의 이력을 공유했기 때문이다. 상인조합의 연대는 이러한 삶의 경험을 바탕으로 이루어진 것이었다. 그러나 캠벨이 직종 안내서를 펴낸 18세기 중엽부터 도제제도는 뚜렷하게 약화되기 시작했다. 영업권의 매매가 가능해지면서, 견습과 도제수업의 전통은 급속하게 사라졌다. 오히려 사회적 평판이 낮은 영업이나 수공직종에만 뒤늦게까지 남아 있었다. 18세기 중엽을 분기점으로 그 이전의 상인세계와 그 이후의 세계를 세밀하게 비교할 필요가 있다. 아마도 상인사회가 그들 고유의 문화 대신에 신사적 가치를 추구하기 시작한 것도 그 이후의 일이었을 것이다.

다음으로, 영업장과 가정의 공간적·시간적 분리에 관심을 기울여야 한다. 런던상인의 세계에서 이러한 분리는 탈도심화 경향으로 나타났다. 교외로 이주한 사람들은 집과 영업장이 공간적으로 서로 겹치는 전통적인 주택 개념에 커다란 변화를 가져왔다. 이들 새로운 주택의 외관은 독립적인 2층집이었다. 집의 앞뒤로 정원과 후원이 있고 아래층이 거실, 2층이 침실로 쓰이는 이런 유형은 그 뒤에 새롭게 개발된 교외주택의 전형이 되었다.

영업장으로부터 가정의 분리와 함께 상인가정에 어떤 변화가 나타났는가. 19세기 부르주아가정의 여성상인 정숙한 부인의 이미지가 더 강화되었을 것이다. 이전에 남편을 도와 영업활동과 일정한 경제적 역할을 맡았던 아내는 이제 가정 안에서 가족에 대한 헌신과 자녀의 양육에 더 커다란 관심을 기울이게 되었을 것이다. 이러한 상식적인 추론이 설득력을 갖기 위해서는, 공간적 분리 이전의 상인가정과 그 이후의 가정을 세밀하게 비교하는 작업이 필요하다. 이와 같은 새로운 탐사는 앞으로의 과제로 남는다.

주

1) D. Defoe, *The Complete English Tradesman* 2 vols., London: Charles Livington 1726~27.
2) P. Earle, *The Making of the English Middle Class: Business, Society and Family Life in London 1660~1730*, London: Methuen 1989.
3) D. Defoe, 앞의 책, vol. 1, p. 3.
4) 상선 배수량은 1660년에 16만 2천 톤에서 1702년에 32만 3천 톤으로, 인도산 면직물 수입은 1663~1701년에 24만 필에서 86만 1천 필로, 담배 수입량은 1662~1700년에 700만 파운드에서 2천만 파운드로 증가한다.
5) R. Porter, *London: A Social History*, Cambridge, Mass.: Harvard Univ. Press 1994, p. 131; E. A. Wrigley, "A Simple Model of London's Importance in Changing English Society and Economy, 1650~1750," *Past and Present* no. 37, 1967, pp. 44~45.
6) 1700년 당시 잉글랜드 해외무역량의 75~80%가 런던항(Port of London)에서 거래되었다. 런던항에서 넘쳐나는 물동량을 처리할 수 없었기 때문에, 블랙웰(Blackwell) · 라임하우스(Limehouse) · 밀월(Millwall) 등의 새로운 부두가 잇달아 신설되었다(P. L. Garside "London and the Home Counties," F. M. L. Thompson ed., *The Cambridge Social History of Britain 1750 ~1950* vol. 1, Cambridge: Cambridge Univ. Press 1991, p. 475).
7) D. Defoe, *A Tour through the Whole Island of Great Britain*, London, 1724~26; Cass, repr. 1968, p. 41.
8) N. F. R. Crafts, *British Economic Growth during the Industrial Revolution*, Oxford: Oxford Univ. Press 1985, pp. 12~17; P. J. Cain and A. G. Hopkins, *British Imperialism: Innovation and Expansion, 1688~1914*, London/New York: Longman 1993, p. 60; P. Earle, 앞의 책, pp.

144~52 참조.

9) P. Earle, 앞의 책, p. 34.

10) D. Defoe, 앞의 책, p. 2. 그러나 정작 디포 자신은 책명에 'tradesman'이라는 표현을 쓰면서, 무역상인으로부터 소상점주에 이르기까지 다양한 상인층을 다룬다.

11) R. Grassby, "English Merchant Capitalism in the Late Seventeenth Century," *Past and Present* no. 46, 1970, p. 106.

12) 금전적 이해관계를 가진 사람들에 대한 신사층의 비판과 두 세력 사이의 이념적 갈등에 관해서는 J. G. A. Pocock, "Virtues, rights, and manners: A model for historians of political thought"(*Virtue, Commerce, and History*, Cambridge: Cambridge Univ. Press 1985, pp. 37~50); "The mobility of property and the rise of eighteenth-century sociology"(같은 책, pp. 103~23) 참조.

13) P. Earle, 앞의 책, p. 37. 제규회사의 지역독점은 끊임없는 도전에 직면했는데, 특히 합명회사(partnership)는 자유로운 무역활동을 요구하면서 에스파냐, 포르투갈, 네덜란드, 아메리카 등지와의 무역업에 진출하였다.

14) K. G. Davis, "Joint-stock Investment in the Later Seventeenth Century," *Economic History Review* 2nd ser., vol. 4/no. 3, 1952, pp. 288~89.

15) D. Defoe, "An Essay on the South-Sea Trade(1712)," *Political and Economic Writing of Daniel Defoe* vol. 7, p. 50.

16) D. Defoe, "A Brief Account of the Present State of the African Trade(1713)," 같은 책, p. 78.

17) factor는 상인의 위임장을 가지고 해외점포에서 사는 대리인으로 상품의 매매·우송·교환 업무를 맡았다. 한편 supercargo는 상인의 화물을 해외에 판매하기 위해 선박우송 업무를 맡는 대리인이었다.

18) 금융혁명기에는 이러한 변화를 반영하여 은행가(banker), 주식중개인(stock-jobber), 공채중개인(loan-contractor), 지금(地金)거래인(bullion dealer) 등 금융업 종사자들도 모두 'merchant'라고 불렸다(J. Lindsay, *The Monster City: Defoe's London 1688~1730*, New York: Saint Martin 1978, p. 173 참조).

19) *The Spectator*, no. 69, J. Lindsay, 앞의 책, p. 176에서 재인용. 한편 우편업무의 제도화도 금융혁명을 촉진시켰다. 원래 그것은 정치 및 군사적 목적의 서신을 전달하기 위해 설립되었으며, 우편비용을 보충하기 위해 사신배달을 취급했다. 18세기 초에는 런던 이외에 영국의 주요 도시와 아메리카 식민지에 분국이 세워졌으며, 1738년에는 잉글랜드은행과 협조하여 많은 돈을 빨리 송금하기 위한 목적으로 은행우편환(Bank Post Bill)을 발행하였다.

20) P. Earle, 앞의 책, pp. 48~49 참조.

21) J. H. Hexter, "The Mith of the Middle Class in Tudor England," *Reappraisals in History*, London: Longman 1961, pp. 71~116; R. Grassby, "Social mobility and business enterprise in seventh-century England," D. Pennington and L. Thomas eds., *Puritans and Revolutionaries*, Oxford: Oxford Univ. Press 1978, p. 379, 381.

22) L. Stone and J. Stone, *An Open Elite? England 1540~1880*, Oxford: Oxford Univ. Press 1984, pp. 217~21. 최근 '신사적 자본주의'(gentlemanly capitalism)를 주장하는 역사가들은 지주자본주의가 영국경제의 주류였음을 강조한다. 지주세력인 이들은 지대뿐만 아니라 도시화 및 산업화에 따른 열매를 거두어들였다. 신사적 자본주의의 특징은 일상생활에서 부의 축적에 전시간 매진하지 않더라도 일정한 수준 이상의 수입이 보장된다는 점이다. 그것은 '신사적 규범'을 지키면서 시장을 통한 부의 축적을 달성하는 경제활동의 영역이라고 정의할 수 있다. 중간계급도 이 대열에 끼여들려는 열망을 지녔다는 것이다(P. J. Cain and

A. G. Hopkins, 앞의 책, pp. 23~27).

23) 이에 관해서는 M. J. Wiener, *English Culture and the Decline of the Industrial Spirit, 1850~ 1980*(Cambridge: Cambridge Univ. Press 1981); 이영석, 「영국 경제의 쇠퇴와 영국 자본주의의 성격」(『경제와 사회』 56호, 1995, 232~39쪽) 참조.

24) 귀족주도설에 대한 비판은 H. Horwitz, "The Mess of the Middle Class Revisited: The Case of the Big Bourgeoisie of Augustan London"(*Continuity and Change* vol. 2, Part 2, 1987, pp. 263~96) 참조.

25) P. Earle, 앞의 책, p. 85.

26) R. Campbell, *The London Tradesman*, London, 1747; New Abbot; David & Charles, repr. 1969, p. 283.

27) 에드워드 리글리의 추계에 따르면, 1650~1750년에 매년 런던으로 들어오는 유입인구는 8천 명 이상이었다(E. A. Wrigley, 앞의 글, p. 46).

28) P. Earle, 앞의 책, p. 86. 얼은 도제수업을 거친 상인 중 47명에 대해 비교적 정확한 추적을 할 수 있었다. 이들의 25%가 젠틀맨의 자제였다. 그리고 도제 진출분야는 매우 다양했다. 포목상 및 비단상 10명, 무역상인 8명, 은행업 6명, 담배상 3명, 약종상·곡물상·섬유잡화상·치즈상 각 2명. 이밖에 철물상, 보석상, 피혁상, 술집, 은세공인, 서적상, 소금업자, 약제상, 유리제조업 등에 1명씩 수업을 받고 있다(같은 책, p. 87).

29) L. Stone and J. Stone, 앞의 책, pp. 233~34.

30) P. Earle, 앞의 책, p. 88.

31) R. Campbell, 앞의 책, pp. 2~3.

32) P. Earle, 앞의 책, pp. 90~91.

33) 직종에 따라 도제가 마스터에게 지불하는 견습료는 다양했지만, 특히 상인직종은 대부분 18세기에 가파르게 올랐다. 레반트 무역업은 1650~80년에 100파운드에서 860파운드가 되었고, 다른 해외무역업도 17세기 말에는 200~500파운드에 이르렀다. 그 반면에 수공업종의 견습료는 낮았다. 같은 시기에 통메장이 10~35파운드, 금세공업 20~50파운드, 칼제조업 10~35파운드 수준이었다(같은 책, p. 94).

34) D. Defoe, 앞의 책, p. 183.

35) Corporation of London Record Office, Small Ms. Bos 40, No. 1, P. Earle, 앞의 책, p. 93에서 재인용.

36) 이상은 P. Earle, 앞의 책(pp. 99~101) 참조.

37) J. R. Kellett, "The Breakdown of Guild and Corporation Control over the Handicraft and Retail Trades of London," *Economic History Review* 2nd ser., vol. 10/no. 3, 1958, pp. 387, 389.

38) 이밖에 캠벨은 다양한 직종의 개업비용을 예시한다. 약제상 50~200, 서적상 500~5000, 치즈상 100~500, 곡물상 500~2000, 린네르 포목상·모직물상 1천~5천, 비단상 1천~1만 파운드. 이와는 대조적으로 수공업종은 양복점 100~500, 무두공 100~1천, 장갑제조공 50~500파운드 등 낮게 적혀 있다(R. Campbell, 앞의 책, pp. 337~38 참조).

39) P. Earle, 앞의 책, pp. 108~10.

40) D. Defoe, 앞의 책, pp. 258~74 참조.

41) 같은 책, vol. 2, Part 2, p. 122.

42) L. Roberts, *The Treasure of Traffiker*, London, 1641, pp. 2~3, P. Earle, 앞의 책, p. 34에서 재인용.

43) D. Defoe, *Roxana or the Fortunate Mistress*, Oxford: Oxford Univ. Press 1996, p. 170.

44) P. Earle, 앞의 책, p. 187 참조. 실제로 1765년의 한 법률은 부모의 동의를 받지 않은

젊의 여성의 결혼에 대해 불리한 조건을 부과하고 있다. "런던시민의 딸이 그가 살아 있을 때 그의 반대를 무릅쓰고 결혼했을 경우 그 부친이 죽기 전에 그녀와 화해하지 않는 한, 그녀는 아버지의 유산 중에서 딸에게 준 증여재산을 가질 수 없다." 그렇지만 아버지와 딸 사이의 감정을 생각한다면 이러한 규정이 시행되었는지는 의문이다.

45) 같은 책, p. 180.
46) 다음의 연구가 대표적이다. E. A. Wrigley and R. S. Schofield, *The Population History of England 1541~1877: A Reconstruction*, Cambridge: Cambridge Univ. Press 1981.
47) P. Earle, 앞의 책, p. 182 참조.
48) 이에 관해서는 L. Stone, *The Family, Sex and Marriage in england, 1500~1800*(New York: Harper & Row 1977, p. 331) 참조.
49) P. Earle, 앞의 책, p. 195.
50) D. Defoe, 앞의 책, vol. 1, p. 291.
51) 같은 책, pp. 301~302.
52) 같은 책, p. 287.
53) L. Stone, 앞의 책, p. 6.
54) 같은 책, pp. 55, 70.
55) 가장 신랄한 비판으로는 A. Macfarlane, "The Family, Sex and Marriage in England"(*History and Theory* vol. 18/no. 1, 1979, pp. 103~26) 참조.
56) P. H. Plumb, "The New World of Children in Eighteenth-Century England," *Past and Present* no. 67, 1975, p. 65에서 재인용.
57) 같은 글, p. 65.
58) J. Locke, *Some Thoughts Concerning Education*, London, 1793.
59) P. H. Plump, 앞의 글, pp. 68, 80 참조.
60) P. Earle, 앞의 책, p. 207 참조.
61) 18세기 중엽 이래 교외개발의 사회사는 이영석, 「18세기 런던—사회사적 풍경들」(『안과 밖: 영미문학연구』 9호, 2000, 96~102쪽) 참조.

'생존수단' 혹은 '연대의 공동체?':
19세기 독일의 노동자가족

정현백

1. 머리말

역사 속에서 가족은 '사회질서의 기본 세포'로 중시되거나, 19세기 자본축적을 가능케 한 기제로 간주되었다. 마찬가지로 페미니스트에게 가족은 가부장제를 지속시키는 가장 끈질긴 동력으로 인식되었다. 그러나 근대에 들어와 배우자선택에서 낭만적 사랑이 선호되면서, 가족은 '감정적 연대의 단위'로 애호되기 시작하였다.[1] 이런 다양한 시각과 함께 근대가족의 기능을 둘러싸고 활발한 토론이 일어나고 있다.

근대가족의 출발을 제대로 이해하기 위해서는 선행하여 일어난 사회경제적 변화를 주목하는 것이 필요하다. 1800년경, 독일인구의 약 80%는 농촌에 살고 있었다. 그러나 1800년대 말에 이르면, 그 관계는 역전되었고 1차대전 발발 직전에 이르면 국민의 거의 2/3가 도시에 살았다. 이런 도시화의 물결은 거대한 사회경제적 격변의 산물이었으며, 그것은 가족형태에도 커다란 변화를 초래하였다. 18세기 말까지 서로 분리된 그리고 명료하게 구분되는 가족형태들이 있었는데, 이는 생산과 가계의 통합에 기초하되 각각의 생산방식의 특수성에 따라 형성된 것이었다. 다시 말해 농민가족, 수공업가족 그리고 가내산업에서 가족구성원들은 생산과 결합되어 있었고, 그에 따라 각각의 생산방식과 생활관계를 중심으로 형성된 고유한 가족구조를 발전시켰다. 그래서 동시대의 관찰자들에게 신분간의 경계는 민족간의 경계보다도 더 공고한 것으로 보였다.[2]

그러나 19세기에 들어서면서 근대화의 거대한 물결은 전(前)자본주의적 가족관계의 다양성을 비교적 단일화된 근대적인 가족구조로 바꾸어갔다. 그러면 이와 같은 통합과정의 동력은 무엇이었는가? 이 동력을 파악하기 위해서는 무엇보다 19세기에 진행된 경제생활의 변화와 병행하여 나타난 사회적 변화를 주목할 필요가 있다.

우선 경제분야에서는 공장의 출현과 함께 노동력의 엄청난 집중과 생산의 공간적 집결이 일어났다. 도시화 외에도 1834년 관세동맹이 수반한 상품교류와 교통도로의 확대는 엄청난 인구이동을 통해 과거의 신분제적 경계를 허물어뜨리거나 서로 다른 계급간의 접촉을 넓혀갔다. 정치분야에서의 통일되고 중앙집권적인 민족국가 건설도 이런 사회적 변화를 촉진하였고, 정당과 사회단체(Vereine)의 증가도 의사소통의 기회를 넓혔다. 이념적인 면에서는 "모든 국가시민은 평등하다"는 자유주의적 부르주아의 이상이 널리 유포되었고, 그 가치관과 관습들이 신문과 문학작품을 통해 알려졌다. 이러한 의사소통망의 확대는 근대가족의 형태나 이데올로기의 확산에 적지 않은 기여를 하였다.[3]

그러면 통합되어 가는 가족형태, 근대적인 가족형태는 어떤 것이었는가? 전근대적인 가내산업에서 가족은 불안정하고도 빈곤한 경제적 상황, 선대제 상인에 대한 종속 그리고 노동분할(Zerlegung)의 측면에서는 근대 노동자가족과 다를 바가 없었다. 그러나 전근대적 가족과 근대가족의 차이는 '일터'와 '가정'의 분리에 있다. 공장제가 출현하면서 일어난 이런 공/사 영역의 분리는 부르주아 아내를 생산영역에서 축출하여 가사노동의 전담자로 전락시켰다. 더불어 성별분업이 정교화되면서 여성은 자녀양육에 전념하면서, 자녀와 감정적인 연대를 형성하기 시작하였다. 여성의 타고난 '주부'로서의 소명에 대한 찬미와 함께, 가족관계의 친밀성(Intimität), 자녀에 대한 관심집중 그리고 의도된 교육적 처신방식으로 집약되는 부르주아가족 모델[4]은 노동자를 위시한 다른 계급에게 큰 매력을 지닌 것이었다. 전체 인구에서 차지하는 비율로 보자면, 부르주아가족은 소수였지만, 18세기 후반 이래 이는 가족관계와 부부관계의 이상형(理想型)으로 맹렬히 선전되었다.

부르주아가족과 노동자가족은 근대로의 이행기에 공/사 영역의 분리를 경험한 점에서는 공통점을 지니고 있었다. 그러나 독일사회의 대다수를 이루는 노동자가족에게는, 그들이 지닌 생활조건이나 물질적 환경, 경험세계 그리고 교양의 정도를 감안할 때 부르주아가족 모델을 수용할 여건이 허용되지 않았다. 그럼에도 불구하고 부르주아가족의 이상은 노동자가족에게 적지 않게 영향력을 행사하였으리라고 추정된다. 달리는 자본주의화에 따른 계급구조의 변화가 계급별로 가족생활의 변화를 가져다주었음도 간과할 수 없다. 따라서 이 글의 목적은 상기한 양 갈래의 추정 사이에서 실제 독일 노동자가족의 진면목을 밝히는 일이다. 이런 문제제기에 대한 해명은 그간 노동자가족에게 씌워졌던 편견의 탈각을 의미하기도 한다.

1960년대 이래 서구에서 가족사연구가 인구통계학적 조사, 가족 내 정서적 유대를 중심으로 한 심성사적 접근 그리고 가구경제적 고찰이라는 세 가지 접근방법을 중심으로 활발히 진행된 반면, 이런 새 연구동향은 독일에서는 1970년대 후반에야 도입되었다. 이런 점에서 독일의 새 가족사연구는 그 개화가 늦은 편이고, 업적 또한 양적으로 크게 집적되었다고 보기 힘들다.[5] 그러나 노동자가족에 대한 관심은 이미 19세기부터 나타났다. 시민계급의 성장에 비해 속도가 더 빨랐던 노동계급의 형성은 당대의 부르주아 학자들에게 노동자에 대한 경각심을 증대시켰고, 사회주의 지식인들 역시 노동자가족의 향배에 주목하였기 때문이다. 그러나 부르주아 지식인이건 사회주의 지식인이건, 이들의 노동자가족에 대한 견해는 편견으로 얼룩져 있다.

마르크스는 「공산당선언」에서 "강요된 프롤레타리아트의 무가족성(Familienlosigkeit)"을 언급하고 있다.[6] 이는 산업화가 본격화되기 이전의 농촌지역이나 소도시의 비참한 상황, 즉 결혼연령 인구의 절반 가량이 가난 때문에 결혼을 하지 못했던 현실을 염두에 두고 말한 것 같다. 조금 다른 맥락에서 엥겔스는 프롤레타리아트의 실상을 당대의 사회에 알리는 기념비적인 역할을 하였던 그의 책『영국 노동계급의 상태』를 통해 노동자계급의 성적 타락과 '가정생활의 불가능성'을 지적하고 있다.[7]

마르크스주의의 두 사상적 원조에서부터 시작된 편견은 19세기 말~20세기 초 부르주아진영의 연구에서도 마찬가지로 나타났고, 이구동성으로 노동자가족의 '쇠락'(Verfall)이니 가정교육의 '결핍'이니 하는 단정적 용어들이 사용되었다. 이는 좀바르트(Sombart)의 저술에서도 잘 드러나듯이, 부르주아 출신의 학자들이 '이상적인 부르주아가족 모델'의 잣대에 비추어 노동자가족을 진단하였기 때문이다.[8] 이러한 평가는 좌파진영 내에서 나온 연구에서도 오래 계속되었다. 1925년 카니츠(Kanitz)가 쓴 「부르주아 사회의 노동자자녀들」에서 "노동자에게 가족은 단지 명칭으로만 존재할 뿐"이라고 말하면서, 노동자가족에 대한 그간의 편견을 그대로 계승하고 있는데, 이런 견해는 륄레(Rühle), 회른레(Hoernle) 그리고 에머리히(Emmerich)의 글[9]로 이어졌다. 이들의 글에서는 노동자가족의 결손만을 드러내면서, 노동자가족의 다양성을 직시하려 하지 않거나 혹은 드러나는 차이를 '노동자가족의 부르주아화'로

쉽게 매도하는 경향을 보여주었다.

노동자가족 연구의 난관은 여기에서만 그치는 것이 아니다. 노동자가족의 객관적 삶의 양태를 분석하는 데는 많은 자료상의 한계가 있다. 가족의 규모나 세대간의 관계 등에 대한 계량적 자료도 부족하고, 그나마 높은 사료적 가치를 지닌 것이 노동자 수기인데, 이미 앞에서 암시한 대로 대부분의 수기가 당시 노동자현실을 통렬하게 비판하고자 하는 사회주의자들의 글이어서 노동자가족은 주로 암울한 희생자로 묘사되었고, 그래서 진술의 객관성이 떨어지는 편이다. 특히 가족생활에서 중심을 이루는 것은 여성인데, 어머니나 여성의 취업활동이나 가족생활에서의 역할에 대한 언급은 턱없이 부족하거나 거의 왜곡되기가 십상이었다.

그러나 지난 1970년대 말 이후 독일에서 가족사연구에 새로이 박차가 가해지면서, 그간의 한계를 뛰어넘으려는 노력들이 나타나고 있다. 로젠바움(Rosenbaum), 레크(S. Reck), 제이파르트(Seyfarth-Stubenrauch) 등의 저술에서는 전통적인 해석의 한계를 넘어서서, 노동자가족의 진면목을 발견하려는 노력이 돋보인다.[10] 이들은 노동자가족에 대한 역사적 재구성을 위해서, 노동자 수기에 대한 '새로운 읽기'를 시도하고 있다. 특히 로젠바움의 『프롤레타리아트 가족』은 사료의 한계를 극복하기 위한 방법의 일환으로 도시 린덴(Linden)을 중심으로 세기전환기를 부모세대로서가 아니라 자녀세대로서 살았던 노동자에 대한 심층 면접조사라는 우회로를 통해, 19세기 노동자가족의 실상을 재구성하려는 노력을 보여준다. 이런 로젠바움의 시도는 문헌사에서 왜곡된 노동자가족에 대한 이미지를 교정하는 데 많은 도움을 주었다. 그외에도 유용한 사료적 가치를 지닌 것은 인구학적 통계자료이다. 인구학적 분석을 통해서 노동자의 결혼율, 여성의 취업현황, 가족계획 등에 대한 자료를 접할 수 있는 것은 다행스런 일이다.

이 글의 집중적인 관심은 무엇보다도 '노동자계급의 무가족성' 테제를 검토하는 일이다. 이는 달리 말하면 근대가족의 가장 두드러진 특성이라 할 수 있는 '친밀성'이 과연 노동자가족에게도 구현되었는지 여부를 노동자가족의 주거조건, 자녀교육 그리고 성관계를 통하여 구명하는 것이다. 나아가서 노동자의 가족관계 내에서 '친밀성'이 존재하였다면, 이것이 부르주아가족에서와 같이 사적 세계로의 도피, 즉 '사생활화'를 강화시키는 방향으로 발전하였는지도 이 글의 관심대상이다. 이 글의 마지막에서는 사회민주주의 저변문화와 노동자가족과의 관계도 구명하고자 한다.

마지막으로 짚고 넘어가야 할 점은 노동자가족의 다양성이다. 일별해 보자면, 19세기 독일노동자 중에는 이미 2, 3세대째 도시에 사는 노동자가족이 있을 것이고, 이와 달리 수공업적 전통을 지닌 노동자가족 그리고 농촌에서 이주한 지 얼마 안 되는, 그래서 농촌문화를 그대로 지닌 가족도 있을 수 있다. 이들의 각기 다른 숙련정도, 출신, 경험, 지역에 따른 차이가 그들의 가족생활에 영향을 끼칠 것은 틀림없지만, 이 글에서 이들 각각을 나누어 분석하는 것은 불가능하다. 그래서 이들간의 차이에 주목하면서도, 점차 공장노동자로 통합되어 가는 추세와 병행하여 나타나는 가족적 특성을 분석하는 방식을 통해, 노동자가족의 모습을 개괄적으로 전달하고자 한다.

2. 노동자가족의 생활조건

노동자계급의 물질생활의 양태를 객관적으로 재구성하는 것은 노동자가족의 참모습을 밝히기 위한 전제조건이 된다. 특히 노동자계급의 성별에 따른 수입과 그 지속성 여부는 재생산의 수준을 결정하였고, 노동조건과 노동시간은 가족생활을 위해 남아 있을 수 있는 여력과 여가시간의 윤곽을 정해 주었기 때문이다. 마찬가지로 주택사정, 소비, 자녀수 등은 노동자가족 내부의 친밀성을 강화하는 데 중요한 변수로 작용하였다.

19세기 전반기에 대다수의 공장노동자들은 결혼을 하고, 가족을 구성할 처지에 있지 못하였다. 1850년대에 전체 금속노동자의 16%만이 결혼한 상태였으며 사생아의 비율이 매우 높아서, 빈의 경우 출생아의 36%가 사생아였다. 산업화가 진행되면서 노동자의 결혼율은 서서히 높아졌고, 대다수의 노동자에게 결혼이 가능해진 것은 19세기 말에 이르러서였다. 독일에서 공장노동과 노동자계급이 (대중적인 현상으로) 등장한 것은 19세기 후반이었는데, 이를 통해 가족구성은 정기적인 수입의 보장과 관련된다는 점이 명백해졌다.

독일의 경우 1907년에 이르면, 전체 노동자의 44.5%가 기혼자였고, 결혼연령도 두드러지게 낮아진다. 연령이 높은 노동자의 경우에는 결혼율이 훨씬 높아서, 30대가 넘으면 기혼자가 80%를 넘어섰다. 다른 계급에 비해 노동자의 결혼율은 낮지 않았다. 자영업자보다는 결혼율이 낮았으나, 사무직보다는 크게 높았다. 사무직은 결혼을 위한 물질적 조건을 어느 정도 갖추어야 결혼을 하였기 때문이다. 여전히 농촌과의 연고가 강하거나, 호황을 누리는 직종의 노동자 사이에서 결혼율이 높게 나타났다. 미숙련보다는 숙련노동자가 더 늦게 결혼하였고, 특히 노동자계급의 상층을 이루는 식자공의 경우, 결혼행태가 중산층과 유사하였다. 수입이 높은 직종이 오히려 결혼연령이 높았다.[11]

그러나 노동자들이 결혼에 성공하였을지라도 그들의 결혼생활이 안정성을 지닌 것은 아니었다. 노동이 타인에 의해 규정되는 것 외에도, 노동자의 삶은 질병과 실업 그리고 재해로 특징지어진다. 이런 노동의 지속성 결여 때문에 가장의 수입 외에도 가족구성원의 다양한 부수입 기회가 가계에 중요한 역할을 담당하였다. 1887년 라이프치히 노동자의 경우 연간 1100마르크를, 뮌헨의 경우 가장 수입이 좋은 노동자는 1847마르크를 벌 수 있었다. 그럼에도 불구하고 22가족 중 13가족에서 아내가 추가로 돈벌이를 하였음이 밝혀졌다. 1900년 캠니츠에 대한 통계에 의하면, 금속공업 숙련노동자의 거의 60%, 면직공업 숙련노동자의 80% 그리고 숙련 건축노동자의 86%가 아내의 부수입을 필요로 하였다.[12]

이렇게 여성의 돈벌이가 절대적으로 중요하였음에도 불구하고, 그녀들의 수입이 가계에서 차지하는 비중은 빈의 경우 전체 가계수입의 10%에 불과하였다.[13] 이에 비해 자녀들의 수입은 19.8%에 이르렀다. 이는 여성 저임금의 열악한 현실을 반영하는 것이다. 1907년 독일제국의 전체 통계조사에 따르면, 110만 명의 여성노동자 중 45만 명이 기혼여성이었다. 그러나 비교적 연령이 높은 기혼여성들은 주로 가내노동에서 일자리를 찾았는데, 이는 가사와 육아 그리고 돈벌이를 병행할 수 있다는 이점을 지녔으나, 그 수입은 열악하기 짝이 없었다. 특히 여성들의 가내노동이 선호된 이유는 이것이 아내의 옥외노동을 숨김으로써, 남편의 '체통'을 유지하기 위한 좋은 방편이었기 때문이다. 이런 식으로 집 안에 격리된 여성들에 대해서는 남편의 성적 통제가 더 용이하였을 것이다.[14] 같은 직종에서도 여성들의 임금은 남성보다 30~50% 적었고, 대부분 미숙련 혹은 반숙련 노동자였다. 저임금 외에도 이미 여성노동자들에게 내면화된 가부장적 가치관으로 인해 여성이 직업에 대한 정체성을 갖기가 쉽지 않았다.

노동자의 노동시간은 1880년대에도 왕복 출퇴근시간을 포함하면, 12~14시간에 이르렀다. 1900년대에 이르러서야 노동시간은 10시간 수준을 넘나들었다. 특히 여성노동자의 경우에는 가사노동이 오후 11시 이전에 끝나는 경우가 드물었기 때문에 실제로 이들의 노동시간은 하루에 거의 16~20시간이었다.

19세기 중반에 생활비 중 식비가 차지하는 비중은 60~70%이었지만, 1900년대에 이르면 50% 수준으로 하락한다. 그렇더라도 20~25%의 집세를 내고 나면, 남는 돈으로 의복, 남편의 술과 담뱃값 그리고 난방비와 예비비를 충당하여야 했다. 식생활은 대부분이 싸구려 야채로 충당되었고, 일요일이나 공휴일 정도에만 고기가 식탁에 오를 수 있었다. 그나마 근력을 사용해야 하는 가장의 경우에는 한 주일의 중간에 돼지고기를 한두 번 더 먹는 특전을 누렸다. 따스한 식사는 하루에 한 끼 정도가 고작이었다. 또한 열악한 노동조건으로 인해 가족이 한자리에 모인 화기애애한 식사시간은 거의 기대하기가 어려웠다.

노동자가족이 단지 생존을 위해서가 아니라, 증가하는 욕구에 따라 음식에 가치를 두기 시작한 것은 20세기에 들어와서야 가능하였다.[15] 전체적으로 보자면 19세기 노동자가족의 생활은 열악함과 비참함 그 자체였다. 세 달 반 동안 공장노동을 체험한 괴레(Göhre) 목사의 표현을 빌리자면, "1914년 이전의 산업노동자가 가정에서 충분히 먹고 건강하게 살며 동시에 충분한 의복을 갖는 일은 불가능하였다."[16]

앞에서 언급한 원천적인 불안정성 외에도 노동자가족의 삶을 위협하는 것은 끊임없이 태어나는 아이들이었다. 많은 자녀수는 빈곤의 원천이었다. 노동자가족의 평균 자녀수를 정확히 산출할 수는 없지만, 대략 4~6인 정도이고, 자녀사망률은 몇 가지 통계를 종합해 보자면, 대략 1/3 정도였을 것으로 추정된다. 대부분의 노동자가정은 2~3명의 아이들을 잃는 셈이다. 그외에도 세기전환기에 베를린의 한 안과의사의 통계치는 당시 노동자들의 현실을 적나라하게 잘 드러내고 있는데, 그에 따르면 1042명의 노동자 아내들이 평균 5.7명의 아이를 낳았고, 7.4회 임신하였다.[17] 당연히 공장노동자의 열악한 처지에서 자녀를 제대로 보살피는 것은 불가능하였다. 끊임없이 태어나는 아이들은 조부모, 친척, 이웃이나 임시탁아소 혹은 보모 들에게 맡겨졌다. 조금 자란 아이들은 밭에 나가 곡식과 채소를 줍거나 땔감을 모아오는 등의 방식으로 가족의 생계를 도와야 했다. 농민, 수공업자, 가내공업 종사자의 경우에는 함께 하는 취업노동을 통해 자녀들의 교육과 규율화가 가능하였다. 그러나

노동자의 경우, 집 바깥의 노동이라는 특성 때문에 아이들은 방치될 수
밖에 없었다.

당대의 부르주아 박애주의자나 경찰은 논쟁이나 교설을 통해, "미취학
아동을 교육적으로 다루거나 보다 잘 통제할 것"을 강조하였지만, 이는
노동자에게는 '그림의 떡'일 뿐이었다.[18] 거기에다가 영아사망률에 못지
않게 부모세대의 높은 사망률 그리고 35세에 육체적 근력을 사용할 수
있는 최고점을 넘긴 후 45세에 이르면 더 이상 일자리를 발견하기 어려
웠다는 사실을 감안한다면, 노동자가족은 '살아남기 위한 목적공동체'
'위기를 견뎌내기 위한 공동체'이자 '죽음을 준비하는 공동체'라고 할 수
있다.[19] 노동을 할 수 없는 말년을 살아남는 것 외에도 장례비가 엄청났
던 점을 감안한다면, '죽음을 준비하는 공동체'라는 용어는 더욱 설득력
을 지닌다.[20]

1880~90년대 노동자가정에서 가족계획을 하는 일은 최고수준의 임
금을 받는 것보다도 더 중요하였다. 여기에서 주목할 점은 독일제국 시
기에 '가족의 근대화'를 상징하는 행위인 피임에 있어서 노동자가족이
일관된 계급적 속성보다는 오히려 다양한 차이를 보여주었다는 사실이
다. 숙련도·종교·직종 혹은 농촌과의 근접성에 따라서 서로 달랐고,
적어도 1차대전 때까지 노동자의 체통을 유지하려는 태도에서도 현저한
차이가 있었다는 것이다. 이 차별성을 좀더 구조화해 본다면, 미숙련에
비해 숙련노동자가, 또한 농촌보다는 도시노동자가 피임을 빨리 받아들
였음이 드러난다. 그리고 린덴지역에 대한 로젠바움의 분석에 따르면,
숙련기술이나 수공업적 전통을 지닌 프로테스탄트 가정의 경우에는 평
균 자녀수가 가장 낮은 2.25명이었다.[21] 그렇더라도 노동계급 전체로 보
자면 타계급에 비해 출생률 하락의 경향이 늦었다고 말할 수 있어서, 노
동자가족이 피임을 빨리 받아들인 것 같지는 않다.[22] 이는 노동자계급
이 근대적 심성이나 태도를 받아들이는 데 그리 적극적이지 않았음을

보여주는 좋은 징표이다.

이런 맥락에서 흥미 있는 점은 노동운동과 노동자 피임 사이의 관련성이다. 로젠바움은 노동자가족의 피임이 그들의 의식구조 변화와 일정한 관련이 있는데, 바로 이 지점에서 노동운동이 어떤 역할을 하였으리라고 추정하고 있다. 사회민주당은 피임에 대해 직접적으로 어떤 의견표명도 한 적이 없고, 그래서 사회민주당의 입장은 모호하였지만 노동자들이 사회민주당 활동을 통해 얻은 정치적 계몽이 여기에 일정한 역할을 하였다는 것이다. 즉 일반 프롤레타리아트가 절망적인 상황에 처했을 경우 드러내는 자포자기적 반응을 넘어서서, 당에 속한 노동자는 자신의 운명을 스스로 개척할 수 있다는 자신감을 갖게 되었고, 이런 자세가 피임에도 적극적으로 참여할 수 있는 동기를 부여하였으리라는 것이다.[23]

노동자들의 주거조건을 고찰하는 과제는 이 글의 전체 문제제기와 관련하여 매우 중요한 의미를 지닌다. 당대의 학자들에게 노동자가족이 부정적으로 비쳤던 중요한 이유는 노동자가족이 처한 열악한 주거조건 때문일 것이다. 부르주아 사회개혁가들이나 사회주의자들은 노동자가족의 해체위기를 '반(半)공개적(halboffene) 가족구조'에서 발견하였다. 그들에게 노동자문제는 사회정책적인 측면에서 바로 주택문제로 비쳐졌다. 또한 당시 노동자들에게도 집세는 가계의 가장 큰 부담이어서, 주택문제의 해결은 노동자가정의 가장 큰 걱정거리였다.

신속한 산업화가 초래한 급작스런 도시화와 함께 주택공급은 수요와 균형을 맞추지 못하였고, 이는 집세를 한정 없이 치솟도록 했다. 대도시 노동자의 10%가 자가주택 그리고 다른 10%가 회사사택에 거주하였다면, 나머지 80%는 임대주택에 의존하였다. 보다 높은 임금을 찾아 대도시로 이동한 노동자들에게 대도시의 높은 집세는 도시로의 이주가 지니는 의미를 삭감하였다. 미숙련노동자일수록 생활비에서 집세가 차지하는 비중은 높았고, 면적당 내야 하는 집세도 소규모 주택일수록 비쌌다.[24] 집세로 인한 노동자가족의 고통은 그들의 잦은 이사에서도 잘 드러나는데, 1900년 에센의 경우 모든 가구의 42.3%가 1년 이내에 같은 도시 내에서 이사를 하였다고 한다. 이는 끊임없이 싼 집을 찾아 노동자가족의 고달픈 행군이 진행되는 것이었고, 대다수의 노동자가족은 가구라고 할 만한 것을 거의 갖추지 못하였다.[25]

대부분의 노동자들은 '임대막사'(Mietkaserne)라 불리는 볼품없는 아파트에 거주하였다. 이 주택은 사용하는 층수에 따른 계급적 분할이 있어서, 앞채의 1층에는 시민계급 상층부가, 지상층[26]과 2층에는 유복한 시민층이, 3·4층에는 가난한 중산층이 그리고 지하층과 뒤채(Hinterhäuser)에는 노동자가족이 거주하였다고 한다. 햇빛이 비치지 않거나 신선한 공기가 들어오지 않는 공간사정으로 인해, 노동자가족에게는 질병이 끊이지 않았다. 구루병과 결핵이 노동자 자녀 사이에 만연하였고, 1910년 베를린에서 뒤채 주택은 전체의 48.5%인데, 당시 사망한 유아의 70%가 바로 이 주택에 살았다고 한다.[27]

또한 노동자가족은 협소한 공간으로 인해 고통받았다. 좀바르트의 증언에 의하면 "대도시 노동자의 대다수는 절반 아니 그 이상이, 더 정확히 말하자면 임금노동자의 3/4이 이른바 거실(Stube)에 해당하는 방 한 칸에서 거주해야 했다."[28] 또한 괴레에 따르자면, 1890년 작센의 노동자주택의 경우 보통 주방으로도 사용되는 거실과 난방이 되지 않는 작은 방이 고작이었다. 난방이 되는 거실에서는 요리와 식사, 빨래와 빨래건조 그리고 아이들이 학교숙제까지 해결해야 했다. 이 높은 인구밀도로서는 최소한의 밤의 정적을 기대하기도 어려웠다.[29]

거기에다가 대다수의 노동자가족은 자신들의 힘만으로는 집세를 감당할 수 없었기 때문에 자신들의 작은 공간을 다시 임대하거나 잠만 자러 오는 숙박인(Schlafgänger 혹은 Bettgeher)을 구해야 했다. 브라운슈바이크의 경우, 임대주택 거주자의 1/3이 숙박인이었다. 또 1886년 사회정책협회(Verein für Sozialpolitik)의 조사에 따르면 베를린에서는 전체 가구의 38%가 숙박인을 받았으며 루르지역의 경우는 전체 광부의 21%가 숙박인이었다. 특히 베를린의 경우는 숙박인을 받은 전체 가구의 10%가 3명의 숙박인과 함께 살았다고 한다.[30]

상기한 조건 아래에서 한 사람이 하나의 침대를 향유한다는 것은 거의 불가능한 일이었다. 브레슬라우(Breslau)의 조사를 참조하자년, 4개의 침대가 있는 침실에 6인이 함께 자는 경우가 32%, 7인이 30% 그리고 8인이 12%였다. 이는 노동자가족이 자신의 가족뿐 아니라 타인과도 몸을 부딪치며 함께 살아야 하는 현실을 반영한다.[31] 이런 상황에 대해 당대의 부르주아는 경악하고, 그것이 초래할 도덕적 타락에 개탄하였다. 그들이 보기에 노동자가족의 가정은 더 이상 '휴식공간'이 아니었다. 특히 근대가족으로 올수록 사적 공간이 강조되었기 때문에, 이런 노동자가족의 고단한 현실은 당대인들에게 부르주아가족의 미덕과 대조를 이루는 것으로 보였다.[32]

그러나 노동자가족의 입장에서는 어쩌면 이는 당연한 현실이었다. 침대의 변천사를 연구한 코르프(Korff)에 따르면, 근대 초에 상류층에서 여타 공간으로부터의 침실 분리가 시작되었지만, 적어도 1차대전까지는 독일에서 한 사람이 침대 하나를 사용하는 것은 물질적으로 불가능하였다.[33] 물론 이런 현실은 부르주아계급이 우려하는 바대로는 아니지만, 노동자의 가족관계에 중요한 변수로 작용하였다.

이미 1840년대부터 노동자주택 문제에 대한 염려와 관심이 부르주아 사회개혁가들이나 국가를 중심으로 일어났다. 1890년대까지 주택조합을 통한 노동자들의 자조노력은 실패로 돌아갔고, 1890년대부터는 사회정책적인 개입이 시작되었지만, 적어도 1차대전시까지 노동자의 주택사정은 그리 개선되지 않았다. 노동계급을 정착시킴으로써 그 이동성을 줄이고, 순종적인 노동력을 만들기 위한 의도에서 진행된 회사사택 건설이 노동력 안정화에 어느 정도 기여한 것은 사실이지만, 그 혜택을 받은 노동자는 채 10%가 될까말까한 소수집단에 불과하였다.[34]

3. 노동계급의 가족관계와 성

이미 앞에서 제기한 당대인들의 '노동자계급의 무가족성'이나 '노동자가족의 영락'에 대한 우려는 바로 노동자가족의 모습을 물질적 삶을 통해서만 관찰하였기 때문일 것이다. 이미 1970년대부터 이런 왜곡된 연구결과에 대한 반론이 제기되기 시작하였다. 1977년에 발표된 「노동 후의 노동자: 일상생활 변화에 대한 사회사적 고찰」에서 레크는 멘탈리티, 습관, 생활방식 그리고 욕망구조에서 노동자 내부에 존재하는 차이를 주목하기 시작하였다. 가족지향적인 노동자, 술집에서 시간을 보내는 노동자 그리고 부르주아단체나 노동운동에 참여하는 노동자 등, 이미 다양한 모습들이 드러난다는 것이다. 마찬가지로 제이파르트 역시 독일제국에서 바이마르공화국에 이르는 시기 동안 지속적으로 노동자가족을 규정하였던 '결손'의 관점을 수정하거나 가감할 것을 요구하였다.

이런 새 연구들의 자극이 아니더라도, 노동자가족에 대한 편견을 조금만이라도 탈피하려고 노력한다면, 우리는 노동자들의 열악한 경제적 존재조건이 그들을 오히려 '단결된 공동체'로 만들 수도 있다는 점을 쉽게 상정할 수 있다. 즉 가족의 존립이 위협받는 생존조건 아래서 궁핍과 위기의식은 오히려 더 강력한 결속력으로 나타날 수 있고, 그래서 노동자가족은 단순히 경제적인 존립을 위한 생존수단 이상일 수 있다는 것이다.[35] 이런 각도에서 당시 노동자들의 부부나 자녀 관계, 성생활 그리고 집단심성을 면밀히 추적해 볼 필요가 있다.

우선 노동자주거 사정과 숙박인제도를 중심으로 살펴보면, 노동자가족이 지닌 연대공동체의 성격이 잘 드러난다. "아내가 숙박인과 같이 침대에 들어가고 나면, 뒤이어 딸이 그 뒤를 따른다. 그러고 나면 그 아버지는 수치심 때문에 술을 퍼마시기 시작한다."[36] 이는 1886년 보훔 (Bochum)시 시장이 노동자가족의 도덕적 타락에 대해 개탄하면서, 예시한 실례이다.[37] 마찬가지로 1894년에 개최된 독일예절협회의 총회에서 "침대는 비도덕과 감정적 해이의 전염병균"으로 묘사되었다. 이때에 이르면 이미 부르주아 사이에서는 친밀성과 사적 공간으로 특징지어지는 침실을 둘러싼 행동규범이 발달하기 시작하였다. 부르주아가정의 아내는 하녀에게 아이들이 부모의 침실에 절대 접근하지 못하도록 각별히 당부하는 반면, 노동자의 아이들은 부모의 침대에서 자거나 심지어는 낯선 사람과 함께 자야 했으므로, 앞에서 말한 부르주아의 염려는 그야말로 그 계급의 생활여건에 근거한 편견이었다.[38]

19세기 동안 중산층은 화려한 주거양식과 가구문화를 발전시켜 갔다. 반면 하층은 그들이 처한 주거조건과 침대사용의 형식 속에서 중산층의 행동패턴에 적응하기보다는 오히려 낯선 사람과의 피부접촉이나 근접을 견뎌낼 수 있는 그들 특유의 메커니즘을 발전시켜 갔다고 한다. 정서적으로 가까워질 수 있는 상황에 있었음에도 불구하고, 이들은 오히려 감정을 드러내지 않은 채 무심한 태도를 보였다는 것이다. 경제적 강요로 인해 침대나 침실을 나누어 써야 하는 경우에 특별히 수치감이나 민망한 감정이 그리 크지 않았고, 오히려 이들은 무관심을 통해 그 상황을 타개하려 하였다는 것이다. 여기에서 우리는 물질적 생존조건이, 계급적인 차이까지도 함께 만들어내는 사회적인 관습과 문화형태의 그물망에 매듭 역할을 하고 있음을 확인하게 된다.[39]

그러나 협소한 공간, 잦은 이사 그리고 낯선 사람과도 함께 살아야 하는 현실이 노동자가족에게 쉬운 것만은 아니었고, 그래서 술집을 찾는 경우도 적지 않았다. 그러나 당대의 지식인들이, 사회주의자건 자유주의자이건 간에 직시하지 못했던 반(半)공개적 가족구조가 지니는 결속력

또한 무시할 수 없다. 당대의 관찰자들에게 '가족의 영락'으로 비치는 현상이 오히려 숙박인에게는 상당한 혜택이었음도 환기할 필요가 있다. 거친 대도시의 환경 속에서 홀로 살아가야 하는 숙박인에게 자신이 묵는 집의 가족이야말로 그가 신뢰하고 기댈 수 있는 유일한 공동체였기 때문이다.[40]

숙박인을 받는 데서 노동자가족은 나름대로 선발기준을 지닌 경우가 많았고, 이렇게 받아들여진 노동자 동료를 통해 그들은 계급적 연대감을 쌓아갈 수도 있었다. 또한 노동자가족 구성원 사이에서도 부르주아가족과 동일한 유의 친밀성이 존재했던 것은 아니지만, 그렇다고 그들 사이에 밀접한 가족적 유대가 결여되었다고 할 만한 근거는 어디에서도 찾을 수 없다. 결과적으로 볼 때, 노동자가족은 그들 특유의 가족적 유대를 만들어갔던 것 같다.

이런 맥락에서 몸젠(Mommsen)이나 크류(David Crew) 같은 역사가들이 1914년 루르지역 광부들이 조직률이 낮았음에도 불구하고 90%가 넘는 참여율과 함께 조직적인 파업을 수행할 수 있었던 동기를 이런 노동자가족의 연대공동체에서 찾는 것은 흥미 있는 일이다.[41] 여기에서 우리는 친밀성의 확대가 '가족의 사생활화' 강화로 나타났던 부르주아계급과는 달리 노동자가족에서는 친밀성의 증대에도 불구하고, 가족이 '단결된 공동체'로서의 성격을 상실하지 않았음을 확인할 수 있다.

그러면 노동자가족 내에서 부모와 자식의 관계는 어떠하였을까? 자녀 관계를 살펴보자면, 노동자가족에게 둘 이상의 자녀는 더 이상 축복이 아니었다. 셋째아이가 세상에 나오자마자 생계에 대한 근심이 시작된다. 그래서 노동자계급의 자식에 대한 감정은 이율배반적이었다. 한편으로 자식은 기쁨이었으면서도 동시에 근심과 걱정의 원천이었다. 그래서 어린 자녀의 죽음에 대한 노동자 아내의 감정은 대단히 복잡하여, 슬픔과 '차라리 잘되었다'는 감정이 혼재하였다. 노동자계급의 고단한 삶은 자녀에게 자애롭거나 애정어린 태도를 보이는 것을 불가능하게 만들었고, 가정에서는 가부장적인 문화가 지배적이었고, 때로는 아버지에 의한 구타가 자행되었다. 이미 식탁에서——육식이 특별히 제공되는 등의 방식으로——아버지가 누리는 특권에서도 노동자가정의 위계구조를 확인할 수 있다.

거기에다가 노동자 수기의 저자들은 그나마 여가시간에도 아버지는 거의 가정에 머물지 않았음을 지적하고 있다. 적어도 1차대전 이전까지 대다수의 남성들에게는 가정 밖의 사교생활이 중요한 역할을 하였는데, 여기에서 높은 비중을 차지한 것은 정당/노조 활동 혹은 술집이었다. 가정적인 아버지의 경우에는 금주가이거나 교육수준이 높은 경우가 많았다. 상당수의 남성들은 노동이 끝나면, 술집으로 달려가 먼저 술을 마셨고, 아내는 그 나머지 돈으로 어떻게 하든지 생계를 꾸려야 하였다. 알코올에 탐닉하는 남성들은 노동계급 내에서도 경제력이 낮은 경우가 많았고, 그럴수록 가족에 대한 책임도 약했고, 사회성의 일탈(Asozialität)을 드러내는 경우가 빈번하였다.

이들의 술에 대한 탐닉은 열악한 노동조건에 대한 반작용 혹은 사회적 권위상실에 대한 보상을 의미하였다. 그러나 어느 정도 가정적이면서 동시에 술집에 드나드는 남성들의 경우에도 가족의 고통을 함께 고민하고 가족에 대한 책임감을 느끼기도 하지만, 술집은 일시적이나마 현실을 망각하거나 정치활동을 할 수 있는 기회를 제공하였다. 술집에서 남성들은 노래를 부르거나 카드놀이 등의 오락을 즐길 수 있었고, 사람을 사귀거나 정치지식을 얻을 수도 있었다. 또한 술집에서는 정치적 토론이 가능했기 때문에, 술집은 이상적인 선동의 장소였고, 그래서 개별 노동자와 사회민주당을 연결하는 역할을 하였다. 결과적으로 볼 때 노동자 가장의 음주는 당대의 부르주아가 염려하듯이 정신적 타락이나 가족생활의 피폐를 가져올 수도 있었겠지만, 조금 다른 시각에서 보자면, 노동

계급 사이에 집단적 연대를 만들어내는 발판 역할도 하였다.[42]

그러나 남편의 당 활동이나 술집 출입은 지속적으로 아내들의 불평거리가 되었다. 여기에서 흥미 있는 점은 시민계급의 경우 교양연마나 교육이 그 가족생활의 중심에 놓여 있었지만, 대부분 술집을 통해 교양을 얻거나 정치지식을 얻게 되는 노동자 가장의 경우 교양이나 교육의 기회는 가족과 함께 보낼 여가시간의 희생을 전제로 하는 것이었다.[43]

노동자가족의 경우, 아버지는 가정에서 자녀교육에는 거의 관여하지 않았다. 뿐만 아니라 바깥생활에서 자신이 받는 억압에 대한 보상으로 자녀에게 위압적인 태도를 보였다. 이런 가족구성원에 대한 아버지의 지배욕구는 바로 자신이 유년시절에 겪은 부친에 의한 폭군적 지배를 깊이 성찰하지 않은 채 무의식적으로 재생산한 결과였다. 그러나 레크는 이런 아버지의 폭력적 지배를 노동계급에까지 만연한 '가부장적 지배'의 한 형태로 파악하는 것에는 주저하는 태도를 보이고 있다. 오히려 남성에 의한 가정폭력은 비참함과 궁핍에서 오는 절망감을 스스로 통제하지 못하는 심리적 반작용으로 혹은 자신의 무능함에 대한 반감에서 자신의 힘을 과시하려는 욕구의 분출로 보아야 한다는 것이다.[44]

이런 주장도 일말의 진실은 있지만, 우리는 당대의 가족구조에 내재한 가부장적 이데올로기도 전적으로 무시할 수는 없다. 노동자가족의 사생활에 대한 사료결핍을 구술사를 통해 보충하려고 하는 로젠바움에 따르면, 시민 혹은 노동자계급을 막론하고 남성들은 모두 자녀에게 엄격하거나 신체접촉을 갖는 것을 기피하였고, 자녀교육에도 관심을 쏟지 않았는데 이들은 그것을 '바람직한 남성의 전형'으로 생각하였기 때문이라는 것이다. 그런 점에서 '아버지의 부재'는 상당 정도 당대의 가부장적 이데올로기의 소산으로 간주할 수 있으며, 결코 노동자가족만의 특성은 아니었다.

19세기 동안 노동자들은 당대 부르주아의 통념과는 달리 자녀들에게 사랑과 애착을 보여주는 데 인색한 것만은 아니었고, 그들이 자녀에 대한 감정적 유대를 결여한 것도 아니었다. 자녀들의 미래운명에 대한 예측은 부모를 우울하게 하였다. 뿐만 아니라 숙련기술 혹은 정치지향성을 지녔던 소수 노동자들은 피임과 자녀교육을 통해 자녀의 장래를 자발적으로 개척하려고 노력하였음을 알 수 있다. 이런 관행이 모든 노동자가족에 적용되는 것은 아니겠지만, 많은 노동자 자서전들에서 어머니에 대한 애정과 감정적 애착을 확인할 수 있다.[45] 오스트리아 사회민주당의 뛰어난 여성지도자였던 아델하이트 포프(Adelheid Popp)의 수기에서도 딸의 교육을 염려하는 어머니의 애틋한 마음을 발견할 수 있다.[46]

노동자가정의 부부관계에서 주된 관심은 경제적 문제였고, 이는 부부갈등의 주된 소재가 되었다. 19세기 독일에서 양성관계는 "남편의 지배와 여성의 열등성 확인"으로 나타났다. 남편이 직업과 정치활동에 골몰하는 동안, 여성의 역할은 가정이라는 네 벽 안에서 육아와 가사로 한정되었다. 여성의 옥외 취업노동이 가족의 수입원으로 기여함에도 불구하고, 이에 상응하는 방식으로 여성의 지위가 높아지지는 않았다. 여성의 발언권이 약간 높아질 수는 있을지라도 이것이 남성권위의 약화나 가사의 분담으로 이어지지는 않았다. 여성의 취업노동 자체가 임금이나 직종에서 성차별적인 방식으로 수행되었던 만큼, 그것이 여성에 대한 남성의 우월감을 바꿀 수는 없었다.

오히려 당대의 관찰자들은 여성노동자에 대한 남성노동자의 경멸은 상층계급의 남성들보다 훨씬 심하였다고 말하고 있는데,[47] 이는 부르주아계급이야말로 '신사도'라는 외투를 걸치고 있었기 때문일 것이다. 그러나 노동계급의 아내는 남편의 구타와 경멸에 희생당하는 존재로 그려졌던 과거의 해석을 넘어서서 오히려 그녀가 가정 내에서 권위를 지니고 있었고, 많은 부분에서 아내는 남편보다 더 중요한 존재였다는 해석도 나오고 있다. 남성이 부재한 가정 내에서 여성은 자녀교육에서부터 가계운영에 이르기까지 모든 일을 혼자서 처리하였기 때문이라는 것이다.[48] 이런 상반된 견해들은 당시 노동자 사이에 한편으로는 반여성적(反女性的) 경향이 만연해 있으면서도, 다른 한편으로는 어떤 감정적 유대가 어머니와 자녀 사이에 형성되면서, 점차 여성의 영향력이 커지는 과도기적 단계를 반영하는 것이라 생각된다.

앞에서 지적한 노동자가족을 지배한 여러 사회적 관계들을 고려하자면, 그들 내에서 부르주아가 향유한 것과 유사한 어떤 친밀성이 존재하였다고 보기는 어렵다. 노동자가족의 어머니는 열악한 환경 속에서 강인한 성품을 지녔으나 결코 부드럽지 않았다. 프롤레타리아트 어머니는 상냥하게 가족을 배려할 여력을 가지지 못하였고, 경제적 불안과 반(半)공개적인 가족구조 속에서 몸에 밴 거친 태도를 벗어나 세련된 기품을 갖추기는 어려웠을 것이다. 그렇더라도 노동자가족 내에서 서로간의 애정이나 서로를 배려하는 태도가 결여되었다고 말하기는 어렵다. 즉 노동자가족은 그들 특유의 가족적 유대나 애정을 발전시켰을 것이다.[49]

노동자가족의 성에 대한 태도는 노동자의 집단심성을 분석하는 데 좋은 자료를 제공해 준다. 당대의 사회개혁가들이 염려하듯이 열악하고 반공개적인 주택사정 때문에 노동자 자녀들은 노골적인 성관계에 일찍부터 노출되었을 것이고, 그래서 수치심과 부끄러움에 대한 제대로 된 인지방식이나 처신술을 갖추지 못했을 것이라는 염려가 일찍부터 제기되었다. 노동자계급의 타락상을 염려하였던 당대 식자층의 눈에 먼저 띈 것은 노동자의 혼전 성관계였다.

대부분 노동자들의 결혼은 임신이라는 강제상황에 밀려서 이루어졌다. 노동자 자녀들의 성관계는 비교적 자유로웠다. 기혼노동자는 술집에 모이지만 미혼노동자들은 댄스홀에 모였고, 거기에서 또래집단을 알게 될 기회를 가졌다. 뿐만 아니라 노동장소에서는 성적 공격이나 접촉에 노출되어 있었다. 게다가 노동자 자녀들은 자러 오는 숙박인들을 통해 다양한 영향을 받았기 때문에, 이들이 유혹에 빠질 가능성은 높았다. 괴레 목사는 자신의 수기에서 캠니츠의 산업노동자, 특히 청소년노동자 중 많은 수가 일요일에는 거의 정기적으로 댄스파티에 갔고, 이를 통해 정조를 잃는 경우가 많았음을 염려하고 있다.[50] 그러나 이런 관찰이 얼마나 부르주아적인 시각인가는 그들의 성관계와 결혼에 대한 태도관찰을 통해 확인할 수 있다.

이미 앞에서도 밝힌 대로 노동자 사이에서 사생아의 출산율은 높았다. 그러나 청소년노동자 사이에서 임신한 소녀가 아이의 생부와 결혼해야 한다는 생각은 그들의 성문화에 비추어 자명한 일이었다. 산업화된 도시에서 청소년노동자들은 서로간에 통용되는 집단통제 방식을 가졌던 것이고, 이것이 지켜지지 않을 경우 당사자들은 주변에 의해 상당한 압력을 받았던 것으로 보인다. 이들에게 혼전 성관계는 수치가 아니었고, 노동자의 생활방식 속에서 임신 후 결혼은 오히려 그들에게 주어진 삶의 조건에 부응하는 것이었는지도 모른다. 괴레의 염려와 달리 부르주아가정의 청소년의 경우에는 이런 성관계에 대한 제동장치가 더 발달해 있었던 것에서 차이가 있을 뿐이지, 노동자청소년의 성관계를 비도덕적인 것으로 간주하기는 힘들 것 같다. 오히려 이런 관행은 부르주아보다 해방된 측면을 보였다고 말할 수도 있다.[51]

또한 레크는 독일의 일부 지역에서는 결혼을 약속할 경우 젊은이들 사이에는 혼전 성관계가 허용되었음에 주목하였고, 그래서 일부 농업노동자 혹은 도시로 이주한 노동자 사이에 남아 있던 이런 습속을 고려하자면, 그에게 노동자계급의 혼전 성교를 도덕적 타락으로 치부하는 것은 시민계급의 편견에 불과한 일로 비쳐졌다.[52] 그래서 우리는 시민계급이 근대사회에 가져다준 하나의 혁명은 "가정과 작업장의 분리 그리고 그와 병행하는 가정의 사생활화"였다면, 노동자계급은 시민계급 도덕의 허구를 넘어서서, 1968년 학생운동 이후에나 가능하였던, '성의 혁명'을 선도하였다고 결론지을 수 있다.

그러나 로젠바움의 심층면접은 노동자가족이 가정 내에서는 성에 대하여 매우 엄격하였음을 보여준다. 비록 부모와 한 침대에서 잘 정도로 육체적 근접성이 있었을지라도, 그래서 노동자들은 성에 대해 더 조심스런 태도를 보였음을 확인해 주고 있다. 부모들은 결코 벗은 몸을 보이지 않았고 성에 대해 거론하지 않았으며, 혹시 자녀들이 목격하는 경우라도 엄격하게 함구령이 내려졌다는 것이다. 연구들은 부모와의 육체적 접촉이 오히려 부모와 자식 사이에 엄격히 경계를 그음으로써 애호의 감정 표시를 더 어렵게 만들었다고 말한다. 성과 관련된 문제들은 수치심 혹은 불안 등의 감정과 즉각적으로 연결되었기 때문일 것이다.

또한 수치심에 대한 지나친 경계는 성에 대해서는 침묵하도록 만들었고, 그래서 성에 대한 합리적 계몽, 즉 성교육은 불가능하였다.[53] 이런 엄격성은 앞에서 언급한 노동자청소년들의 성적 자유와 잘 부합되지 않는 듯이 보인다. 그러나 가족 내에서의 성에 대한 엄격성은 신체적 접촉이 잦은 좁은 공간에 거주하는 그들이 근친상간을 비롯한 다양한 형태의 성적 일탈을 막기 위한 생존전략의 일환으로 해석할 수도 있을 것이다. 앞에서 언급한 어머니의 엄격성도 바로 이런 맥락에서 새롭게 이해될 수도 있다.

4. 노동자가족과 정치화

독일에서 사회민주당과 자유노조가 노동자계급에게 끼친 영향력은 결코 무시할 수 없다. 그렇다면 독일사회민주당은 노동자가족의 발전에 어떤 역할을 하였는가? 사회민주당은 노동자가족의 소시민화를 도왔는가? 아니면 대안적인 가족모델의 발전에 기여하였는가? 노동자가족과 정치의 관련성에 대한 대답은 그리 간단하지 않다.

고전적인 마르크스주의 서적들은 자본주의 산업의 점차적인 확대와 함께 진행되는 가족해체를 긍정적인 발전으로 간주하였다. 엥겔스는 『가족, 사유재산 그리고 국가의 기원』에서 경제적 단위로서의 가족은 해체되어야 하고, 자녀들은 개별 가정이 아니라 (미래 사회주의 사회에서) 공적으로 양육되어야 한다고 주장하였다.[54] 또한 베벨(Bebel)은 어머니와 아이가 행하는 가정 바깥의 노동이야말로 보다 발전된 가족형태를 위한 경제적 기초가 된다고 주장하였다. 결국 가족은 미래 사회주의 사회에서는 사회조직의 공동체적 형태에 종속되어야 했다. 공장노동을 통해 여성과 아동에 대한 자본주의적 착취가 자행되는 현실에서 이런 이행은 더욱 불가피하게 느껴졌다.[55]

자본주의적 '가족의 해체'에 대한 사회주의자의 주장은 당대의 보수주의자와 부르주아계급을 경악케 만들었고, 베벨의 주장은 보수세력에게 사회민주당에 대한 공격의 빌미를 제공해 주었다. 또한 보수주의자에게 가족의 해체는 바로 사회민주당에 의한 여성의 정치적 동원으로 연결되는 문제였다.

그러나 이론과 현실 사이의 간극은 매우 컸다. 우선 여성의 정치적 동원이 여성노동자보다는 주로 당원의 아내나 딸들로 충원되면서, 엥겔스의 주장이 견지될 수 있는 현실적 토대가 미약했기 때문이다. 또한 여성노동자의 긴 노동시간과 가사부담은 그들이 사회민주당운동이나 노동조합운동에 참여하는 것을 거의 불가능하게 만들었다. 거기에다가 여성당원의 대다수는 임금노동에 종사하지 않았다. 1914년 함부르크 사회민주당의 통계에 따르자면, 전체 여성당원 1만 1684명 중 1601명만이 지불노동에 종사하고 있었고, 그 나머지는 사회민주당원의 아내이자 전업주부였다.[56]

1905∼1906년에 진행된 몇몇 파업에 함께 참여한 노동자 아내들의 용감한 투쟁에 당 지도자들은 감동하였고, 사회민주당은 여성조직화에서

방향전환을 모색하기 시작하였다. 베벨의 주장대로 여성이 가정을 벗어나 사회적 노동에 참여하고, 생산노동자로서 정치적 의식화를 경험하도록 한다는 애초의 계획과는 달리, 당의 여성조직화는 이미 당에서 활동 중인 당원들의 아내나 딸들이 가정에 안주하고 있는 현실을 인정하고, 이들을 당원의 가족으로서 당에 결속시키는 방향으로 선회하였던 것이다. 정치적 탄압을 당하거나 끊임없는 경제적 불안에 직면해 있거나 혹은 대부분의 시간을 공장노동과 당 활동에 소진하는 당원 가정에서 가계운영이나 자녀교육은 여성에게 맡겨지면서, 자연히 여성의 역할은 커졌다.

당원의 아내와 딸들을 카톨릭교회의 영향으로부터 보호하면서 사회민주당 이념에 묶어둘 필요성 그리고 남편의 과도한 당 활동에의 헌신을 불평하거나 그로 인한 가족의 해체를 방지할 현실적 요구 때문에, 당은 여성의 조직화에 관심을 기울였고, 이는 기존의 가족형태를 해체하기보다는 오히려 그것을 공고하게 만드는 방향으로 작용하였다. 결국 사회민주당 내에서 '당원의 유지'라는 당면과제 때문에 노동자가족의 혁명적 전환보다 기존 가족제도의 유지에 더 초점이 두어졌다.[57]

여기에서 주목할 점은 사회민주당 당원의 상당수가 도시-수공업적 환경에서 성장한 숙련공, 거기에다가 상대적으로 수입이 높았던 노동자 가운데서 충원되었고, 이들 사이에서 부르주아가족 모델의 수용이 빨랐던 사실이다. 쿠친스키(Jürgen Kucyznski)는 노동자계급의 일상생활을 분석할 때에 '노동귀족'(Arbeiteraristokratie)과 공장노동자대중(Masse der Fabrikarbeiter)을 구분할 것을 주장하고 있다.[58] '노동귀족'으로 지칭되는 노동자 상층부는 임금·숙련도·문화생활 향유에 있어서 일반 노동대중과는 상당한 차이가 있었는데, 쿠친스키의 주장에 따르자면 사회민주당 당원들은 그 문화와 생활방식에서 일반 산업프롤레타리아트와는 분명히 구분되는, 노동귀족에 속하는 집단이었다는 것이다. 특히 당시

사회민주당원인 노동자들에 대한 심층면접에서 드러나는 그들이 지닌 도덕적 자부심 그리고 "자신은 보통 노동자와는 다르다"는 강한 엘리트 의식은 바로 영국의 노동귀족이 지닌 덕목이었던 '체통'(respectability) 과 그리 멀리 떨어진 것이 아니다.

이같은 맥락에서 사회민주주의 저변문화(socialdemocratic subculture) 가 시민화(Verbürgerlichung)되었다는 주장이 지속적으로 제기되었고, 이를 통해 노동자가족의 삶에서도 시민화가 더욱 촉진되었으리라는 추측도 가능하다. 그러나 몸젠은 독일 노동운동문화나 노동자문화가 소시민화한 것이 아니라 애초부터 독일 노동자계급 내에는 '이원적인 문화'가 존재하였음을 지적하고 있다.[59]

다시 말하면 독일의 사회민주주의적 저변문화는 애초부터 수공업 길드의 전통을 기반으로 한 엘리트노동자의 문화에 가까웠고, 따라서 노동자문화 내에는 수공업자의 소시민적 전통과 일반 공장노동자의 노동문화가 혼재되어 있었으리라 추측할 수 있다. 이런 점을 감안하면, 사회민주당 노동자에게 부르주아가족 형태는 그리 낯선 것만은 아니었을 것이고, 이런 경향은 일반 노동자에게도 상당한 영향을 행사하였을 것이다.

엘리트노동자에 근접한 사회민주당 소속 노동자들의 문화는 로젠바움이 행한 심층면접에서도 잘 드러난다. 사회민주당원의 가정에서는 아버지는 아들, 딸을 가리지 않고 자녀에 대한 관심이 높았고, 자녀들과 많은 여가시간을 함께 보냈고, 자녀들의 학교숙제를 챙겨주었다고 한다. 자녀에 대한 체벌은 거의 없었고, 자녀들은 종교학교가 아닌 세속학교에 보내졌고, 아버지는 자녀들에게 지적인 자극제 혹은 정치적 귀감이 되었다고 한다.

전체적으로 사회민주당 가족의 아버지들이 가부장적 성격을 탈각하였다고 할 수는 없지만, 일반 프롤레타리아트가족이나 농민가족에 비해 상대적으로 근대적인 성향을 보여주었다. 가족의 사교생활에서도 친척에

못지않게 동료나 친구를 중요시하는 개방성을 비롯하여 다양한 근대적인 면모를 드러내었다.[60]

잘 알려진 대로 사회민주당 내에서 반(反)페미니즘의 분위기가 강한 편이었기에, 성차별적인 현상 역시 당의 도처에서 나타나고 있었다. 여성들은 당내에서 적극적인 역할을 하고자 하였지만, 이들은 항시 남성들의 반대에 부딪혔다. 또한 남성당직자들은 여성에게는 가족문제, 여성문제, 아동복지, 여성노동, 소비자문제 등 특정 분야에만 역할을 맡기고자 하였다.[61]

마르크스나 엥겔스의 '위대한 이론'을 떠나 당의 일상적인 현실로 내려오면, 당원들의 사고는 수세적이었다. 그들은 산업화가 가정을 황폐화시켰다고 개탄하였다. 여성이 열악한 공장노동을 벗어나서, 아내와 어머니로서의 역할을 위해 가정으로 복귀하는 것이 최상의 해결책이었다. 이런 사회민주당 저변의 분위기를 당 지도부가 거스를 수 없었던 또 하나의 이유는 바로 마르크스나 엥겔스의 '미래 가족상'이 추상적이고 모호할 뿐 아니라, 이는 자본주의 이후의 사회에서나 실현될 수 있는 청사진이었기 때문이다. 이런 당내의 가부장적 분위기 외에도, 강력한 사회민주주의적 저변문화에 갇힌 채 '국가 안에 또 하나의 국가'를 형성하였던 사회민주당이 가졌던 강박관념, 즉 "부르주아적 이데올로기의 영향으로부터 노동자가족을 차단해야 한다"는 생각은 기존 가족제도 개혁을 위한 실험을 기피하고, 당원 가족의 결속력을 더욱 강화시키도록 하였다.

결과적으로 볼 때, 독일사회민주당은 지배체제에 대한 적대감에도 불구하고 현행 가족제도의 공고화에 기여하였을 뿐 아니라 당의 저변에 산재한 소시민적 문화의 영향과 더불어 부르주아 가족문화를 재생산하는 역할을 하였다고 평가할 수도 있다.

그러나 좀더 폭넓은 시각에서 고찰하자면, 1차대전 전에 사회민주당 당원으로 여성이 대거 참여한 점, 당원 가족의 사회주의 이념 수용 그리고 지배체제나 부르주아 가치관에 대한 당의 끊임없는 공격을 감안하자면, 사회민주당이 부르주아적 가족관을 그대로 전달하는 역할을 하였다고만 평가하기는 힘들다. 이를 위해서 19세기 말 이래 사회민주주의 저변문화 내에서 다양한 여가활동이 확산되었음을 주목할 필요가 있다.

당 주변의 노동자 문화조직들은 엄청난 규모로 발전하기 시작하였고, 이들이 주도하는 노동자를 대상으로 하는 문화행사나 집회 혹은 당이 직접 개최하는 모임에 가족단위로 참여할 수 있는 기회가 늘어났다. 노동자축제, 연극, 여행서클, 음악회, 합창제, 독서의 밤, 강연 등 다채로운 문화행사는 가족단위의 여가생활을 촉진하면서, 이들을 사회민주당의 기치 아래 묶는 역할을 하였다. 그리고 이때를 전후하여 남성중심의 직인문화에 토대를 둔 결사단체의 활동이나 '선술집에서의 폭음' 등이 눈에 띄게 약화되었다.

새로운 사회민주주의적 문화행사들은 가족단위의 참여를 권장하면서 노동자가족의 내적 단결을 높이는 데 기여하였으나, 그 내용적 측면에서는 이율배반적인 성격을 지니고 있었다. 한편으로 사회민주당에 근접한 문화단체들의 기성 연극공연이나 음악회 행사는 부르주아문화를 노동자에게 선보임으로써 노동자의 예술적 취향의 향상을 시도하였다.[62] 그러나 다른 한편으로 이것은 축제나 아마추어 연극 등을 통해 사회주의 미래사회의 청사진을 알리고 이에 대한 강한 신념을 심어주려 하였다. 문화행사를 통해 사회민주당의 노동자가족은 부르주아문화에 친숙해지면서, 동시에 당에 대한 결속력을 높여갈 수 있었다.[63]

당시의 사회주의 여성운동을 대변하였던 체트킨(C. Zetkin)은 가족을 '경제적 단위'에서 사랑과 보다 큰 평등에 기초한 '도덕적 단위'로 전환할 것을 강변하거나, "아들들에게도 가사노동을 할 수 있도록, 딸들에게는 자신의 관심이나 야망을 이룰 수 있도록 이른바 '여성적인' 역할에 한정시키지 않는 방향으로 양육할 것"을 촉구하였다.[64]

체트킨의 지속적인 계몽활동 그리고 당시 조직된 사회주의 여성운동의 규모를 감안하면, 이는 사회민주당 여성들의 가정생활에 어느 정도 영향력을 행사하였음을 부인할 수 없다. 그런 점에서 사회민주당의 가족강화정책이 부르주아가족관의 전달자 역할을 담당하였다고만 단정짓는 것은 지나친 단순화이다. 그렇다고 해서 사회민주당이 대안적인 가족모델을 제기하고 선전한 것은 아니다. 오히려 우리는 사회민주당 가족의 성격을 부르주아가족 이념과 엥겔스의 이론 사이에서 이루어진 문화적 협상과 사회적 변화의 복잡한 과정의 산물로 보는 것이 더 타당할 것이다.[65] 이런 사회민주당 가족의 성격은 당 외곽에 있는 일반 노동자가족의 변화에도 상당한 영향력을 행사하였을 것이다.

5. 맺음말

이 글을 통하여 독일 노동자가족이 최소한 '프롤레타리아트의 무가족성'이나 '노동자가족의 쇠락'이라는 부르주아 개혁가나 사회주의자들의 기존 평가에 그대로 상응하지 않았음은 어느 정도 밝혀졌다. 분명 경제적 불안정성 속에서도 노동자가족은 생존을 위한 경제적 단위를 넘어서서 나름의 감정적 결속이나 그 특유의 가족 및 성 관계를 발전시켰다고 생각한다.

노동계급은 부르주아와 같은 세련된 친밀성은 아니지만 그 특유의 내밀한 관계를 발전시켰고, 나아가서 노동자가족의 '반공개적 가족구조'를 통하여 외부에서 온 숙박인을 포함한 어떤 확장된 '연대의 공동체'를 결성하였는데, 이는 부르주아가 추구했던 '가족의 사생활화'라는 일반적인 경향과는 역류하는 것이었다. 뿐만 아니라 노동자가족은 성도덕 면에서도 '타락상'을 보여주었다기보다는 오히려 그들이 처한 사회경제적 조건에 적합한 방식으로 스스로의 성관계를 조정해 갔다. 이는 부르주아계급에게는 1968년 학생운동 이후에야 가능해진 성혁명이 노동계급에서 먼저 시작되었다고 말할 수 있다.

물론 이런 노동계급의 가족형태를 미화시킬 수만은 없다. 그렇더라도 이는 분명히 노동자가족이 처한 사회경제적 조건에 대한 반응이자 스스로의 적응전략이라 할 수 있고, 이에 대하여 부르주아계급의 잣대에 근거한 노동자가족에 대한 폄하는 극복되어야 할 것임을 지적하고 싶다.

결론적으로 정리하자면 '친밀성'을 전면에 내세웠던 근대 부르주아가족은, 바로 그 속에 공동체성을 잠식시키는 '사적 세계로의 고립'을 낳았다는 점에서 비판될 필요가 있다. 이에 비해 노동자가족은 그 연대성은 높았지만, 그들이 처한 열악한 생활환경으로 인해 가족관계에서 '거침'과 더불어 때로는 '폭력'이 수반되었다. 그러나 이는 현대사회가 지향해야 할 대안적인 가족모델, 노동자가족과 부르주아가족의 장점이 결합된, 즉 연대성과 친밀성이 함께 실현되는 바로 그런 형태이면서, 동시에 가족구성원에 대한 가장의 가부장적 지배가 사라진, 그래서 평등한 파트너 관계가 성립된 가족형태에 근접한 것은 아니었다.

그러나 20세기로 넘어오면서 그 내부적인 다양성에도 불구하고[66] 노동자가족은 점점 더 부르주아가족 모델로 근접하여 갔고, 특히 1차대전을 전후하여 이런 경향은 더 명백하게 드러났다. 1865~90년에 탄생한 노동자의 유년생활에 대한 심층조사를 통해 밝혀낸 결론들은 이런 사실들을 잘 확인시켜 준다.

우선 노동자들은 강한 가족지향성을 지니고 있었다. 거기에다가 가족은 험난한 노동세계에 대한 보상으로 인식되었다. 둘째로, 노동자들은 부르주아가정에서 부모와 자식 간에 가지는 친밀성의 정도는 아닐지라도 분명히 자녀들에 대한 높은 관심을 드러내었고, 자녀교육이나 장래를 염려하고 재능이 발견될 경우 이를 키워주려고 노력하였다. 셋째로, 더욱 주목할 만한 사실은 아버지가 가정교육에 개입하기 시작하였다는 것

이다. 이는 아버지가 '생계부양자'의 역할에서 한걸음 나아가 근대적 가
족공동체의 실질적인 구성원으로 변모하는 단초라 할 수 있다. 넷째로,
바로 상기한 변화에도 불구하고 1차대전 전까지의 노동자가족에서는 여
전히 가부장제가 팽배하였다는 것이다.[67]

그러나 이런 변화들을 부르주아가족의 영향으로만 보기는 어렵다. 오
히려 유럽사회 전반에 펼쳐진 전통적 문화유산과 부르주아가족의 이상
이 함께 착종된 것으로 보는 것이 더 타당할 것 같다. 그러나 이에 못지
않게 세기전환기에 노동자계급의 경제생활이 현저히 개선된 점, 높은 인
구이동과 여행기회, 도시화와 더불어 공동체적 생활방식의 마모, 봉급생
활자(Angestellte)의 증대와 그들의 부르주아화 경향 그리고 신문이나
문학적 성과물의 확산을 통한 부르주아가족 이데올로기의 전파 등이 이
런 변화에 중요한 자극제가 되었을 것이다.[68]

주

1) 조은·이정옥·조주현, 『근대가족의 변모와 여성문제』, 서울대출판부 1996, 2, 21쪽. 그
외에도 마이클 앤더슨, 『서구가족사의 세 가지 접근방법: 인구통계학적·심성사적·가구
경제학적 접근』, 김선미·노영주 옮김, 한울 1994; 미셸 바렛·매리 매킨토시, 『가족은 반
사회적인가』, 김혜경 옮김, 여성사 1994; 다이애너 기틴스, 『가족은 없다: 가족이데올로기
의 해부』, 안호용·김홍주·배선희 옮김, 일신사 1985 참조.
2) H. Rosenbaum, *Formen der Familie*, Frankfurt/M, 1982, S. 479.
3) 같은 책, S. 480~82.
4) 유사한 맥락에서 동즐로는 18세기 이후 가족과 사회의 명백한 분리와 사생활화를 통해서
근대가족이 등장하였다고 보고, 근대가족의 특성으로 ① 사생활의 확대, ② 거실·작업
실·침실 등 공간의 분리, ③ 가족의 건강과 자녀교육에 대한 관심의 증대를 꼽고 있다.
이에 관해서는 J. Donzelot, *The Policing of Families*, New York, 1979 참조.
5) 이에 관해서는 H. Rosenbaum, "Zur neueren Entwicklung der historischen
Familienforschung," *Geschichte und Gesellschaft* 1, 1975, S. 210~25; 앞의 책, S. 382; *Proletarische
Familien. Arbeiterfamilien und Arbeiterväter im frühen 20. Jh.*, Frankfurt/M, 1992, S. 10~17, 288;
Wilhelm H. Hubbard, *Familiengeschichte. Materialien zur deutschen Familie seit dem Ende des 18.
Jahrhundert*, München, 1983, S. 17~35; W. R. Lee, "The German Family: A Critical Survey
of the Current State of Historical Research," R. J. Evans & W. R. Lee eds., *The German
Family. Essays On The Social History Of The Family In Nineteenth- and Twentieth Century Germany*,

London, 1981, pp. 19~51 참조.

6) 칼 맑스·프리드리히 엥겔스, 『공산주의 선언: 150주년 기념판』, 김태호 옮김, 박종철출판사 1998, 30쪽.

7) F. 엥겔스, 『영국 노동자계급의 상태』, 박준식·전병유·조효래 옮김, 두리 1988, 167~68쪽.

8) 좀바르트는 그의 저서 『프롤레타리아트』에서 "모름지기 가족이란 부양공동체, 거주공동체 그리고 교육과 생활 공동체이고, 이어야 한다"고 주장하였다. 이런 의미에서 보자면 노동자가족은 제대로 작동되는 가족공동체가 아니었다. 그 원인으로 좀바르트는 우선 노동자가족의 열악한 주택사정을 언급하고 있는데, 그의 기준에 따르자면 적어도 인간다운 가족생활을 위해서는 거실, 부엌, 욕실, 부모와 아들 그리고 딸들을 위한 각각의 침실 그리고 한두 개의 수납실을 갖춘 공간이 필요하였다. 이는 당대의 학자들이 얼마나 부르주아적인 시각에서 노동자가족의 문제를 평가했는가를 알 수 있는 좋은 본보기이다(W. Sombart, *Das Proletariat*, Frankfurt/M, 1906, S. 20~21).

9) 1974년에 노동자 수기를 분석한 에머리히의 책에서도 노동자가족은 '부정적인 사회화 단위'로 묘사되고 있다. O. F. Kanitz, *Kämpfer der Zukunft. Für eine sozialistische Erziehung*, Frankfurt 1970, Nachdruck von Veröffentlichungen der 20er Jahre; E. Hoernle, *Grundfragen proletarischer Erziehung*, Frankfurt/M, 1973. Nachdruck von Veröffentlichung aus den Jahren 1923 und 1929; W. Emmerich, *Proletarische Lebensläufe. Autobiographische Dokumente* 2 Bd., Reinbek 1975; O. Rühle, *Illustrierte Kultur- und Sittengeschichte des Proletariats* Bd. I, Frankfurt/M, 1970, Nachdruck von 1930; Bd. II, Gießen, 1977, aus dem Nachlaß herausgegeben.

10) H. Rosenbaum, *Formen der Familie*; *Proletarische Familien*; M. Seyfarth-Stubenrauch, *Erziehung und Sozialisation in Arbeiterfamilien 1870~1914 in Deutschland*, 2 Bde, Frankfurt/M, 1985가 이에 해당한다.

11) K. Tenfelde, "Arbeiterfamilie u. Geschlechterbeziehungen im Deutschen Kaiserreich," *Geschichte und Gesellschaft* Jg. 18, 1992, S. 179~89.

12) R. Sieder, *Sozialgeschichte der Familie*, Frankfurt/M, 1987, S. 186. 이에 대하여 쿠친스키는 노동자귀족의 경우에는 아내가 일자리를 가질 필요가 없었고, 이 사실에 대하여 그들은 소시민적인 자긍심을 지녔다고 서술하고 있다. 그러나 다른 통계들과 비교해 볼 때, 그 아내들의 상당수가 부수입을 벌어들였으나 이를 은폐하였을 가능성도 크다. 대다수의 직인 출신 노동자에게 생계부양자로서의 가장의 역할은 그들이 고수하고자 하는 체통의 중요한 기반을 이루었기 때문이다(J. Kuczynski, *Geschichte des Alltags des Deutschen Volkes* Bd. 4, Köln, 1982, S. 412).

13) *Wirtschaftsrechnungen u. Lebensverhältnisse von Wiener Arbeiterfamilien 1912~1914*, Erhebung des k. k. Arbeitsstatistischen Amtes im Handelsministeriums, Wien, 1916, S. 37, R. Sieder, 앞의 책, S. 187에서 재인용. 그외에도 에번스는 1890년대 독일의 숙련노동자 가정에서 아내의 수입은 전체의 3.5%, 미숙련노동자의 경우에는 7.7%라고 주장하고 있는데, 아내가 임노동에 종사하는 가구를 50~70% 정도로 계산하자면, 이는 빈의 수치와 큰 오차를 지닌 것은 아니라고 생각된다(R. J. Evans, "Politics and Family: Social Democracy and the Working-Class Family in Theory and Practice Before 1914," R. J. Evans & W. R. Lee eds., 앞의 책, p. 282).

14) R. J. Evans, 앞의 글, pp. 187~91; H. Rosenbaum, *Formen der Familie*, S. 403; Robyn Dasey, "Women's Work and The Family: Women Garment Workers in Berlin and Hamburg Before The First World War," R. J. Evans & W. R. Lee eds., 앞의 책, pp. 221~55 참조.

15) R. Sieder, 앞의 책, S. 192~94; J. Kuczynski, 앞의 책, S. 410.

16) P. Göhre, *Drei Monate Fabrikarbeiter und Handwerbursche*, Leipzig, 1891, S. 16.

17) K. Tenfelde, 앞의 글, S. 196.

18) R. Sieder, 앞의 책, S. 196~97.

19) K. Tenfelde, 앞의 글, S. 198; L. Niethammer, "Wie wohnten Arbeiter im Kaiserreich?," *Archiv für Sozialgeschichte* Jg. 16, 1976, S. 129.

20) 노동자계급의 죽음에 대한 걱정과 준비는 영국뿐 아니라 독일의 노동계급이 일찍부터 장례부조금고 설립에 열심이었던 사실에서도 잘 드러난다(Helwig Schomerus, "The Family Life-Cycle: A Study of Factory Workers in Nineteenth Century Württemburg," K. J. Evans & W. R. Lee eds., 앞의 책, pp. 175~93).

21) H. Rosenbaum, *Proletarische Familie*, S. 188.

22) 그러나 1차대전을 전후하여 노동자가족의 출생률이 현저하게 감소하였다. 이는 가족계획이라는 근대화된 행동양태를 폭넓게 수용하기 시작하였으며, 그 배경에는 노동자계급의 부르주아적 가정화(Domestizierung)가 시작되었음을 의미한다. 이를 통해 증대되는 가족계획과 함께 가정교육도 확대되고 있었을 것이라 추정된다.

23) H. Rosenbaum, *Formen der Familie*, S. 451; *Proletarische Familie*, S. 194.

24) 니트하머에 따르면, 대도시에서 미숙련노동자는 생계비의 1/4~1/3, 숙련노동자는 1/5~1/4, 중산층은 1/6 그리고 상류층은 1/20을 집세로 지출하였다고 한다(L. Niethammer, 앞의 글, S. 78~79, 80, 114).

25) 같은 글, S. 84, 110.

26) 독일의 경우 지상층(Grundgeschoß)은 우리의 1층, 1층은 우리의 2층에 해당한다.

27) S. Reck, *Arbeiter nach der Arbeit. Sozialhistorische Studie zu den Wandlungen des Arbeiteralltags*, Lahn-Gießen, 1977, S. 75~85. 그외에도 노동자주택에 대한 개괄적인 이해를 위해서는 Adelheid von Saldern, "Im Hause, Zu Hause. Wohnen im Spannungsfeld von Gegebenheiten und Aneignungen," (J. Reulecke hrsg., *Geschichte des Wohnens. 1800~1918. Das Bürgerliche Zeitalter*, Stuttgart, 1997, S. 196~220) 참조.

28) W. Sombart, 앞의 책, S. 10.

29) P. Göhre, 앞의 책, S. 19. 그외에도 다른 통계를 살펴보면, 도시에 따라 사정은 달랐고, 노동자가족 중에는 난방이 되지 않는 공간에 사는 경우도 있었고, 부엌이 딸렸거나 아니면 부엌이 없는 주택 혹은 작은 창고가 있는 주택에서 살기도 하였다고 한다(S. Reck, 앞의 책, S. 75).

30) L. Niethammer, 앞의 글, S. 75; G. Korff, "Einige Bemerkungen zum Wandel des Bettes," *Volkskunde* 77 Jg., 1981, S. 11.

31) S. Reck, 앞의 책, S. 83.

32) R. Sieder, 앞의 책, S. 183~84; H. Rosenbaum, *Formen der Familie*, S. 417~22.

33) G. Korff, 앞의 글, S. 4~5, 9.

34) L. Niethammer, 앞의 글, S. 63, 73, 130~32.

35) H. Rosenbaum, *Proleatrische Familie*, S. 463.

36) G. Korff, 앞의 글, p. 12에서 재인용.

37) 여러 명이 함께 침대를 사용하는 현실에 대한 불안은 관청 주변에서도 떠올랐다. 1903년 에센시는 "모든 숙박인에게 침대 한 개씩을 배정해야 한다"는 규정을 발표하였고, 노동자가족은 각기 교대근무시간에 따라 숙박인을 수용함으로써 이런 상황을 타개하고자 하였다(L. Niethammer, 앞의 글, S. 119).

38) G. Korff, 앞의 글, S. 12.

39) 같은 글, S. 13.

40) 같은 글, S. 12; J. Kuczynski, 앞의 책, S. 417.

41) H. Mommsen, "Die Bergarbeiterbewegung an der Ruhr 1918~1933," J. Reulecke hrsg., *Arbeiterbewegung an Rhein und Ruhr*, Wuppertal, 1974, S. 276~77; L. Niethammer, 앞의 글, S. 127.

42) S. Reck, 앞의 책, S. 134~42. 그외에도 J. S. Roberts, *Drink, Temperance and the Working Class in Nineteenth Century Germany*, London, 1984 참조.

43) S. Reck, 앞의 책, S. 142~43.

44) 같은 책, S. 118~19.

45) H. Rosenbaum, *Formen der Familie*, S. 452~57.

46) Adelheid Popp, *Jugendgeschichte einer Arbeiterin*, München, 1927 참조.

47) 같은 책, S. 441; Martin Soder, *Hausarbeit und Stammtischsozialismus*, Giessen, 1980, S. 60.

48) 레크는 1904년 푹스(R. Fuchs)의 수기를 예로 들어 이런 결론을 내리고 있다(S. Reck, 앞의 책, S. 118).

49) H. Rosenbaum, *Proletarische Familie*, S. 201~203.

50) P. Göhre, 앞의 책, S. 204~206.

51) 임신한 소녀가 버림받을 위험도 배제할 수 없기 때문에 여기에는 일정한 모험성이 함께 계산되어야 했다(R. Sieder, 앞의 책, S. 199~205).

52) S. Reck, 앞의 책, S. 112~14; R. Sieder, 앞의 책, S. 199~206.

53) H. Rosenbaum, 앞의 책, S. 195~200.

54) F. Engels, *Der Ursprung der Familie, des Privateigentums und des Staats*, Berlin, 1977, S. 81~95.

55) A. Bebel, *Frau und Sozialismus*, Berlin, 1990, 4. Abschnitt 참조.

56) Volker Ulrich, *Die Hamburger Arbeiterbewegung vom Vorabend des Ersten Weltkrieges zur Revolution 1918/19*, Hamburg, 1976, S. 77.

57) R. J. Evans, 앞의 글, pp. 256~88.

58) J. Kuczynski, 앞의 책, S. 410.

59) 같은 책; H. Mommsen, "Abeiterkultur und Lebensbedingungen der Industriearbeiterschaft in Deutschland am Vorabend des Ersten Weltkrieges," Gemeinsame Deutsch-Polnische Schulbuchkommission hrsg., *Industrialisierung, Sozialer Wandel und Arbeiterbewegung in Deutschland und Polen bis 1914. Schriftenreihe des Georg-Eckert-Instituts für Internationale Schulbuchforschung* Bd. 22/II, S. 123~39.

60) 적어도 1차대전 이전까지 사회민주당원이 되는 것은 자신이 성장한 기존 전통과의 결별을 의미하는 것이고 동시에 '사회민주주의자'로서 당하는 손해와 차별의 감수를 의미하였다. 바로 이런 점들이 더 적극적으로 개인적인 혹은 집단적인 결단을 내린다든가 어떤 변화를 시도하는 것을 용이하게 하였는지도 모른다. 심층면접한 사회민주당에 속한 16가족의 경우, 전체적으로 재정상태나 자녀수, 출신성분도 다양하였고 이들 중 1/4은 미숙련노동자였다. 이를 통해서 우리는 사회경제적 처지 못지않게 사회민주주의적 저변문화가 이들의 가족관계에 영향을 주었음을 알 수 있다(H. Rosenbaum, 앞의 책, S. 249~62).

61) 뿐만 아니라 남성들은 여성과 같이 일하면, 괜히 쓸데없는 가십거리나 스캔들을 만들어낼 수 있다고 생각하였다. 그리고 로자 룩셈부르크나 하제(K. Haase) 등은 당내에서 남성들에 의해 따돌림당했다(R. J. Evans, 앞의 글, pp. 274~75; Heinz Niggemann, *Emanzipation zwischen Sozialismus und Feminismus. Die Sozialdemokratische Frauenbewegung im Kaiserreich*, Wuppertal, 1981, S. 291 참조).

62) 사회민주당 지도부는 당시 활발하던 노동자의 경향예술을 질적으로 저급하다는 이유를 들어 거리를 두고자 하였다. 그래서 참된 사회주의 예술이 만개할 때까지는 수준 낮은 아마추어 노동자예술보다는 시민계급의 고전예술작품을 사회주의 노동자들에게 감상하게

함으로써 노동자계급의 문화적 취향을 높이려 하였다. 실러나 레싱과 같은 초기 부르주아
의 예술작품은 보수·봉건계급에 투쟁하는 가운데서 성장한 것이므로, 그 자체로 노동자
계급에게도 시사하는 바가 적지 않다고 생각하였던 것이다(정현백, 『노동운동과 노동자문
화』, 한길사 1991, 46~47쪽 참조).

63) Hyun-Back Chung, *Die Kunst dem Volke oder dem Proletariat? Die Geschichte der Freien
Volksbühnenbewegung in Berlin 1890~1914*, Frankfurt/M, 1989, S. 1~26, 213~35.

64) *Die Gleichheit* vol. VI, no. 25, 1896. 12. 9; no. 26, 1896. 12. 23, S. 197~202, 203~207.

65) 노동자주택에 걸린 그림에 대한 취향분석은 소시민화 테제에 대한 흥미 있는 반론을 제
공해 준다. 집에 걸어둘 그림을 선택하는 일과 관련하여 '유치함'의 개념에 대한 조사는
노동자계급의 부르주아화에 대한 검증을 가능케 해준다. 19세기 말 교양시민의 발명품인
'유치함'(Kitch)에 대하여 노동계급은 그들과는 다른 개념규정을 지니고 있었고, 노동자들
의 평가기준은 다분히 생활사적인 경험세계에 기초한 것이었음이 밝혀졌다. 이런 조사를
통해 우리는 노동자들 중에서 먼저 앞서서 벽화들을 소지하기 시작하였을 계층인 사회민
주당원의 취향이나 태도를 유추해 낼 수 있다. 사회민주당에 근접한 노동자 문화조직들의
회원들이 염가로 그림을 단체구입한 사실들을 사료 여기저기에서 발견할 수 있었기 때문
이다(M. Scharfe, "Wanderbilder in Arbeiterwohnung," *Volkskunde*, 77 Jg. 1, 1981, S. 28~31;
*Die Kunst dem Volke. Eine Schrift für die Volksbühnenbewegung mit besonderer Berücksichtigung der
Neuen Freien Volksbühne*, Ede. by Dr. Bruno Wille, Jg. IX(1900/01)~XXIII(1912/13) 참
조).

66) 그러나 이런 일반적 특성의 나열에도 불구하고 다시 한번 강조할 점은 19세기 동안 노동
자가족의 형태는 매우 다양하였다는 점이다. 자본주의 관철과 함께 그 다양한 형태가 통합
되는 과정을 보이기는 하지만, 19세기 동안 노동자의 가족형태에서 어떤 계급성을 추출하
는 것은 여전히 모험성을 수반하고 있다. 오히려 계급을 가로질러 가부장제가 끼친 영향도
적지 않고, 노동운동이 사적 생활의 영역에서 대안모델을 제시하지 못한 점도 다양성을 촉
진하는 데 기여하였을 것이다. 앞에서 제시한 여러 특성이 19세기를 관통하는 가장 개괄적
인 경향이겠지만, 그가 노동자 전체를 포괄하는 것은 아님을 염두에 두어야겠다. 향후 노
동자가족에 대한 지역별·직종별 사례연구의 확대를 통해 각론에 토대를 둔, 보다 정교한
일반화가 시도되어야 할 것이다.

67) H. Rosenbaum, 앞의 책, S. 480~88.

68) 이런 변화들을 보여주는 사례는 노동자주택의 벽그림에 대한 연구에서도 잘 드러난다.
샤르페의 조사에 따르자면, 1880년까지는 노동자가족은 그림을 별로 소유하지 않았다고
한다. 19세기 전반기에 농촌가구에서 소지한 그림은 0.3개인 데 비해, 1850~80년에 로이
틀링 노동자 및 수공업자 가구가 소지한 그림은 2.5~2.6개로 증대되었다. 그러나 1972년
에 이르면, 로이틀링 노동자가구는 평균 21개의 그림을 걸어놓았다고 한다. 뿐만 아니라
19세기 전반에 노동자가구는 주로 종교화를 선호하였는데, 19세기 후반에 이르면 노동자
가구의 1/3은 종교화를, 1/3은 풍경화를, 1/3은 세속적인 영웅의 인물화를 소지하였다고
한다. 여기에서 우리는 노동자들의 생활조건의 변화와 취향의 변화를 동시에 읽을 수 있다
(M. Scharfe, 앞의 글, S. 18, 21, 25).

나치독일의 가족과 인구정책

유정희

1. 머리말

독일의 국가사회주의 노동자당은 1932년 11월 선거에서 유권자 33%
의 지지율을 획득한 후 1933년 1월에 대통령이 아돌포 히틀러 당수를
수상으로 임명함으로써 권력을 장악하게 되었다. 이른바 '히틀러운동'은
1919년의 베르사유조약에 의해 강요된 수치스러운 상황으로부터 독일
을 구해 내고 1920년대 말부터 30년대 초에 걸친 심각한 경제위기를 극
복하겠다고 공언하였다. 또한 국가사회주의자들은 창당 초기, 특히 1930
년대 초의 긴박한 선거기간 동안에 완전고용과 (적어도 가장의 경우에)
사회복지에 대한 약속과 함께 가정의 안정과 회복을 위해 앞장설 것을
약속해 왔다. 그러한 약속은 당시 독일의 어두운 사회상황에서 일반 유
권자들에게 잘 먹혀들어갈 수 있었다. 1929년 뉴욕의 증권시장이 휘청
거리면서 시작된 전세계적인 공황으로 인해 독일은 그 어느 국가보다도

심각한 경제위기를 맞이하여 5명 중 1명이 직업을 잃을 정도로 실업률이 치솟는 등의 경제적 어려움으로 말미암아 사회 전체의 고통이 심화되었다. 이러한 위기상황은 곧바로 '가족의 위기'와 맞물렸고, 국가사회주의자들은 이러한 상황을 교묘하게 이용하였다.

사실 바이마르시기는 인구정책과 가족정책에 있어 위기의 시기였으며, 새로운 여성 및 가족 개념이 제시되는 혼란한 시기였다. 전쟁터에서 목숨을 잃거나 불구가 된 남편을 대신하여, 혹은 경제위기로 일자리를 잃은 남편을 대신하여 많은 여성들이 취업현장에 뛰어들 수밖에 없는 상황과 그에 따라 갈수록 더 많은 여성들이 어머니와 아내 역할만 한다는 것이 현실적으로 더욱 어려워지는 상황에서 가부장적 가족제도는 금이 가기 시작하였을 뿐 아니라, 사회 전반의 빈곤화로 인해 낙태비율이 급증하고 출산율이 크게 하락함으로써 가정의 미래는 암울하기만 했다. 또한 새로운 성도덕과 행동양식이 확산되고 대중문화의 열풍이 불면서 젊은 세대는 부모와 마찰을 일으켰고, 이는 1920년대에 심화된 세대갈등의 주요 요인이 되었다. 개인생활의 자율성을 원하는 자식들에 대한 부모, 특히 권위주의적인 아버지의 계속된 간섭은 가정 내에서 갈등을 불러일으켰으며, 이런 부모자식간의 세대갈등이 바이마르시기에 널리 논의되면서 '가족의 위기'라는 표현으로 빈번하게 거론되곤 했다.[1]

나치가 추진한 가족·인구정책은 바로 이와 같은 변화의 시기에 흔들리고 있던 기존의 틀을 다시 한번 고정시키려는 시도인 동시에 그 빛을 잃어가던 옛 개념들을 재차 강조하는 것이었다. 그들은 강하고 안정된 독일국가의 재건을 이상적인 '독일 가정생활'의 복원과 동일시하였다. 국가사회주의자들은 어머니로서의 역할이 여성들에게 가장 이상적인 역할이며, 가정이야말로 여성들이 머물러야 할 장소임을 지적하며 모성과 가족의 중요성을 강조하였다.[2]

독일의 중산층은 새로운 지도자가 가족을 보호하고 경제를 재건하고 사회주의와 공산주의를 진압하고 중산층의 위치를 보장한다는 맹세를 환영하였다. 그러나 여기에서 드러나는 나치정책의 특수한 측면은 국가가 개인과 가족의 생활을 전례 없이 간섭함으로써 사생활을 크게 침해하고, 파시즘의 가치들을 개인과 가족의 의사결정에 적용시키려 했다는 점이다. 또한 나치정권은 인종적·성적 편견을 사회정책과 공적 이데올로기의 기반으로 삼았다. 그리고 무엇보다도 가정을 가부장의 지휘 아래 놓인 단위로 파악하기보다는, '공공생활의 여성적 영역'으로서 여성들이 자신들의 공동체를 위한 의무를 이행하는 곳임을 강조하였다. 이는 민족과 국가를 위한 것이라면 가부장적 권위조차도 희생되어야 한다는 대원칙을 제시하는 것으로서, 이러한 가족개념은 이전의 부르주아적 가치관과는 큰 차이를 보이는 것이었다.

이 글은 그와 같은 나치의 가족정책을 살펴보고, 그것이 독일 제2제국 시기 및 바이마르시기와 비교하여 어떠한 유사점과 차이점이 있는지 살펴보고자 한다. 또한 유사한 파시스트정권이 지배하였던 무솔리니의 이탈리아와도 비교하여 고찰해 보기로 하겠다.

2. 성과 가족에 대한 파시스트 이데올로기

이탈리아의 사회학자인 페르디난도 로프레도(F. Loffredo)는 파시스트사회는 개인·가정·국가라는 세 개의 강력한 파시(fasci)에 의존하고 있는데, 자유주의자들이 가정을 개인주의를 키우는 학교로 본다면 파시스트이론가들은 가정을 전체주의를 준비하는 곳으로 여긴다고 말했다.[3] 그의 말대로 파시스트사회에서는 개인과 가정이 국가의 이해관계와 밀접하게 연결되어 있었고, 국가를 위한 도구가 되었다. 따라서 모든 시민의 국가에 대한 직접적 의무가 강조되었으며, 궁극적으로는 남성과 여성 모두 그들이 강력한 국가에 기여하는 정도에 따라 그 가치가 매겨졌다. 특히 국가는 여성을 인류의 생산자로 규정하였으며, 출산은 사회적 의무라고 강조하였다. 또한 가정은 사회적 기구이자 정치적 기구로 간주되어 개인적 영역으로 남아 있기보다는 국가의 요구에 적극적으로 대응할 것이 기대되었다. 이상적인 가족은 자녀가 많은 대가족이고, 그 가족은 국가의 주요한 구성요소이자 지지기반으로서 국가와 유기적으로 연결되어 있어야 했다.

나치의 사고방식에서도 모든 개인주의는 사라져야 하는 것이었다. 나치정권의 선전장관인 괴벨스(P. J. Geobbels)는 이렇게 단언하였다.

우리가 수행하고 있는 혁명은 완전한 혁명이다. 그것은 공적 생활의 모든 부문을 다 다루고 있다. …우리는 각 개인의 개성을 집단적인 인종의식으로 바꾸어놓으며, 개인을 집단으로 만들어가고 있다. …우리는 각 개인의 모든 생활을 다 포괄할 수 있는 조직을 만들어야 한다. 그렇게 되면 각 사람의 모든 활동과 모든 필요성은 당으로 대변되는 민족공동체에 의해 규제될 것이다. 자의적인 의지는 더 이상 존재하지 않을 것이며, 각 개인에게 속하는 자유영역은 사라지게 될 것이다. 개인의 행복을 추구하는 때는 끝이 났다.[4]

나치정책은 재산을 사회화한 것이 아니라 인간을 사회화하려고 했다는 것이 가장 혁명적일 것이다. 히틀러 역시 이 체제의 혁명적 의미를 자주 암시하였다.

우리의 사회주의는 마르크시즘보다 훨씬 심오한 것이다. …그것은 외적인 질서를 바꾸려는 것이 아니라 사람과 국가의 관계를 변화시키려는 것이다. 무엇 때문에 우리가 개개인의 수입에 대해 관심을 갖겠는가? 왜 우리가 은행과 공장을 사회화하려고 하겠는가? 우리는 사람들을 사회화하려는 것이다. …국가사회주의를 단지 정치적 운동으로 이해하는 사람들은 그에 대해 아무것도 모르는 이들이다. 그것은 종교 그이상이다. 그것은 새로운 인간을 만들어내고자 하는 노력인 것이다.[5]

어떤 종류의 인간인가? 파시스트들은 '보다 남성적인 남성과 보다 여성적인 여성'을 만들고자 하였다. 독일의 소녀들은 "순결하여라, 진실하여라, 독일인이어라"라고 배운 반면, 소년들은 "용감히 싸우고, 영광스럽게 살고, 웃으면서 죽을 것"을 국가에 약속하였다.

그런데 그들이 전통적인 여성의 역할을 강조했음에도 불구하고 이상적인 파시스트여성은 전혀 새로운 인물이다. 그 여성은 가족을 위해 봉사하는 동시에 국가의 부름에도 적극적으로 응답하는 여성이어야 했다. 사실 나치정권이 모성을 강조했다고 하여 여성들의 생활이 단순히 집이나 가족에만 제한된 것은 아니었다. 여성을 집 안에 머물게 한 것은 그것이 경제적으로 유익할 때 한해서였다.[6] 여성에게는 특별한 능력이 요구되기보다는, 국가가 요구하면 언제라도 직장을 떠나 집으로 돌아가고 언제라도 다시 일터로 나올 준비가 되어 있는 유연성이 요구되었던 것이다. 역사적으로 여성은 가족의 필요에 따라 경제활동을 영위하였는데, 히틀러는 이제 가족보다 국가의 필요성을 더 우위에 놓았다.

파시스트사회에서 가족은 사회의 근원세포로서 끊임없는 재생산을 통하여 종족을 보존하고, 현체제를 지지하는 사회구성원들을 길러내는 역할을 수행해야 했다. 그런데 그들의 가족개념은 과거지향적인 것으로, 부분적으로는 근대성에 대한 거부에서 비롯된 것이었다. 즉 근대화로 인해 계급간·양성간의 관계가 변화되고 있고 기존의 성도덕이 무너지고 있다는 불안감에서 나온 것이었다.

그리하여 그들은 '가족의 위기'를 강조함으로써 새로운 여성들의 행동규범을 규제하고 그들의 가족계획 태도를 비난하는 동시에 무너져 가는 가부장적 가족제도와 기존의 남녀간의 권력관계를 다시금 공고히 하려고 했다. 따라서 파시스트들은 가정을 중요한 유기체(family organism)로 간주하고 여성은 남편과 자식들이 속해 있는 이 유기체의 심장 역할을 해야 한다고 강조하였다. 나치의 이상적인 가족상은 흙에 기반을 두고 인종적으로 건강한 아이들을 많이 낳고, 그 아이들의 마음속에 나치국가에 대한 흔들림 없는 사랑을 심어주는 가족이었다.[7] 그러나 조화롭고 안정된 가족을 강조하였음에도 불구하고 파시스트정권은 전체주의 조직들을 동원하여 개인의 가정생활과 사회 전반에 깊숙이 개입함으로써 오히려 사적이고 친밀한 가족관계를 위협하고 가족의 기반을 와해시키는 결과를 가져왔다.

3. 나치 이전의 가족과 인구정책

재생산의 목적과 책임을 가진 가족에 대한 독일정부의 관심은 독일 제2제국시기부터 시작되었다. 당시의 출산율 하락에 대한 대응책으로 19세기 말부터 인구정책을 실시하여 성생활과 출산이라는 지극히 사적인 문제에 국가가 개입하기 시작하였다. 정부는 출산율을 국력과 국가의 건강상태를 가늠하는 척도로 여겼기 때문에, 출산율 하락은 국가의 경제력과 군사력에 심각한 영향을 끼칠 것이라는 우려 속에서 출산장려를 위한 다양한 정책을 마련하였다.

사실 19세기 유럽의 인구문제는 과잉인구에 대한 우려로 일관하였다. 과잉인구가 사회 전반의 빈곤을 초래하며 둘 사이의 악순환이 계속된다고 지적한 맬서스(T. Malthus)의 『인구론』(*Essays on the Principles of Population*, 1788)이 당시의 우려를 단적으로 보여주는 대표적인 것이다. 그 시기 대부분의 유럽국가들은 전례 없는 인구폭발을 경험하고 있었다. 독일인구는 1800년 2500만에서 1900년 5600만으로 2배 이상 증가하였다.

　그러나 19세기 말에 이르러 제국주의적 팽창이 활발해지자 인구증가는 군사력과 국가발전이라는 개념과 맞물리면서 매우 긍정적인 것으로 받아들여지기 시작하였다. 독일의 경우 이같은 시각변화는 세기말경에 나타나게 되는데, 그러나 그때는 이미 출산율이 하향곡선을 그리기 시작한 뒤였다. 사망률 감소로 전체 인구는 계속 늘어나는 추세였으나 출산율은 뚜렷하게 감소되고 있었고, 마침내 출산율 하락은 국가발전을 저해하는 요소로 간주되었다. 그 결과 출산율의 감소는 폐결핵·알코올중독·성병 등과 더불어 병적 증상으로 간주되기 시작하였으며, 이제 그 어떤 병보다도 훨씬 국가의 존립을 위협하는 것으로 여겨졌다. 이후 출산율의 하락은 사회개혁에서부터 국방문제까지, 도덕문제에서부터 여권운동에 이르기까지 모든 논의에서 거론되었다. 대부분의 담론에서 출산문제는 개인적인 문제로 취급되기보다 집단적 이해관계가 우선되는 방향으로 논의가 전개되었으며, 그 결과 개인의 성생활은 사회적 규제대상이 되었다.[8]

　1차대전 이전에 독일의 인구문제를 바라보는 대표적인 시각으로는 세 가지를 들 수 있는데, 출산규제를 주장하는 우생학자들, 피임과 같은 임신예방을 합법화할 것을 주장하는 신맬서스주의자들 그리고 적극적인 출산장려정책의 필요성을 강조하는 출산장려주의자들이다.

　독일에서 우생학의 이론적 근거는 일원론, 다윈의 진화론, 멘델의 유전법칙과 바이스만(A. Weismann)의 원형질(germ Plasm)이론 등과 같은 일련의 유전이론 등이다. 특히 사회진화론은 국제관계와 인간사회에 생존경쟁논리를 도입하여 적자생존의 원리를 당연시하는 입장이었다. 바이스만은 각 개인의 원형질은 다음 세대에 변화 없이 전달되므로 비정상적 사회행위는 사회적 환경이 아니라 유전적으로 결정된다고 보았다. 따라서 그의 논의를 지지하는 이들은 교육이나 사회복지제도로 열등한 이들을 변화시킬 가능성은 매우 희박하다면서, 열등자들의 출산을 규제하는 것이 사회적 혹은 정치적 사안보다 훨씬 더 시급한 문제라고 강조하였다. 또한 우생학자들은 국가가 쇠약해지는 까닭은 출산율 저하에 있기도 하지만 더 심각한 것은 특정 계급의 출산율이 크게 떨어지고 있는 점이라고 했다. 즉 가장 부유하고 교육수준이 높은 계층의 출산율이 가장 가난하고 교육수준이 낮은 계층의 출산율보다 훨씬 낮다면서, 그 결과 다음 세대는 전반적으로 퇴보하게 될 것이라고 경고하였다. 따라서 한 나라의 생물학적 수준을 높이기 위해서는 가장 뛰어난 이들이 아이들을 가장 많이 낳고 가장 열등한 이들이 가장 적게 혹은 전혀 낳지 말아야 한다는 것이다. 그리고 그들은 정부가 자랑하는 여러 시책들(예를 들어 전염병예방, 예방주사, 산업환경 개선, 도심 하수구 설비, 근로자 의료보험 등)은 오히려 인간사회의 자연도태를 방해함에 따라 선천적으로 '약하고' '열등한' 이들의 생존 가능성을 높여주는 결과를 가져온다고 했다. 이러한 논의와 더불어 20세기 초에는 '비사회적인' 사람들을 돌보는 데 드는 고비용에 대한 우려가 가세하여 부정적 우생학논리가 등장하였는데, 이 부정적 우생학은 정신병자·간질병자·정신박약아 같은 열등한 이들과 맹인 같은 단순한 육체적 불구자들의 자녀출산을 막는 데 초점을 맞추고 있었다. 우생학논의는 진보적인 성향의 사회개혁가들에게는 많은 영향을 미쳤으나 1차대전까지의 정부정책에는 별다른 영향을 미치지 못하였다.

한편 신맬서스주의자들은 우생학자들과 마찬가지로 인종의 퇴화에 많은 관심을 가졌지만, 열등 유전자 때문이라는 우생학자들과 달리 그 원인을 인구과잉에서 찾았다. 그 이름에서 알 수 있듯이 이들은 인구과잉이 빈곤을 초래한다는 맬서스의 주장에 동의하는 입장이었지만, 그 대응책으로 결혼을 늦추거나 성관계를 억제하라는 맬서스적인 비관론적 방법을 거부하고 피임이야말로 인류의 발전을 가져다주는 유일한 방법이라고 강조하였다. 따라서 이들은 피임방법을 대중화하여 어머니와 아이의 건강을 증진시키고, 조기결혼을 장려하여 매춘과 성병을 퇴치하고자 하였다. 특히 20세기 초 다양한 신맬서스주의 단체들이 결성되어 좀더 자유롭게 피임을 할 수 있도록 허용해 줄 것을 요구하였다. 그러나 그와 같은 주장을 하는 이들은 제2제국시기에는 소수에 불과하였다.

그 무엇보다도 독일제국 시기에 가장 널리 지지를 받았던 견해는 출산장려정책이었다. 당시 정부의 공식적인 인구정책은 새로운 전문가집단으로 등장한 의사들의 영향을 많이 받았는데, 관료들은 사회문제에 관해서는 경제이론보다 의학적인 진단이 더 신뢰할 만하다고 여겼기 때문이었다. 당시의 의사들은 심각한 인구변화의 추세를 가장 먼저 감지한 집단이었는데, 그들은 점차 관심을 전염병예방이나 질병치료 등에서 산모나 유아의 건강 쪽으로 돌리게 되었다. 의사들이 국가의 관리가 된 이후에 변해 가는 일반국민들의 출산양태를 예의주시한 결과, 낙태증가를 발견하게 되었고 그로 인하여 출산율 하락에 대한 우려를 나타내기 시작하였던 것이다. 그 문제에 대해 일부 의사들은 당시의 인구수준을 유지하기 위해서는 가족당 최저 자녀수를 설정해 주어야 한다고 주장했는가 하면, 또 일부는 특별수당과 같은 재정지원을 통해 더 많은 자녀를 낳도록 유도해야 한다고 정부에 권장하였다. 사회가 가족의 생계를 조금이나마 책임을 져야 한다는 것이 출산문제에 관한 의사들의 일반적인 견해였는데, 이것은 가족생계를 전적으로 개인적인 문제 혹은 자선단체의 문제로 보는 기존의 시각과 매우 다른 것이었다. 이같은 견해는 정부가 가족수당이나 학비보조 등과 같은 재정적 지원책을 공중건강 유지비용에 포함시켜야 한다는 의견이 강해지면서 자연스럽게 나온 방안들이었다. 반면에 좀더 보수적인 진영에서는 여권운동과 신맬서스주의, 개인주의 등을 비난하며 피임과 낙태를 완전히 금지할 것을 촉구하였다.

독일정부도 출산율 하락의 심각성을 인식하기 시작하였고 그러한 추세를 저지시켜야 할 책임이 있다고 판단하여 1900년부터 피임용구의 거래를 규제하기로 결정하였으며, 음란에 관한 형법조항을 통해 "외설스러운 목적으로 사용되는 물품들", 즉 피임도구의 선전과 진열을 금지하였다. 그후 인구정책과 관련된 일련의 정책들은 사회 전체의 안녕을 개개인의 이해보다 우선시하는 국가 간섭적이고 권위주의적인 공중보건정책 노선으로 일관되었다. 당시 정부는 가족계획을 독일 인구문제의 가장 중요한 원인으로 봄으로써 출산규제행위를 법적으로 처벌하는 데 중점을 두었으며, 그후 출산에 대한 정부의 간여는 당연한 것으로 받아들여졌다. 1914년 8월에 1차대전이 발발하자 국력은 곧 군사력과 동일시되었으며, 인구정책은 더욱 중요한 사안으로 대두되었다. 1915년에는 전쟁부상자 수는 예상보다 늘어가는 데 비해 출산율은 더 급격하게 하락하자, 인구문제에 대한 논의가 격화되어 갔다. 군당국의 세력이 강화되고 공공생활에 대한 통제가 가중되면서 가정생활과 개인의 성생활에 대한 국가의 개입이 보다 용이해졌고, 그 결과 규제가 더욱 심해졌다. 계속된 출산율 하락에 대해 정부는 '출산율 하락과의 전쟁'을 선포하고 적극적으로 인구부양책을 펴나갔으며, 그와 관련된 다양한 방안들은 위로부터의 인구정책을 고착화시키는 결과를 가져왔다.

그러나 바이마르공화국 시기에는 패전 후 정치권력의 변화와 사회적 불안으로 인구정책에서 문제의 핵심이 달라졌다. 이제 초점은 양적인 인구부양책보다 사회복지정책에 맞추어지면서, 더 많은 아이보다 육체적·정신적으로 더 나은 아이(better rather than more children)를 원하는 방향으로 수정되었다. 바이마르정부는 기존의 강제적인 인구부양정책을 포기하고, 처벌보다는 돌봐주는 새로운 태도를 보임으로써 무모한 출산장려 대신 사회복지, 공중위생 및 현실적인 가족계획을 강조하였다. 그러나 가장 획기적인 변화는 1920년대 중반 들어서 바뀐 피임에 대한 공식태도로서, 이제는 피임을 허용하기로 결정하였다는 점이다.

　이런 변화는 무엇보다도 패전 이후의 경제난과 주택난 그리고 공중건강의 심각성에서 비롯된 것이었다. 이제 대가족은 그 가정의 경제사정을 악화시키고 가족의 건강을 해칠 뿐만 아니라 사회보장기금을 갉아먹는 요인이었다. 의사들 또한 피임이 낙태를 막는 가장 좋은 방법이라는 견해를 피력하였다. 그 결과 '예방이 치료보다 낫다'라는 구호 아래 피임은 공중위생의 도구가 되었으며, 피임을 개인적인 문제가 아닌 사회적인 장치로 간주하는 인식의 변화가 나타났다. 좌파 지식인들 중심의 성개혁 지지자들은 노동자계층의 삶을 개선하려는 의도에서 피임에 관한 지식을 전파하고 그에 필요한 도구를 나누어주었다. 그리하여 바이마르 말기에는 100여 곳의 가족계획상담소에서 가족계획과 성생활 문제에 대해 조언을 해주고 있었다.

　그리고 '적지만 뛰어난 아이들'을 강조하는 정책으로 인해, 유전인자의 질을 높여 건강하고 똑똑한 아이의 출산을 목적으로 하는 우생학에 대한 거부감이 점차 사라졌다. 우생학에는 긍정적인 것과 부정적인 것이 있는데, 긍정적인 우생학은 공중위생·사회복지·교육 등을 통해 보다 건강한(fit) 아이를 낳도록 장려하는 것인 반면, 부정적 우생학은 건강치 못한(unfit) 사람들의 자녀출산을 막아야 한다는 주장이다. 전후(戰後) 1920년대 독일에서는 경제사정이 악화되고 사회복지자원이 고갈되어 가면서 부정적 우생학의 필요성이 강조되었고 갈수록 많은 사람들에게 설득력 있게 받아들여졌다. 1931년 프러시아정부가 연간 초등학생 1명당 120~150마르크의 비용을 지출한 반면 정신병자 1명에게는 무려 900마르크를 지출하고 있다는 것이 밝혀져 많은 논란을 불러일으켰다. 한편 피임을 허용하는 상황이 되자 낙태 또한 허용해 줄 것을 요구하는 대대적인 시위가 벌어지기도 하였으나, 낙태를 불법으로 규정하는 법령은 그대로 존속되고 다만 약간의 수정을 거쳐 처벌을 완화하는 수준에 그쳤다.

이같은 변화를 보수주의 진영에서는 심각한 우려의 눈빛으로 바라보았으며, 일부 인구전문가나 정치인들에게는 가족계획이 각 가정이나 여성들의 생존 혹은 행복의 문제라기보다 민족 전체의 앞날이 달려 있는 중요한 문제였다. 특히 1925년의 인구조사는 인구와 사회 전반에 빠른 변화가 진행되고 있다는 당시대인들의 견해를 뒷받침해 주었다. 가장 큰 변화는 당시 독일의 평균 가족규모가 두 자녀 가족으로 줄어들어 근대적인 핵가족제도가 뿌리를 내렸다는 것이다. 그리고 총인구 6241만 619명 가운데 96%가 가족과 함께 생활하고 있었는데, 그들이 속해 있는 가족은 1차대전 이전과 매우 달랐다. 특히 도시 노동자계층이 그러했는데, 하인리히 칠레(H. Zille)와 캐테 콜비츠(K. Kollwitz)의 그림에서 상징적으로 드러나는 기존의 프롤레타리아 대가족은 여전히 좌·우파 정치인들의 선전도구로 거론되었으나 갈수록 과거의 이야기가 되고 있었다.

19세기 말부터 출산율은 꾸준히 감소되고 있었지만 소규모 가족이 노동자계층에까지 확산된 것은 1차대전 후였다. 1925년 조사에 따르면, 노동자계층의 평균 가족수는 3.9명이었다. 또 1931년에 인구문제 전문가 한스 하름젠(H. Harmsen)은 "인구증가를 주도해 온 계층인 도시 프롤레타리아계층이 그 기능을 완전히 상실했다"[9]고 탄식하였다. 종전 직후인 1920년의 독일 출산율은 1천 명당 25.9명이었으나 1933년에는 유럽에서 가장 낮은 14.7명으로 급격하게 감소하였다. 출산율이 19세기 말에 비해 반으로 떨어졌는데, 특히 수도 베를린의 경우 인구 1천 명당 43.1명이던 것이 1923년에는 9.9명으로 급감하였다. 이제는 노동자계층의 부인들도 봉급생활자나 관료·전문가 집단의 아내들과 마찬가지로 자녀를 적게 낳았던 것이다. 1933년에 베를린에 거주하는 전체 기혼자의 약 35%가 자녀를 낳지 않았는데 이는 독일 평균보다 2배나 높았다.[10]

4. 나치독일의 가족과 인구정책

이같은 상황에서 나치의 정책은 다시 한번 1차대전 이전 시기의 적극적인 출산장려정책으로 되돌아가서 인구감소 추세를 저지하는 동시에 인종적으로 순수한 민족공동체를 만들어가려는 것이었다. 그 과정에서 독일 제2제국시기와의 커다란 차이는 제2제국시대에는 별다른 영향을 미치지 못했던 부정적 우생학 논리가 이제는 사회 전체에 널리 받아들여졌을 뿐 아니라 더 나아가 나치정권은 자신들의 인종적 편견을 덧붙여서 정권이 원하는 바를 강제적으로 실시하였다는 점이다.

그 결과 출산 장려 및 억제 정책이 동시에 실시되는 기이한 현상이 나타났다. 나치정부는 법적으로는 '인종적으로 건강한' 남녀의 불임시술을 엄격하게 금지하면서 '인종적으로 열등한' 이들의 불임시술은 의무화하였던 것이다.[11] 나치정권이 들어서자 가족계획상담소는 완전히 폐쇄되었으며, 피임과 낙태를 규제하는 법안들이 더욱 강화되고 경찰의 감시도 날카로워졌다. 1943년에는 낙태를 한 여성을 실형에 처하는 법안이 다시 도입되는 등 출산장려정책이 적극적으로 시행되었다. 이 시기에 낙태를 시행했거나 도와준 이유로 체포되어 기소된 사람의 수도 2배로 증가하였으며, 그에 대한 처벌은 훨씬 가혹해졌다. 또한 비도덕적이고 저속한 각종 출판물을 퇴치하기 위해 일련의 명령이 하달되었다. 1933년 2월 23일에 발표된 법령에 따라 포르노그래피는 엄격하게 탄압되었고, 동성애조직은 모든 공적 활동을 금지당하였다. 그와 동시에 가정생활의 회복을 위해 시행된 억압적인 방법 중 하나가 거리의 매춘부들에 대한 단호한 조처였다. 히틀러는 매춘부를 '유태인화' 및 "우리의 감정을 좀먹는 배금주의"의 상징이라 비난하였고, '국민과 국가의 보호'를 위해 제정된 1933년 2월 28일자 법령에 의거하여 경찰은 수천 명의 매춘부들을 체포하였다.

　정부는 각종 선전을 통해 가정생활의 안정과 건강한 가족을 강조했지만 나치지도자들은 단란한 가정생활보다 출산율을 높이는 데 더 많은 관심을 가지고 있었으며, 그 결과 적극적인 출산장려정책으로 중요한 사회개혁안 세 가지가 마련되었다. 첫번째는 1933년부터 시작된 결혼자금 대여 방안으로, 아내 될 사람이 직장을 다니다가 결혼과 동시에 직장을 그만두는 경우 그 남편에게 매우 낮은 이자로 결혼자금을 대출해 주되 원금 또한 자녀를 1명 낳을 때마다 1/4씩 삭감되어 4명 낳을 경우 원금이 모두 상환되는 제도였다. 두번째는 가장의 경우 아내와 자녀들의 몫으로 소득세 및 상속세의 일부를 환불받는 제도이다. 이 세금환불제도와 더불어 자녀 없는 가정의 경우 세금을 가중하는 제도가 실시되었다. 1936년에 도입된 세번째 방안은 다섯째 자녀를 낳은 가정에 매달 자녀양육비를 지급하는 것으로서, 실시 2년 후부터는 셋째 아이부터 양육비가 지급되었다. 그외에도 많은 법안이 제정되었는데, 예를 들어 여섯번째 아이를 임신한 여성은 저명한 인사를 그 아이의 대부로 선택할 수 있었다(어머니들은 대부로 히틀러보다 힌덴부르크 대통령을 더 많이 선택하였다). 그리고 히틀러 어머니의 생일날(8월 12일)로 변경된 어머니날을 국경일로 지정하였으며, 다섯 자녀를 둔 여성에게는 동메달, 여섯 자녀의 경우 은메달, 일곱 자녀 이상인 경우에는 금메달을 수여하는 어머니메달도 등장했다.[12)]

　그러나 출산장려 선전과 그를 위해 고안된 복지정책의 효과는 지극히 제한되었다. 결혼자금을 대출한 부부들은 원금공제의 혜택에도 불구하고 대부분 자녀를 1명 낳고 나머지 금액을 현금으로 갚았다. 자녀양육비 지급 역시 출산율 증가에 별다른 영향을 끼치지 못하였다. 이와 같은 나치 출산장려정책의 한계는 두 집단의 예에서 명백하게 드러난다. 한 그룹은 국가사회주의의 지지자요 출산장려정책의 주요 대상이 된 '가치 있는' 독일인집단인 나치당 간부들인데, 그들은 출산장려정책을 자신들이 아닌 다른 사람들에게만 해당하는 것으로 여겼던 것으로 보인다. 나치의 한 인구학자는 1933~37년에 결혼한 당 간부의 18%가 1939년 현재 아이가 없고 42%가 1명, 29%가 2명의 자녀를 두고 있을 뿐이라고 개탄하였다. SS대원의 경우에는 1942년 현 61%가 미혼이고 기혼자의 자녀수는 평균 1.1명이었다. 이러한 경향은 당원과 SS대원 중에서 가장 높은 비율을 차지하는 전문가집단인 의사들의 경우에도 마찬가지였다.

게다가 1937년부터 결혼자금의 대출자격이 완전히 달라짐으로써 나치정책이 일관성을 결여했음을 극명하게 보여주었다. 이제 여성들은 자금을 대출받기 위해서는 직장을 포기해야 하는 것이 아니라 계속 일을 해야 했던 것이다. 전면전을 위한 준비작업이 가속화됨에 따라 노동력이 부족해지자, 나치정부는 여성들이 노동전선에 뛰어드는 것이 조국을 위한 것이라고 강조하면서 여성인력을 동원하기 시작하였다.

그런가 하면 나치정권하에서 수많은 남녀가 강제적으로 아이를 낳지 못하게 규제되었다. 히틀러정부는 가족계획을 없애버린 것이 아니라 국가가 독점해 버렸던 것이다. 1933년 6월 내무장관은 인종 및 인구 정책에 관해 연설하면서, 독일인구의 20%에 해당하는 약 1200만 명은 어머니나 아버지로서 부적당하다고 지적하였다. 그는 "유전적으로 건강한 아이의 출산을 늘리기 위해서는 무엇보다도 우선 우리는 유전적으로 열등한 자손의 출산을 막아야 할 의무가 있다"[13]고 강조하였다. 이 반(反)출산주의적 연설은 그로부터 2주일 후에 나치정권의 첫번째 인구정책에 관한 법령을 탄생시켰다. 우생학에 근거하여 불임을 의무화한 이 법에는 필요에 따라서는 강제적으로 혹은 경찰의 도움까지 받도록 규정하고 있다.

이와 같이 국가가 앞장서서 이론과 선전과 정치적·제도적 실행을 결합하여 많은 희생자를 낳은——'대량학살의 전조'로 볼 수 있는——반출산정책을 실행한 예는 역사상 그 유례를 찾아볼 수 없다. 많은 여성들,

특히 젊은 여성들이 불임시술이 행해지기 전에 임신을 시도하는 등 저항의 움직임을 보이자 1935년에 불임법에 낙태가 첨가되었다. 그리하여 우생학적인 근거에서 임신 6개월까지 낙태가 가능하게 되었고 그 과정에서 강제 불임시술이 동시에 행해졌다. 이미 1934년부터 전국에 205개의 특별우생학재판소가 설치되어 임신'적격자'를 결정하였으며, 1년 후에는 10만여 건의 불임시술 신청서——대부분 사회복지사가 고객을 대신해서 작성함——가 재판소에 제출되어 약 5만 6천 건의 시술이 시행되었다(남자 2만 8천 명, 여자 2만 7900명).[14] 그후에도 대기자명단은 계속 이어졌는데, 1934년 한 우생학 담당자는 독일여성에게 이렇게 말하였다. "당신과 내가 어떤 사람이고 앞으로 어떤 사람이 될지는 이미 유전인자에 의해 결정되어 있습니다."

나치정부가 수행하는 정책은 '더 높은' 의무와 민족 전체를 위한 것이라 강조되었다. 뿐만 아니라 1935년 발표된 결혼금지조항은 바람직하지 않은 자녀의 출산 가능성을 한걸음 더 나아가 배제함으로써 반출산정책을 더욱 강화시키는 조처였다. 예를 들어 9월의 뉘른베르크법령은 유태인·집시·흑인과 독일인의 성관계 및 결혼을 금지하고 있고, 10월의 법령은 불임시술을 받은 자와 일반인의 결혼 또한 금지하였다. 그 결과 1933~45년에 가임여성의 1%에 해당하는 약 20만 명이 우생학적인 이유에 의해서 불임시술을 받았다. 결국 나치의 정책은 '개인적인'이라는 것과 '정치적인'이라는 개념을 재규정하였다. 나치정권의 불임법은 "개인의 삶과 결혼 그리고 가족보다 국가가 더 우선한다"(Primat des Staates auf dem Gebiet des Lebens, der Ehe und der Familie)는 점을 명확히 한 것으로서, 출산규제정책을 통해 사적인 영역을 정치적 영역에 종속시키고 지배받게 하였던 것이다. 불임법은 '개인적인 것이 정치적'이며, 개인적 영역과 정치적 영역을 구분하는 것조차 정치적이라는 견해를 표명하는 것이었다.[15]

　이와 같은 '인종의 향상'과 '순수한 아리안 혈통'에 대한 집착은 1930년대 중반부터 기존의 결혼관을 크게 변화시켰다. 무엇보다 사회의 근원 세포로서 가족은 신성한 것이며 절대로 나누어질 수 없다고 강조되어 왔으나, 이제 이혼이 쉽게 이루어지게 되었던 것이다. 원래 이혼법은 '아리안' 배우자가 '인종적으로 부적합한' 배우자와 손쉽게 이혼할 수 있게 하기 위해 제정된 것이었다. 나치정부는 집권 초기부터 유태인이나 인종적으로 열등하다고 간주되는 사람, 불임시술을 받은 아리안 들과 함께 살고 있는 그 배우자(대부분 남성)에게 이혼할 수 있는 권한을 부여해 왔는데, 법원의 결정은 점차 비유태계 독일인에게까지 확대되었을 뿐 아니라 1938년의 대대적인 이혼법개정은 이런 현실을 감안한 것이었다. 새로운 이혼법은 이혼을 할 수 있는 근거를 공식적으로 다시 규정하였는데 간통, 임신거부, 비도덕성, 성병, 3년간의 별거, 정신질환과 더불어 우생학적인 열등함과 인종적 기준에 못 미치는 경우 등이 첨가되었다. 이에 대한 반응은 빠르게 나타나, 새로운 법규정에 따라 3만여 건의 이혼소송이 제기되었고, 80%의 경우 남편이 아내를 떠났다.

　두번째는 미혼모에 대한 정부의 태도변화였다. 그동안 미혼모의 증가는 부도덕함의 상징으로 간주되어 왔으나, 나치통치하에서 '인종적으로 적합한' 미혼모는 수당을 비롯하여 당국의 보호까지 받게 되었던 것이다. 미혼모에 대한 법률은 2차대전 이후에야 바뀌었지만, 남편이 없는 아내와 법적 아버지가 없는 아이들의 권리를 인정해 주려는 움직임은 1930년대 중반부터 시작되었다. 인종적으로 적합한 미혼모를 위한 집을 운영하고, 그 아이들에 대한 편견을 없애려는 움직임은 나치이데올로기로부터 나온 것이었다. 또 1930년대 중반부터 혼전임신은 교사 및 공무원의 해고사유가 될 수 없었다.[16) 이와 같은 정책은 출산율 증가에는 큰 영향을 미치지 못한 반면, 국민들의 윤리의식에 큰 타격을 주었으며 결혼제도 자체를 위협하는 결과를 야기하였다.

따라서 전통을 고수한다고 주장하면서도 나치정책은 오히려 20세기의 특징적인 현상을 가속화한바, 이혼율이 결혼율보다 더 빠르게 증가하는 결과를 가져왔던 것이다. 출산과 마찬가지로 결혼문제에서도 나치정책은 모든 산업국가에서 공통적인 현상을 차단하지 못하였다. 전통과 결혼, 가족이 강조되었음에도 불구하고 제3제국시기의 독일사람들은 더 어린 나이에 결혼하였고 아이를 더 적게 낳았으며 남편들은 예전보다 더 쉽고도 자주 이혼할 수 있었다.

한편 히틀러에게 표를 던졌던 많은 어머니들은 나치의 가족정책으로 자녀에 대한 부모의 영향력을 되찾을 수 있을 것으로 기대하였으나 그들의 예상은 빗나갔다. 제3제국시기의 학교에서는 인문교육보다 이념교육이 더 강조되었고, 히틀러청소년단이나 독일소녀단 같은 또래집단의 활동이 적극적으로 권장되면서 부모의 영향력은 오히려 더욱 축소되었다. 그 결과 자녀와 부모 관계는 심각하게 위협을 받았다. 나치시대에 50여만 명의 10대소녀들이 독일소녀단에 가입하였는데, 그 결과 독일의 어머니들은 자신들이 묵인한 전체주의 국가의 영향력을 직접 느낄 수 있게 되었다. 당시 나치조직은 청소년들에게 아주 강한 유혹이었다. 동독의 유명작가 크리스타 볼프(C. Wolf)는 매우 솔직하게 자신의 경험을 바탕으로 한 글을 썼다. 볼프는 그 글에서 나치시대에 10대를 보낸 넬리라는 소녀와 그녀의 사회주의자 어머니의 갈등을 다음과 같이 묘사하고 있다.

매우 어색함을 느낀 후 넬리는 크게 웃음으로써 자신의 어색함을 털어버리려 하였다. 너무 크게 웃었나. 그때 조장이 끼여들었다. 얼마나 다행이었는지. 미키라고 불리는 마리안이라는 이름의 명랑한 소녀인 조장의 쾌활함이 정말 좋았다. "나를 미키라고 불러, 미키같이 생겼으니까." 또 다른 기쁨도 있었다. 마지막에 다른 아이들과 함께 조장 주위를 빙 둘러서서 수줍음을 다 잊어버리고 서로의 손을 꼭 잡을 때 밀려오는 강한 친밀감이란. 집으로 돌아오면서 그녀는 새로운 단어에 익숙해지려고 계속 되뇌었다. "동지애, 동지애, 동지애." 그것은 보다 고귀한 삶을 의미하는 것 같았다. 그것은 생선통조림통과 설탕자루, 빵과 천장에 매달린 소시지로 꽉찬 조그만 가게와는 거리가 먼, 그리고 지금도 밖에서 그녀를 기다리고 있을 작업복차림의 하얀 인물로부터 멀리 떨어진 고귀한 삶을 약속하는 것 같았다. 그녀의 엄마는 아마도 오랫동안 기다리고 계셨을 것이다. '애가 왜 이렇게 안 올까?' '동지애'에 대하여는 한마디도 하지 않았다. 그녀는 발을 닦았다. 그녀는 어머니에게 한마디도 하지 않았다. 미키가 그들과 같이 행진하고 노래 부르고 놀았다는 것을 어머니에게 말하지 않았다. …어머니가 그녀에게 줄 수 없는 그 무엇이, 그러나 그녀는 결코 놓치고 싶지 않은 그 무엇이 있었다.[17]

유명한 소설가 잉에베르크 드레비츠(I. Drewitz)는 부모님과 상의도 없이 독일소녀단에 가입한 것에 대해 이렇게 말하였다. "왜냐구요? 열세 살 나이에 생각하는 것들 때문이죠. 부모님에게 반항하고 싶었어요. 부모님들은 다른 사람들은 다 좋아하는 것들을 싫어하셨거든요." 공산주의자 부모님을 둔 게르다 초른(G. Zorn)은 1933년 이후의 가정생활이 얼마나 어두운 것이었는지 기억하고 있었다. 그녀의 부모님들은 자신들이 증오하는 나치에 대해 아무런 저항도 할 수 없다는 것 때문에 심한 좌절을 느끼는 한편으로 조그마한 일로도 체포당할지 모른다는 극도의 두려움으로 인하여 집안분위기는 늘 어두웠다. 초른 역시 부모님에게 말씀드리지 않고 독일소녀단에 가입하였다. 그후 그녀는 소녀단 친구들과 함께 견학을 가거나 하이킹을 하면서 즐거운 시간을 보냈으며, "보다 커다란 목표를 위하여 일한다"는 흥분에 휩싸였다. 그런가 하면 히틀러가 수상에 임명되었을 때 부모님이 너무나 감격하셔서 같이 기뻐했던 르나테 핀크(R. Finckh)라는 소녀는 얼마 지나지 않아 깊은 소외감을 느끼게 되었는데, 그 이유는 그녀의 부모님이 이런저런 나치 행사에 참석하느라 늘 바빴기에 언제나 '텅 빈 집'에 자기 혼자 있었기 때문이었다. 열한 살 때 독일소녀단에 가입한 후 핀크는 이렇게 고백하였다. "저는 마침내 정신적 위안처이자 안전한 쉼터를 갖게 되었고, 곧 나의 가치를 인정해 주는 이들을 만났어요. …'소녀들이여! 총통께서는 너희들을 필요로 하신다'는 연설에 큰 감동을 받았어요. 누군가가 고귀한 목적을 위하여 나를 필요로 한다는 사실에 나는 자부심을 가지게 되었고 참다운 기쁨을 맛볼 수 있었죠." 그리고 그녀보다 세 살 위인 조장에게 자기가 얼마나 헌신적이었는지 기억하고 있었다. 핀크는 "우리 히틀러소녀단 단원들은 같은 소속감을 느꼈고 독일 민족공동체 내의 엘리트그룹이라 자부하였습니다"[18]라고 회고하였다.

나치 청소년조직은 소년 위주의 과거의 청소년문화와 달리 소녀들을 위한 조직도 결성되었으며, 보다 많은 소녀들을 끌어들이기 위해 운동과 하이킹, 캠핑, 탐험 등의 다양한 프로그램을 제공하였다. 이런 활동을 통해서 소녀들은 틀에 박힌 단조로운 생활에서 벗어날 수 있는 기회를 갖게 되었으며, 잠시 동안이나마 부모의 권위에서 벗어나 같은 또래의 소녀들과 동료의식을 느낄 수 있었다. 그러나 나치정부의 의도는 소녀들을 독립적이고 활동적인 여성으로 만드는 것이 결코 아니었다. 나치는 자라나는 소녀들을 부모의 영향에서 벗어나게 하여 부모의 바람보다 국가의 요구를 우선시하도록 교육을 시키는 데 중점을 두었으며, 나치의 인종적·성적 편견을 주입함으로써 전체주의 국가가 원하는 여성상을 만들고자 하였다.

이처럼 나치정권은 독일국민들에게 전통적인 가족을 복원시키겠다고 약속하였으나, 결과적으로 나치정책은 전혀 새로운 가족을 만들어내었으며 그 새로운 가족은 외부의 간섭을 막아주기보다는 외부의 간섭을 불러들이는 통로 역할을 하였다. 이제 더 이상 사적인 영역은 존재하지 않았다. "독일에서 숨을 쉬고자 하는 사람이면 누구나 국가사회주의를 들이마셔야" 했던 것이다. 나치 노동전선을 이끌었던 라이(Ley) 박사는 "여러분은 오직 잠잘 때만 개인적인 삶을 사는 것"이라고 강조하였다.[19] 가족의 행복 또한 더 이상 그 자체가 목적이 될 수 없었고 국가이익에 기여하는 것만이 중요한 것으로 간주되었으며, 정부가 주관하는 가족보호 프로그램 역시 가족구성원들이 함께 영위했던 생활의 영역을 좁혀갔다.[20]

나치정부의 사회정책은 가족구성원들을 정치집회와 군사훈련에 동원함으로써 뿔뿔이 흩어지게 했고,[21] 우생학 법안은 결혼과 출산에 대한 개인적인 선택의 문제를 공론화하였으며, 지도자에 대한 충성을 강조함으로써 가정 내에서 아버지의 권위를 크게 잠식하였다. 또한 당시 힘러(H. Himmler)는 가장 완벽한 감시제도를 만들어 운영함으로써, 자녀가 부모를 감시하고 학생이 교사를 감시하고 가정부가 주인을 감시하고 가게점원이 손님을 감시하게 하였다.[22] 이런 그물망을 통해서 개인들간의 신뢰를 무너뜨리고 개인을 국가의 철저한 감시 아래 두고자 하였던 것이다.

이탈리아의 파시스트정권 역시 가족에 대해 깊은 관심을 보였는데, 특히 강력했던 라틴가족을 부활시키는 동시에 로마제국과 같은 막강한 국가의 위상을 회복시키겠다고 공언하였다. 이 과정에서 파시스트정권은 가족의 유대감을 강화하여 계급적 연대감을 제거하고자 하였으며, 남녀간의 자연스러운 분업과 생물학적 운명에 의해 결정된 권위체계를 바탕으로 한 질서 있고 갈등 없는 가족을 통해서 국가의 확고한 위계질서를 상징적으로 보여주고자 하였다. 그러나 무솔리니정권 역시 가족의 가치를 존중하겠다는 공언에도 불구하고 국가를 위하여 가족의 생활을 통제하였고, 국가의 이름으로 모든 면에서 간섭함으로써 가족생활에 전례 없는 압력을 가하였다. 1936년 무솔리니는 포위된 이탈리아를 위기를 맞이한 가족에 비유하면서, 각 가족이 이탈리아의 에티오피아 침공에 대한 UN의 경제제재조치에 대항하는 요새가 되어야 한다고 강조하였다. 정부는 가정을 국가의 견고한 지지기반으로 삼고자 하였던 것이다.

또한 독선적인 무솔리니는 지극히 전통적인 국가를 통치하는 과정에서 모든 권위를 자신에게 집중시켰다. 그러자 정치적으로 무기력해진 가장들은 가족 위에 더욱 강력하게 군림함으로써 그에 대한 보상을 받으려고 했다. 예를 들어 1929년의 '개혁'은 가정에서 '물리적인 처벌과 훈련'에 대한 남편의 권리를 지지하는 내용이었는데, 도망간 아내는 경찰의 추적을 받을 수 있었고 잡힐 경우 2년의 실형을 선고받았지만 남자에게는 이같은 속박이 사실상 존재하지 않았다. 또 1932년의 법은 만약 남자가 자신의 아내나 어머니, 누이를 그들의 의도적인 간통 때문에 죽였다면 그 행위는 '명예로운 범죄'로서 처벌을 면할 수 있다고 공포하였다. 그후 살인죄가 50% 가까이 줄어들었는데, 그것은 상당수의 살인이 '명예로운' 일로 간주되었기 때문이다. 여성의 지위를 향상시키겠다는 무솔리니의 서약에도 불구하고 일련의 법들은 아버지와 남편들에게 더 많은 권리를 부여하였다.

파시즘정권 아래서 여성은 더욱더 주변부로 밀려났으며, 그 역할도 고정되었다. "집을 향하여"라는 슬로건이 단적으로 말해 주듯이, 여성정책은 여성을 공적 생활에서 퇴출시키는 데 초점이 맞추어졌으며 희생적이고 순종적이고 경건한 카톨릭 여성이 이상적인 모델이 되었다. 대중언론은 여성들이 더 많은 아이를 낳도록 선전하였으며, 어디서나 '출산율과의 전쟁'이라는 선전문구를 듣게 되었다. 그리고 국가는 이를 위해 양육보조금을 지급하고 모체안전 프로그램을 운영하는 한편, 적령기의 미혼남성에게는 '미혼소득세'를 2배로 올려 징수하겠다고 발표하였다. "젊을 때 결혼하라" "20세에 하는 결혼은 장한 일이다" 같은 문구가 관보를 통해 널리 홍보되었다.

1935년 10월 무솔리니는 여성들을 향해 대개의 여성들의 유일한 금붙이인 결혼반지를 국가재정을 위해 헌납할 것을 요구하였다. 그리고 12월, 금반지를 기부한 100만여 명의 여성들과 화려한 결혼식을 거행하였고 여성들은 철제 결혼팔찌를 받았다. 이로써 이탈리아 여성과 그 가족 그리고 파시스트국가 사이에는 새로운 유대관계가 형성되었다. 여성들이 지도자에 대한 충성을 맹세하고 생활비와 가족의 기념물을 나라를 위해 바칠 때 그들의 감성은 국가이성에 합류하는 것이고 가사는 국가에 그리고 평화로운 가정생활은 파시스트정부의 군국주의에 연결되었던 것이다. 대외전쟁을 준비하면서 무솔리니는 여성들에게 이탈리아는 여성을 어머니로서, 사기를 높여주는 사람으로서, 소비자로서, 내부의 쇠약함에 대항하여 싸울 지원자로서 필요하다고 선언하였다.

그런데 무솔리니와 히틀러는 둘 다 기존의 성에 관한 통념을 부활시키고 공적인 정치활동에서 여성을 제외시키면서도, 가족과 사회에 대한 정책은 결코 동일한 것이 아니었다. 독일과 이탈리아의 산업화 수준이 크게 차이가 났으며 또 무솔리니와 히틀러의 서로 다른 정치역정은 그 목적을 자각하는 과정에서 주목할 만한 대조를 낳았던 것이다. 페미니스트들조차 자신들이 '가정적'임을 자랑하는 카톨릭사회에서 조직화된 카톨릭문화와 바티칸의 존재는 매우 중요하였다. 이탈리아인의 98%가 카톨릭세례를 받았고, 인구의 약 1/4이 규칙적으로 교회에 출석하고 있었다. 따라서 파시즘에 대한 전적인 충성을 강조하는 무솔리니의 캠페인들은 이탈리아인의 카톨릭에 대한 충성과 피할 수 없는 충돌을 하게 되었다. 그러자 1929년 무솔리니는 교황 피우스 11세와 협정을 맺어 공적인 삶의 넓은 영역에 대한 바티칸의 지배를 인정하였다. 그러자 19세기 말부터 가부장제도와 사유재산을 위협하는 여성해방운동과 공산주의를 공공연하게 비난해 왔던 바티칸은 1930년 자기 부인에 대한 남편의 절대적인 권리를 옹호하였고, 이듬해에 교황은 여성들에게 모성애야말로 그들의 삶에서 중요한 의미를 지닌 것이라고 강조하였다. 마침내 무솔리니와 카톨릭교회는 잠정적인 합의에 도달하였던 것이다.

이와 같이 이탈리아의 민의(民意) 형성에서 카톨릭교회는 막대한 영향력을 행사했으나, 독일에서는 나치즘에 대해 구교와 신교가 통일된 입장을 보인 적이 한 번도 없었다. 그 결과 무솔리니는 가정생활의 개혁과 로마인종의 부흥을 자신했지만, 사실상 그의 사회정책은 왕과 교회가 신봉하는 보수적인 가부장제 모델을 따랐던 것이다. 여성들에게 전통적인 역할을 강요하는 데에 있어서도 무솔리니는 가부장제와 종교라는 전통적인 권위에 의존하였다. 그러나 남성을 독립적인 시민의 위치에서 국가에 종속된 지위로 떨어뜨린 데 대한 보상으로 정부는 아버지들에게 아내와 자녀들에 대한 독재적인 힘을 부여하였다. 로마제국의 가부장권 (patria potestas)이 현대의 이탈리아에서 되살아난 셈이었다.[23] 반면 나치정부는 사회보장제도, 의료제도, 교육 및 문화 기관을 복잡하게 전개시켜 모든 사생활을 침해함으로써 결국 개개인의 권위와 의존의 근원으로서의 아버지의 위신을 떨어뜨리는 결과를 가져왔다.

더 중요한 차이점은 나치정권이 우생학논리를 극단적으로 강조하여 결과적으로 유럽의 유태인들을 근절시키는 인종전쟁을 수행한 데 반해, 이탈리아의 파시즘정권은 카톨릭교회의 반대로 인해 우생학정책을 실행에 옮기지 못했을 뿐더러 1930년대 말 무솔리니가 히틀러의 영향력 안으로 들어가기 전까지는 그에 대해 각료회의에서 논의된 적도 없었다.[24]

마지막으로 이탈리아와 독일의 산업화수준이 현저하게 차이가 났다는 점이 지적되어야 할 것이다. 무솔리니의 경제정책이 산업화를 촉진시키기는 했지만 이탈리아는 기본적으로 농업국가이자 카톨릭국가로 남아 있었던 반면, 히틀러는 전통적 가치의 수호를 경건하게 다짐했으나 사실

독일을 세계에서 가장 강한 산업국가의 하나로 현대화시켰다. 따라서 이탈리아인의 반 이상이 여전히 지방의 마을에서 전통과 카톨릭교리 속에서 살고 있었으며, 이렇게 카톨릭에 철저하게 물들어 있는 대부분의 지방주민들을 파시스트 선전대원들로서 동원할 수 없었다. 이러한 점들로 미루어보아 이탈리아의 파시스트 사회정책은 외교정책이나 정치조직과 달리 나치의 정책보다는 오히려 양차대전 사이의 다른 유럽정부들의 정책과 더 비슷하다고 말할 수 있을 것이다.

5. 맺음말

양차대전 사이의 유럽은 극심한 변화의 시기로서, 전근대사회의 확대된 대가족 중심의 '생산주체로서의 가족'이 핵가족 형태의 '소비주체로서의 가족'으로 완전히 변화되었다. 세계대전과 인플레이션 그리고 공황이라는 경제적 혼란과 정치적 급변은, 갈수록 축소되고 도시화되어 가고 그에 따라 시장변화에 더욱 민감해지고 정부의 정책에 의존적으로 되어가는 가족에게 무거운 짐을 부과하였다. 새로운 복지정책이라는 이름 아래 각국의 정부는 가족이 사적 기능과 공적 기능을 잘 조화시킬 수 있도록 도와주는 방안을 마련하고자 하였다. 하지만 여기서 '가족정책'은 "외부의 도움 없이는 살아갈 수 없는" 즉 공적인 구제와 사적인 자선의 수혜자인 기존의 가난하고 문제 있는 가족들을 대상으로 한 것이 아니고 근대국가의 가장 중요한 근간이 되는 제도로서의 가족 일반을 대상으로 하는 것이었다.[25]

1930년대 유럽 전역에서 출산율 감소와 가족의 와해, 경제공황 등으로 인해 위기의식이 팽배해지자 각국 정부는 더 적극적으로 가족정책을 실시하였다. 그 결과 프랑스에서는 자녀를 많이 낳은 어머니에게 메달을 수여하겠다고 발표하였으며, 영국의 의원들은 가족수당에 대한 논의를 시작하였으며 자녀가 많은 가족에게는 세금감면 혜택을 주었다. 무솔리니는 '출산율과의 전쟁'을 선포하였고, 스탈린은 1920년대에 여성들에게 부여된 많은 권한들을 무효화하였다. 모든 곳에서 정치인들은 산아제한과 낙태를 엄격하게 규제하는 법안을 통과시켰으며, 우생학은 큰 인기를 누렸다. 이처럼 모성의 강조는 1930년대 유럽 전역을 휩쓴 거대한 물결이었지만, 독일과 이탈리아의 파시스트정권은 이를 인구증가정책과 강력한 국가를 재건하는 목적에 이용하였으며, 나치정권만이 유일하게 그것을 인종정책에 연결시켰다.

또한 독일의 정책입안자들은 다양한 사회문제를 다루는 데 '인구학적 위기'를 이용하였다. 빌헬름제국 시기의 출산율 하락에 관한 논의와 바이마르시기의 가정의 위기에 대한 논의의 저변에는 깊은 불안감이 깔려 있었다. 실제로는 인구가 증가하고 있는 시기에 '국가적 퇴보'에 대한 암울한 미래상이 제시되었다는 것은 당시의 혼란한 사회상과 계급간·양성간·세대간의 심화되어 가는 갈등을 반영하고 있는 것이었다. 이런 상황 아래서 인구정책은 다양한 외적·내적 문제들을 해결하기 위한 방편으로 이용되었으며, 다른 국내문제로부터 사람들의 관심을 돌리게 하려는 의도도 포함되어 있었다. 독일에서는 19세기 후반부터 출산율이 하락하자 그에 대한 심각한 우려가 확산되었고, 바이마르시기에는 전후 국민건강에 대한 관심이 크게 높아지면서 가족계획이라는 개인적인 문제가 주요한 정치사안으로 대두되었다. 1차대전시기까지의 인구정책은 인구부양책으로 강제적이며 억압적이었지만, 전후에는 정부의 인구정책이 양적인 것에서 질적인 것으로 변하여 출산을 강요하는 이전 정부의 제국주의적 정책은 수정되었다. 독일정부는 사민당 주도 아래 어머니들에 대한 물질적 지원을 확대하였고 여성들에게 자신의 성생활을 합리적으로 조절할 수 있는 통제권을 부여하기 위해 피임을 허락하였다.

그러나 이전의 국가간섭이 완전히 사라진 것이라기보다 교묘한 방법으로 대치되었다. 피임은 더 이상 금지되지는 않았으나 이제는 사회적·인종적 기준에 의해 실행할 것이 요구되었다. 나치의 정책은 다시 한번 이전의 적극적인 출산장려정책으로 돌아가 인구를 증가시킴으로써 독일의 자신감과 힘을 회복하고자 하였다. 그리하여 나치정부는 갖은 방법을 동원하여 '인종적으로 건강한' 여성은 가능한 한 많은 자녀를 낳고 '인종적으로 열등한' 이들은 아이를 낳지 못하게 강요하는 등, 인종주의를 국가정책의 근간으로 삼아 적극적으로 실천에 옮긴 유일한 정부가 되었다. 이처럼 파시스트사회에서는 개인과 가정이 국가의 이해관계에 종속되고 국가를 위한 도구가 되었던 것이다.

히틀러정부는 참된 민족공동체를 형성하는 동시에 위기상황에서 국가적 통합을 이끌어내고 전후 잃어버렸던 자신감을 회복하는 일환으로 조화롭고 안정된 가족을 강조하였지만, 여기서 가정은 전체주의 이념을 주입하기 위한 사회화 장소로 간주됨으로써 나치의 가족이념과 실제 정책은 상호 모순적이었다. 즉 파시스트정권은 가족이 국가의 "가장 기본적인 세포조직"이며 개인의 소외현상을 막아주는 역할을 해야 한다고 선전하였으나, 실제로는 전체주의적 조직을 동원하여 가족의 모든 구성원들을 분산시켰을 뿐 아니라 개인의 가정생활과 사회 전반에 깊숙이 개입함으로써 사적이고 친밀한 가족관계를 위협하였던 것이다. 또한 나치 정책의 근간을 이루었던 우생학 법안은 결혼과 출산에 대한 개인적인 선택권을 방해하였으며, 지도자에 대한 절대적인 충성을 요구함으로써 가장의 권한을 축소시켰다. 뿐만 아니라 나치 청소년조직 등을 통해서 청소년들에게 부모와의 관계보다 또래집단 위주의 생활이 더 큰 비중을 차지하게 하였으며, 일반교육보다 이념교육이 강조되면서 부모보다 국가의 요구를 우선시할 것을 요구하였다. 나아가 자라나는 청소년들에게 나치의 인종적·성적 편견을 주입함으로써 전체주의 국가가 원하는 유형으로 만들어나갔다. 그리고 기독교를 비난하고 전쟁준비에 박차를 가

함으로써 전통적인 가족과 모성의 부활을 약속했던 나치선전은 설득력
을 잃어갔다.

　이와 같이 나치정권은 여성과 가족 정책에서 옛것을 복원시키려 하였
지만, 결과적으로는 전혀 새로운 것을 이끌어냈다. 강한 조국과 인종적
향상을 위한 국가사회주의자들의 정책은 가족의 복지와 모성을 높인 것
이 아니라 전통적인 가족의 가치를 와해시키는 결과를 가져왔던 것이다.

주

1) J. Flemming, K. Saul & P.-C Witt hrsg., *Familienleben im Schatten der Krise: Dokumente und Analysen zur Sozialgeschichte der Weimarer Republik 1918~1933*, Düsseldorf: Droste 1988; A. Solomon, "Bestand und Erschütterung der Familie in der Gegenwart," *Die Frau*, 1930. 7, S. 577~84 참조.

2) U. Frevert, *Frauen-Geschichte Zwischen Bürgerlicher Verbesserung und Neuer Weiblicjkeit*, Frankfurt/M: Suhrkamp Verlag 1986, S. 200.

3) C. Koonz, "The Fascist Solution to the Woman Question in Italy and Germany," R. Bridenthal, C. Koonz & S. Stuard eds., *Becoming Visible: Women in European History*, Boston: Hougton 1987, p. 512.

4) J. Fest, *Hitler*, Richard & Clara Winston trans., New York: Vintage 1975, p. 418.

5) H. Rauschning, *Hitler Speaks: Political Conversations with Adolf Hitler on his Real Aims*, London: Gollancz 1939, p. 27.

6) T. Mason, "Women in Germany, 1925~-1940: Family, Welfare and Work," *History Workshop* 1 & 2, 1976, pp. 74~113, 5~32 참조.

7) C. Kirkpatrick, *Nazi Germany: Its Women and Family Life*, New York: Bobbs Merrill 1939, pp. 100~103.

8) 인구정책에 관해서는 C. Usborne, *The Politics of the Body in Weimar Germany: Women's Reproductive Rights and Duties*(New York: MacMillan) 참조.

9) A. Grossmann, *Reforming Sex: The German Movement for Birth Control and Abortion Reform, 1920~1950*, Oxford: Oxford Univ. Press 1997, p. 7.

10) J. Woycke, *Birthcontrol in Germany, 1871~1933*, New York: Routledge 1973, pp. 146~54.

11) G. Bock, "Equality and Difference in National Socialist Racism," J. W. Scott ed., *Feminism and History*, Oxford: Oxford Univ. Press 1996, p. 273.

12) G. Bock, "Nazi Gender Politics and Women's History," F. Thebaud ed., *A History of Women in the West V: Toward a Cultural Identity in the Twentieth Century*, Cambridge: Harvard Univ. Press 1994, p. 165.

13) G. Bock, "Antinatalism, Maternity and Paternity in National Socialist Racism," D. Crew ed., *Nazism and German Society, 1933~1945*, New York: Routledge 1994, p. 235.

14) G. Lewy, *The Catholic Church and Nazi Germany*, New York: McGraw Hill 1955, pp. 258~

62.

15) G. Bock, "Equality and Difference in National Socialist Racism," pp. 273～74.

16) C. Koonz, *Mothers in the Fatherland: Women, Family and Nazi Politics*, New York: St. Martin's Press 1987, p. 197.

17) C. Wolf, *A Model Childhood*, U. Molinaro & H. Rappolt trans., New York: Farrar, Straus & Giroux 1980, pp. 189～90.

18) C. Koonz, 앞의 책, pp. 194～95에서 재인용.

19) K. Thomas, *Women in Nazi Germany*, London: Victor Gollanz, 1943, p. 33에서 재인용.

20) 약속과 현실의 모순이 잘 드러나는 것은 매주 독일의 가정이 가져야 하는 '스튜의 날'에 대한 선전이다. 독일의 가정주부들은 일주일에 한 번씩 아주 검소한 저녁식사를 준비해야 했다. 간단한 스튜만 준비함으로써 절약되는 돈은 공공기금에 기부하도록 되어 있었다. 이를 선전하는 포스터에는 스튜그릇을 둘러싸고 가족들이 웃고 있는 모습이 담겨 있었는데, 그들의 저녁식사는 보다 더 고귀한 것을 위해 기여하고 있다는 것이었다. 가족의 행복은 이제 그 자체가 목적이 아니라 국가의 목적을 위한 수단으로 전락하였다(C. Koonz, 앞의 책, p. 180).

21) 나치는 가정주부들을 각종 조직에 편입시켜 나치이데올로기를 주입시키고자 시도하였다. 다양한 주제의 강의, 각종 공식행사, 라디오프로그램, 가정이나 그밖에 '여성에 관련된' 주제의 학위과정, 운동, 생활용품 보너스행사 등을 통해 어머니들을 국가가 주관하는 네트워크 안으로 끌어들였다(J. Stephenson, *The Nazi Organization of Women*, London: Croom Helm 1976, pp. 23～58).

22) K. Thomas, 앞의 책, p. 36.

23) C. Koonz, 앞의 글, p. 504.

24) 무솔리니정권의 여성과 가족에 관해서는 Victoria De Grazia, *How Fascism Ruled Women: Italy, 1922～1945*(Berkeley/Los Angeles: Univ. of California Press 1992) 참조.

25) 같은 책, p. 80.

이민가족, 가족경제, 그리고 성
미국의 러시아계 유태이민가족 1880~1917

김연진

1. 머리말

오스카 핸들린(Oscar Handlin)은 "미국 역사 속의 이민사"를 연구하려 했으나 "결국 미국의 역사가 이민의 역사"라는 것을 발견하게 되었다고 토로하였다. 19세기 미국의 어느 시점을 택하더라도, 미국인구의 반수 이상이 이민 조부 또는 조모를 둔 이민의 후손이었다. 이민의 나라라는 미국의 실제와 이미지는 19세기 말부터 20세기 초 대대적이고도 새로운 이민의 물결로 더욱 강화되었다. 이 시기 남유럽, 동유럽 그리고 아시아로부터 사회적·경제적·정치적 이유로 자신들의 고향을 등진 수백만 명의 이민들이 미국을 제2의 고향으로 삼았다. 이들의 구세계적 배경이 어떠하였든, 새로운 세계에 뿌리를 내리고 미국에서의 삶에 적응하는 것은 개인과 가족의 긴장과 갈등을 수반하는 일이었다.

이민들의 삶에서 가장 중요한 것은 생존의 문제였고, 이 문제를 해결하는 데 중심적인 위치를 차지하였던 것이 가족이었다. 이민들에게 가족의 생존은 무엇보다 중요했을 뿐 아니라, 노동 가능한 모든 가족구성원들의 경제활동에 기반을 둔 가족경제는 이같은 상황에서 가족의 생존을 지탱하는 수단이었다. 그리고 이같은 가족경제에서 성은 경제적 기여의 형태를 매개하는 중요한 요소로 여성과 남성의 각기 다른 영역과 그 속에서의 역할을 부여하였다.

그러나 구세계에서의 전통과 익숙한 삶의 형태 그리고 새로운 세계에서의 경제적 필요와 사회·문화적 환경 간의 역동성은 각 이민집단마다의 독특한 경제적 적응상을 낳았다. 이 글에서는 미국사에서 두번째로 대규모의 이민이 유입되던 19세기 말~20세기 초, 동유럽에서 미국으로 이주한 유태이민——이들을 일반적으로 러시아계 유태인(Russian Jew)이라고 부르며 1880~1917년에 집중적으로 미국에 이주하였다——의 경우와 이들의 가족경제에 대한 연구를 통해 미국사회에 대한 적응에 있어 이민가족의 역할을 살펴볼 것이다. 그리고 성과 전통문화가 어떻게 경제적 기여를 매개하고 시간의 경과와 더불어 어떤 변화를 겪는지 이민가족 내 여성, 특히 이민 1세대 기혼여성의 경우를 통해 살펴보고자 한다.

미국 내 유태이민가족 연구는 주로 유태이민들의 경제적 상승이동에 초점이 맞추어져 있다고 할 수 있다. 즉 이들이 어떠한 이유와 배경 아래 다른 이민집단들에 비해 더 빠른 경제적 상승이동을 이루었는지, 계급적·문화적·사회구조적 배경에 대한 연구에 집중되어 왔다. 또 유태이민가족 내 여성에 대한 연구라면 주로 이민 1.5세대 또는 2세대 미혼여성의 경험을 중심으로 이루어져 왔을 뿐 아니라, 이들 미혼여성 주도의 노동운동에 그 관심이 모아져 왔다고 할 수 있다. 따라서 유태이민 연구에서 1세대 기혼여성과 가족에 대한 연구는 거의 소외되어 왔다고 해도 과언이 아니며, 가족경제에 대한 연구 또한 그리 활발하게 이루어지지 못했다고 볼 수 있다. 그러므로 유태이민가족 내 1세대 기혼여성과 가족경제에 대한 연구는 유태이민 연구에서 부족한 일면을 채워줄 수 있을 것이다. 그리고 미국 내 각 이민집단의 경험의 독특성에도 불구하고, 유태이민가족의 연구는 미국 내 소수집단 가족의 기능과 역할, 또 가족 내 성의 역할을 이해하는 데 기여할 수도 있을 것이다. 더불어 이 글은 미국 내 유태이민과 다른 이민집단의 비교연구, 즉 19세기 말~20세기 초 미국 내 이민가족, 가족경제 그리고 성에 대한 총체적 연구의 첫걸음이 될 수 있을 것이다.

2. 동유럽의 유태인과 이민

18세기 말 폴란드의 분할 이래, 러시아의 지배하에 살던 대부분의 동유럽 유태인들은 유태인 정착지(Shtetlekh, Pale of Settlement)로 지정된 서부와 남서부 러시아의 15개 지방과 동부폴란드의 10개 지방에 제한 거주하였고, 정착지 밖의 도시와 마을에 정착·거주하는 것은 극소수에게만 허용되었다. 유태정착지 거주 유태인들은 공식적으로는 국가권력과 법률의 지배를 받았지만, 자신들의 사회에서는 유태지역위원회가 주요 문제들을 담당하여 상당 정도 자율권을 가지고 있었으며 이들의 사회는 유태법과 유태 종교지도자들에 의해 지도된 극히 계층화되고 가부장적인 사회였다.

동유럽의 유태인들은 주로 중간상이나 소매업자로서 상업활동을 하거나 숙련노동자로 수공업에 종사하였고, 일부는 미숙련노동자로, 또 극소수는 농업으로 생계를 유지하였다(1900년에는 3% 미만). 또한 극소수의 엘리트계층이 있었는데 이들은 주로 명예시민, 귀족 그리고 제1길드의 상인들이었다. 이들은 유태인 정착지 이외의 지역에서 거주하고 일하는 것이 허용되었고, 주로 제당업·모직물·면직물 등 소비재생산에 종사하였다. 19세기 초, 동유럽 거주 유태인의 60%가 여관경영자, 임차인, 무역업자 그리고 중개인으로서 상업활동에 종사하였고, 15% 정도가 수공업에 종사하였다. 그러나 19세기 말에 이르면 유태인들의 삶은 상당한 변화를 겪어, 1897년의 러시아 통계에 의하면——물론 유태인 정착지에 거주하는 반수 정도는 상업에 종사하였으나 ——숙련노동자로 제조업에 종사하는 유태인의 비율이 40%로 증가하였다.[1]

극소수의 엘리트계층을 제외하고, 소규모 상업에 종사하든 수공업을 하든 수십만의 유태인남성들은 아내와 딸을 포함하는 모든 가족구성원들의 노동에 의지하였다. 1880년대 빌나(Vilna)지방의 경우, 수백 명의 유태여성들이 상인의 감독 아래 가정에서 양말을 만들며 가족경제에 기여하였고, 유태인 정착지의 수십만 명에 이르는 유태 숙련노동자 가운데 여성이 15% 이상을, 북서지역의 경우에는 18%를 차지하였다. 또한 19세기 말 여성들은 북서부 공장 산업노동력의 1/3 이상을 담당하였다. 그러나 1897년의 러시아 인구통계는 14~59세의 여성 중 대략 21%의 정착지 유태여성들이 '경제활동'을 하는 것으로 보고하였고, 경제학자 캐헌(Arcadius Kahan)은 그 비중이 최소한 27~28%에 달한다고 주장하였다(산업도시에서 일하던 여성들을 제외하고도). 그러므로 러시아 인구통계는 실제 여성의 노동참여율을 극히 낮게 평가하였고, 여성노동의 중요한 특성을 간과한 것이었다. 여성은 가정의 필요나 생의 사이클에 따라 통계에 포함되지 않았던 파트타임 또는 가내수공일을 하는 등 종종 가족을 부양하는 역할을 담당하였으며, 전반적으로 기혼여성의 노동은 빈번하였다.[2]

유태남성들은 법적으로 자신의 가족을 부양할 책임을 지고 있었고 또한 대다수의 남성이 일을 하였지만, 생계에 기여하는 것은 여성의 임무이자 가정에서의 일의 연속으로 간주되었으며, 실제 여성들은 가족의 생계와 복지에 적극적인 역할을 담당하였다. 물론 서유럽의 전 산업사회와 산업화 시기의 경제에서는 일반적으로 여성이 남성과 경제적 임무를 공유하였지만, 동유럽의 유태인여성들은 현실적 문제뿐 아니라 자신들의 종교적 의무의 연속으로도 일을 할 것이 기대되었다. 특히 유태사회에서 가장 큰 영향력을 행사하던 종교학자 가족의 여성은 남편을 부양하는 것을 특권뿐 아니라 내세에 자신의 '자리'를 확보하기 위한 것으로 생각하며 혼자 생계를 담당하기도 하였다. 종교학자의 "성스런 아내는 자신을 부양하는 것이 남편의 의무라고는 결코 생각하지 않았다." 그리고 "언젠가 자신의 귀한 아들이 생계를 담당하는 것도 기대하지 않았다."[3]

또한 여성성의 신성함과 순수함을 강조하고 여성의 도덕적 가사의무와 책임이 생계에 기여하는 것보다 우선권을 가진다고 강조했던 서구적 빅토리안 사고에 반해, 여성이 신성할 뿐 아니라 세속적이기를 기대했던 유태문화는 여성들이 생계에 기여하는 것을 정상적이며 존경받을 만한 것으로 간주하였다. 남편에게 복종하며 가족을 위해 자신을 희생하는 아내, 근면하고 생산적이며 가사를 잘 돌보면서 가족의 생계에도 기여하는 '씩씩한' 여성은 종교적으로도 찬미의 대상이 되었다. 비록 동유럽의 유태여성들이 모두 임금노동을 한 것은 아니었으나, 대다수가 여성의 노동을 가족경제에 핵심적인 것으로 간주하는 사회적·문화적 환경 아래서 성장하였고, 유태여성들이 경제활동에 참여하는 전통은 미국으로의 대대적인 이민 이전에 이미 정립되어 있었다.[4]

이같은 가족경제의 패턴하에 동유럽의 유태인사회에서 여성들은 패러독스한 위치를 차지하고 있었다. 한편으로 여성들은 정착지 전반의 문제나 종교문제와 같은 공적 권위의 주류에서는 배제되어 있었던 것이다. 정통유태교(orthodox Judaism)의 법은 삶을 세속적·종교적 영역으로 구분하여, 여성과 남성의 삶에 엄격한 구분선을 그어놓았다. 여성은 종교영역에서 격리되고 남성들에 의해 세속의 세계로 강등되었다. 예배에 참석하더라도, 여성은 남성과 분리되어 발코니나 커튼 뒤에 숨어서

참여할 수 있었고, 유태문화가 높은 가치를 부여한 종교교육이나 종교학
자가 되는 것과 같은 보다 높은 목표를 추구하는 것은 남성들만의 특권
이었다. 종교적·가부장적 사회에서 여성은 자선모금이나 아픈 이들을
돌보는 외에는 가정 밖의 공적 역할도 맡을 수 없었다.

그러나 또 한편으로 경제생활에서 중심적인 역할을 수행하며 생계를
유지하는 데 있어서는 남성과 동등한 책무를 갖는 파트너로 간주되었고
(남편을 부양하는 종교학자의 아내 경우를 제외하고), 사적 생활에 있
어서도 코셔(Kosher) 가정을 유지할 책임, 즉 코셔 음식을 준비한다든가
축일에 촛불을 켜는 것과 같은 기본적 종교의식을 유지하는 데도 중요
한 역할을 맡고 있었다. 생계를 유지하는 데서 파트너십은 여성들에게
자신에 대한 자부심과 가족 내에서의 약간의 권위를 부여하였고 시장이
라는 공적 세계에 준(準)독립적으로 참여할 수 있도록 하였다. 이들은
남편의 부재시 공식적·종교적 역할을 제외한 의무의 대부분을 대신하
였다. 생계유지의 책임을 공유하는 것과 성역할에 있어 이같은 융통성
은 가부장적 지배와 성역할 구분을 다소 완화시키기도 하였다. 즉 여성
은 성으로는 남성에 비해 열등한 존재, 2등시민으로 간주되었으나, 생계
를 유지하는 데 파트너로서의 여성의 경제적 활동과 가사는 물리적·문
화적 생존의 필수불가결한 부분으로서 인정되었다.[5]

여성들이 가족의 생계를 지원하던 이같은 경제는 19세기 말에 이르러
유태인 정착지가 전반적으로 변화를 겪은 것과 마찬가지로 혼돈의 상태
에 놓이게 되었다. 산업화는 경제를 변혁시키기 시작하였고, 이와 동시
에 차르의 칙령은 유태인들의 자유와 기회를 제약하였다. 반유태주의적
폭력과 포그람(pograms)은 이들의 생존을 위협하였으며, 유태인들의 주
변인으로서의 의식을 강화시켰다. 1881년 이후부터 1917년 러시아혁명
에 이를 때까지 동유럽의 유태인들은 공식적으로 승인된 탄압과 종교
적·민족적 배타주의의 대상이 되었다.

이 시기에 유태인을 대상으로 하는 특별법령이 650종이나 발표되었고, 이는 이미 1871년 오데사에서 시작된 포그람의 뒤를 이은 것이었다. 1881년 5월 키예프에서 발발한 포그람은 1881~84년의 두번째 포그람 물결의 시작을 알렸고, 그 뒤를 이어 1903~1906년까지 세번째 포그람 물결이 잇따랐다. 유태인들에 대한 폭력은 주로 우크라이나의 남서부지방에서 일어났지만, 리투아니아나 벨로루시, 러시아-폴란드에서도 발발하였다. 거의 대부분의 포그람이 도시에서 발생하였으나, 이에 대한 정부의 대응은 '유태인의 경제적 착취'로부터 농민들을 보호한다는 명목을 내세워 농촌지역에 집중되었다.[6]

1880년대와 90년대에 러시아제국의 유태인 거주를 제한하는 일련의 정부칙령은 유태인들을 유태인 정착지 내의 도심으로 이주하도록 하였다. 특히 1882년 5월의 법은 유태인들이 정착지의 농촌지역에 거주하여 농장경영이든 개별농업이든 농업에 종사하는 것을 일절 금지하였다. 또한 이 법들은 유태인의 거주와 직업 선택, 고등교육기관에서 수학할 권리를 제한하였으며, 변호사가 되는 것도 금지하였다. 정착지 내 많은 지역들이 갑작스레 농촌으로 선언되면서 유태인의 거주가 금지되었고, 어떤 경우에는 그 지역들이 정착지 바깥에 있는 것으로 간주됨으로써 이 역시 유태인의 거주가 허용되지 않았다. 만일 군대에 동원된 유태청년이 그 의무를 회피하는 경우, 그 가족은 벌금을 물어야 했고 전재산은 경매 처분되었다.

정착지 외 지역에의 거주가 허용되었던 제1길드의 상인, 대학졸업자, 수공업자와 그들의 고용인들을 포함한 특권층의 유태인들 역시 1865년 이래로 축출대상이 되었다. 그리하여 모스크바, 페테르스부르크, 키예프와 같은 러시아 내륙도시에 수공업자나 상인으로 정착해 있던 유태인들도 모두 추방의 대상이 되었다. 마침내 1891년 3월 정부의 칙령은 모스크바 거주 유태인의 2/3, 즉 대략 2만 명——거의 수공업자, 상인과 그

가족들——을 축출하였다. 최고의 교육을 받았거나 가장 부유한 상인 혹은 니콜라스 1세하에 군인이었던 이들의 자녀들만이 공식적으로 거주를 허락받았을 뿐이었다.[7]

유태인을 대상으로 한 포그람과 각종 규제 및 제한 그리고 산업화는 결국 수공업적, 소규모 상업적 성격의 유태경제를 점진적으로 와해시켜 나갔으며, 잉여 노동인구를 발생시키고 고통을 광범위하게 확산시켰다. 유태인 정착지의 도시지역에 재정착하도록 강요된 이들은 이미 미숙련 노동자와 숙련노동자, 소규모 상인 들로 가득 찬 지역에서 생존을 위해 치열한 경쟁을 해야만 했다. 유태인에 대한 거주제한은 이들의 농업생산물 거래를 어렵게 했을 뿐 아니라, 이들을 정착지 밖의 대규모 산업중심지들과도 단절시켜 놓았다. 20세기 들어와서 유태인들의 주요 업종 중 하나인 주류 제조·판매 또한 국가독점 아래 들어갔고, 철도의 확대는 수천의 독립적 마부와 짐마차꾼들의 생계를 위협하였다. 더욱이 정착지 내의 건설프로젝트 허가에 있어서, 차르정부의 유태인 건축업자와 목수들에 대한 차별정책은 이들의 취업을 가로막았다. 산업화 또한 공장생산과 경쟁할 수 없었던 수천에 이르는 수공업자들의 생존을 위협하였고, 새로운 기계와 좀더 세련된 판매기법을 도입한 산업자본가들은 봉제업, 구두제조업, 직조업과 그외 업종에서 독립적 유태생산자들의 생존을 위협하였다.[8]

이와 같은 상황에서 유태인들은 이전의 독립된 수공업자 신분에서 점차 대상인의 중간업자(middlemen)로서 생산을 책임지든지, 상인이나 도매상들로부터 원료를 제공받아 최종상품을 생산해 내는 가내공업의 고용노동자화하였다. 또 다른 이들은 공장의 일거리를 찾아나섰지만, 이들의 고용주들이 대개 소규모 자본의 유태인인데다 이들 또한 유태인의 고용을 꺼려하기도 하였다. 19세기 말에서 20세기 초, 숙련·미숙련 노동자들이 취업시장에 넘쳐나고, 이는 결국 광범위한 실업을 낳았다. 산

226

업화가 일자리를 만들기는 하였으나, 유태인들은 과거의 일자리를 비롯하여 자신들의 기반을 잃었을 뿐 아니라, 새로운 작업장과 공장에서도 환영받지 못하였다.

산업화로 인한 유태인의 사회·경제적 상황의 악화와 포그람의 와중에, 비록 많은 이들이 자신들의 삶을 그대로 유지·보존하고자 했지만 결국 19세기 말과 20세기 초 동유럽 유태인의 1/3이 고향을 등졌고, 이 중 90% 이상이 미국으로 향하였다. 생존의 절박함과 포그람에 대한 공포뿐 아니라, 미국에서의 기회와 성공에 대한 이야기는 정치·경제·사회적 위기상황하에서 그 무게를 더하였고, 이에 유태인들은 또 하나의 삶의 전략으로 미국이민을 택했던 것이다. 이러한 이민은 1905년과 1906년 정치적 억압과 1905년 혁명에 뒤이은 포그람 와중에 절정을 이루었으며, 1920년대에 미국의 이민제한정책이 시행되기 전까지 지속되었다.

유태이민의 배경과 성격을 살펴보면, 이민의 75%가 서부러시아의 15개 지방과 러시아지배하에 있던 동부폴란드의 10개 지방의 유태인 정착지로부터, 18%가 갈리시아·부코비나·헝가리·오스트리아–헝가리의 타지역으로부터, 4%는 루마니아로부터 이주한 이들이었다. 이 시기 다른 이민들과 마찬가지로, 여기에는 육체노동자(luftmen-tchen)로서 정규직업이 없던 이들을 비롯하여 상당수의 숙련기술자들도 포함되어 있었다. 64%가 숙련노동자였고, 상업종사자가 5.5%였다. 또한 거의 대부분의 인구이동과 마찬가지로 유태이민 역시 청·장년층의 이민으로서, 1880～1914년에 미국으로 간 이민의 70%가 14～44세의 노동가능 연령층에 속하였다. 그러나 이민 후 일정한 액수의 돈을 모아 다시 고향으로 가고자 했던 대다수의 신이민들과 달리, 유태이민은 영구정착을 목적으로 한 가족단위의 이민이어서 여성이 44%, 14세 이하의 어린이도 24%나 되었다(동유럽에서 이주한 비유태인의 경우 25～60%가 고향으로 되돌아갔으나, 유태인의 경우에는 그 비율이 2～3%에 불과하였다). 유태이

민의 이같은 특성은 미국의 유태인사회에 독특한 성격을 부여하였다.[9]

3. 미국 유태이민의 가족경제와 성

1899～1910년에 미국으로 이주한 유태이민의 64%가 뉴욕의 로워 이스트사이드(Lower East Side)로 향했고, 나머지 이민들은 시카고나 보스턴 등지의 친척이나 동향인들이 거주하거나 취업기회가 있는 도시들로 향했다. 어디에 정착하든 이들은 자신들의 이민거주지(Ghetto)로 몰려들었고, 이러한 유태이민의 물결은 고립되어 있던 유태이민 거주지를 번성하는 이민 지역사회로 변모시켰다. 일단 거주지를 선택한 다음에는 이민들은 낯선 일상적 상황에 적응해야 했으며 자신들의 생활패턴이나 구세계의 관습과 신념도 다시 생각해야 할 필요성에 놓이게 되었다. 특히 자신들의 삶의 중심인 가족을 신세계의 상황에 적응시켜 나가는 과정에서 이민가족도 재조직되어야 했다. 그중에서도 새로운 사회에서 어떻게 자신들의 생존을 이루어낼 것인지, 가족원 중 누가 일을 하고 누가 어린 자녀와 가정을 보살필 것인지, 또 문화적 규범을 심각하게 훼손하지 않고 여성들이 어떤 일을 할 수 있는지는 가족의 생존과 직결된 문제였다. 그리고 이는 현재의 경제적 필요와 문화적 전통의 타협을 요구하는 것이었다.[10]

이민들이 새로운 상황 속에서 전통적 가족관과 가치를 어느 정도나 유지할 수 있었는지는 이민사가들 사이에서 오랫동안 논쟁의 대상이 되어왔다. 오스카 핸들린의 주장대로, 이민과 재정착이 가족생활의 안정을 해치고 가족의 와해를 가져왔는가? 아니면 루돌프 비콜리(Rudolph Vecoli)가 강조한 바와 같이, 가족의 생존과 변화하는 상황에 적응하기 위해 이민들은 전통적 가치관을 이용하였는가? 또 그렇게 함으로써 가족은 변화에 유연하게 대처하였는가? 버지니아 앤스-매클러클린(Virginia Yans-McLaughlin)이나 존 보드나(John Bodnar)가 주장한 대로, 이민들은 "새로운 환경과 구사회적 행태 간의 주고받는 동적 과정"을 통해 적응을 추구하였는가? 디노 치넬(Dino Cinel)이 주장하듯이, 자신들의 전통에 가장 타격을 덜 입히는 변화나 이들이 "새로운 환경 아래서 구세계의 삶의 양식을 재창조하도록 허용하는 것"만을 받아들였는가?[11]

다른 이민집단들에게서도 발견되는 것과 마찬가지로, 구세계적 삶의 양식과 새로운 환경의 상호 동적 작용은 유태이민가족들이 19세기 말과 20세기 초의 미국 산업·도시 생활에 적응하는 모습 또한 특징지었다. 『주위시 데일리 포워드』(*Jewish Daily Forward*)의 칼럼 「빈텔 브리프」(Bintel Brief)에서 모든 가족구성원들간의 불만이 가득한 편지들이 제시하듯이, 이민은 그 자체가 "엄청난 변화"(quantom leap)였고 상당한 압력과 긴장을 만들어냈다. 1903년의 통계를 보면 유태인들의 이혼율이 이민집단 중 가장 높게 나타나는 등, 이혼을 통한 가족의 와해도 있었다. 그렇다고 해도 이민은 가족과 가족적 전통을 완전히 파괴하는 것은 아니었으며, 어빙 하우(Irving Howe)가 자신의 어린 시절을 회상하며 썼듯이 가족은 여전히 유태인 '삶의 중심'이었다.[12]

다른 신이민의 경우에도 마찬가지였지만, 적응의 과정에서 유태이민들에게 가장 중요한 전통이라면 '가족노동문화'(family culture of labor)라고 할 수 있을 것이다. 유럽에서와 마찬가지로 유태이민가족의 각 구성원은 전체 가족을 부양하는 데 기여해야 할 의무가 있다고 가정되었다. 뉴욕의 로워 이스트사이드에 거주하는 유태이민들의 생활을 관찰한 한 사회사업가는 1907년의 전형적 유태인 가구의 소득형태를 다음과 같이 기록하였다.

러시아계 유태인 가족은 대개 6명으로 구성되었다. 가장은 49세의 양복장이로 연간 200달러의 소득을 올리고, 아내와 4명의 자녀와 함께 살고 있다. 가장 나이가 많은 딸은 19세로, 주당 2달러 50센트를 받으며 넥타이 만드는 일을 하고 있고, 취업 후 6개월 동안 87달러 50센트를 벌었다. 어린 자녀 둘은 학교에 다니고 있다. 방 세 칸짜리 집의 임대료로 월 16달러를 지불하였다. 가족 전체의 수입은 575달러로, 이는 이 지역에 거주하는 이들의 평균 가구소득과 비슷할 것이다.[13]

5인가족이 정상적인 생활수준(식비, 집세, 연료비, 교통비 등)을 유지하기 위해서 연간 최소한 800달러가 필요하다고 간주되던 시기, 대부분 이민가족의 남성가장들의 소득은 이보다 훨씬 낮았다. 1911년 미국이민위원회(U. S. Immigration Commission)의 7개 도시 러시아계 유태인 가구소득조사에 따르면, 러시아계 유태인 남성의 연간 평균소득은 463달러에 불과하였다. 따라서 대다수의 유태이민 남성은 그 자신만의 소득으로 가족을 부양하기가 불가능하였다. 대부분의 임금노동자뿐 아니라 소규모 가게를 운영하거나 가판(peddling)을 하는 이들도 이와 마찬가지였다. 이민위원회의 보고에 따르면, 뉴욕시의 경우 유태이민 가장의 20%만이 다른 가족구성원의 도움 없이 가족을 부양할 수 있었다.[14]

1890년 뉴욕의 로워 이스트사이드 거주 유태인 취업실태조사는 임금노동자의 대부분이 산업노동자로, 특히 상당수가 의류산업의 여러 부문에 종사하고 있다고 밝혔다. 2만 가구가 넘는 표본집단에서 유태이민 취업인구의 57% 이상이 비숙련·반숙련 노동자로 봉제업에 종사하였고, 15%는 다른 산업분야의 육체노동자로 고용되거나 기계수리업·연초제조업·인쇄업·피혁업·재봉업 등에 숙련노동자로 취업해 있었다. 나머지는 푸줏간·빵집·식료품점 등 소규모 상업활동에 종사하였으며, 교사·음악가·라비 등의 소수를 제외하고는 전문직종에 종사하는 이들이 거의 없었다.

1920년에 이르러 유태이민들의 취업분포가 다소 변화하였으나, 60%

이상의 남성가장이 여전히 의류업이나 타업종에서 임금노동을 하고 있었다. 그러나 점차 자영업 종사자들이 늘어나서, 도시에 따라서는 유태이민가구의 남성가장 20~40%가 가판업이나 자영업, 하청업을 했으며 이 가운데 소수는 의류제조업으로 상당한 수입을 올리기도 하였다. 시간이 흐르면서 이민사회는 점차 계층분화가 이루어져 나갔지만, 대다수의 유태이민가족은 여전히 남성가장의 소득에만 의존할 수는 없었다.[15]

동유럽의 경제적 환경과 문화적 전통이 유태여성들의 취업을 필요로 했던 것과 마찬가지로, 저임금과 불규칙한 취업으로 특징지어지는 미국에서의 상황도 가족의 생존을 위해 여성들의 경제적 기여를 요구하였다. 이는 구세계의 유태가족의 노동형태가 신세계에서도 지속되었다는 것을 의미하는 것으로 보이지만, 새로운 조건과 새로운 기회, 새로운 사상은 유태이민 기혼여성들이 가구소득에 기여하는 방식과 이를 바라보는 시각에 변화를 가져왔다. 여성들, 즉 기혼여성과 미혼의 딸들의 노동은 가족의 경제생활에 필수적인 것이었다. 그러나 유럽에서의 수공업적 생산이 기혼여성의 이중적 역할을 강화시키는 식으로의 경제적 참여를 허용했다면, 미국에서의 임금노동의 가능성은 여성들로 하여금 가사일과 임금노동을 결합시키는 것을 어렵게 하였다. 이같이 변화한 상황은 이들 여성이 가족경제에 기여하는 방식과 기혼여성과 미혼의 딸들의 노동역할의 분배에 변화를 가져왔다.

구세계에서는 기혼여성들이 종종 생계의 중심적 역할을 했던 데 반해, 미국 내 유태인가족의 경우에는 어머니와 자녀들이 남성가장의 소득을 보완하는 역할을 하였으며, 자녀들의 역할이 점차 확대되었다. 유태이민가구의 약 36%가 자녀들의 수입에 의존하고 있었고, 특히 유태이민가족의 경우 여느 이민집단들보다 딸의 임금노동이 중요한 비중을 차지하였다. 1911년 이민위원회의 7개 도시 조사에 의하면, 유태이민의 16세 이상 미국태생 딸 가운데 74%가 임금노동을 하고 있었으며 6%는 학교를 다니고 20%는 집에서 가사를 돌보는 것으로 나타났다. 외국태생 딸의 경우에는, 임금노동의 비율이 훨씬 더 높았다. 이민가족의 미혼 딸들은 종종 생계보조자의 역할을 넘어서 생계담당자가 되기도 하였고, 어떤 경우에는 다른 딸이 그 역할을 대신할 때까지 결혼을 미루기도 하였다. 유태이민가족의 딸들의 취업률이 높았던 것은 이들에게 맡겨진 가사책임이 적었을 뿐 아니라 이들에 대한 사회적 터부와 관습이 훨씬 약했기 때문일 것이다.[16]

전통적 유태문화에서 결혼은 여성에게는 단 한 번뿐인 '통과의례'로, 이들은 오로지 결혼을 통해서만 공동체에서 지위를 인정받게 되는 것이었다. 그러나 결혼 이후 여성들은 그와 같은 지위를 얻는 대신, 자신들의 행위와 태도를 통제하는 종교적 관습과 율법의 새로운 틀에 순응하여야 했다. 기혼여성을 지배하는 규율이라면, 부덕함과 겸손함 그리고 가족을 위한 희생을 들 수 있을 것이다. 또한 기혼여성은 매월 월경이 끝난 후 욕탕에 몸을 담그고 '세척의식'(purification rite)을 할 것이 요구되었고, 다른 남성들에게 매력적으로 보이지 않도록 머리를 깎고——정통 유태인들은 기혼여성의 머리를 성적으로 매우 도발적인 것으로 간주하여 오직 남편만 볼 수 있게 하였다——가발을 쓰든지 아니면 머릿수건을 쓰게 하였다.

그러나 미혼여성들에게는 이들을 통제하는 종교적 예식이 없었다. 물론 딸에게도 순수함과 부덕함이 기대되었지만 이들에게는 유태여성의 상징인 가발이나 머릿수건을 쓴다든가(sheitel) 세척의식(mikveh)이 요구되지 않았거니와, 이들의 성은 아직 사회적으로 인정되지 않은 중립적인 것으로 간주되어 취업에 장애가 되지 않았다. 공장이나 가게에서 남성고용주 밑에서 남성고용자들과 함께 일하는 것은 결혼의 신성성과 타협할 필요성을 제기하지도, 남편의 영역을 위협하는 것도 아니었다. 그렇다고 해서 부모들이 딸들의 취업과 이성과의 부적절한 접촉을 우려하지 않은 것은 아니었으나, 기혼여성인 어머니보다 미혼의 딸들이 이런 환경 속으로 들어가는 것은 사회적으로 훨씬 덜 타협하는 것으로 간주되었다.[17]

또한 딸보다 아들의 교육에 대한 선호 역시 딸의 높은 취업률을 설명해 줄 수 있을 것이다. 1903년 뉴욕에서는 어린 자녀들이 합법적으로 임금노동을 하려면 최소한 4년간은 학교에 다닐 것을 요구하였다. 그후 더 엄격한 의무교육법이 통과되면서 14세 이하의 어린이는 학교에 다녀야 했다. 그러나 이런 교육법을 강제하는 노력은 거의 이루어지지 않았거니와 서류를 위조해서 14세 이하 아동들의 임금노동은 빈번했다. 유태전통은 딸보다 아들의 교육을 중시하였지만, 미국의 유태이민가족들은 대부분 아들과 딸 모두의 교육을 장려하였다. 이들의 자녀교육 패턴은 성에만 기반을 둔 것이 아니라 나이에도 상당한 비중을 두었다. 이민위원회의 보고에 따르면, 16세 이상의 유태이민 자녀들은 대부분 일을 하였고 14, 15세 자녀는 경제적 상황이 허용하는 한 거의 학교에 남아 있을 수 있었다. 그러나 가난한 가족의 경우에 14세가 되면 아들보다는 딸들이 가족을 돕기 위해 학교를 떠나 일터로 가는 일이 흔했다. 1907년의 『주위시 데일리 포워드』의 충고란에 실린 14세 유태인소녀의 글은 이런 상황을 잘 보여준다.[18]

우리 가족은 7명으로 부모님과 5명의 형제자매가 있습니다. 나는 그중 맏이이며, 아버지는 몸이 약하지만 혼자 일하시면서 가족을 부양하고 있습니다. 나는 공부를 무척 잘합니다. 그러나 지금 상황이 너무 어렵습니다. 아버지는 이번 주에 5달러밖에 벌어오지 못하셨습니다. 그래서 나는 아버지를 돕기 위하여 학교를 그만두고 일하러 가겠다고 말했습니다. …나는 부모님이 불쌍합니다. 어머니는 지금 임신중이지만, 세 명의 하숙생들을 돌보셔야 합니다.[19]

이민가족의 미혼 딸들의 경우에는 외부 임금노동이 늘어났던 데 반해 기혼여성들에게는 외부 임금노동이 흔한 일이 아니었다. 또한 기혼여성의 경제적 기여가 구세계의 유태인들에게는 공개적으로 인정된 것이었지만, 미국에서는 시간이 흐르면서 부적절하고 부끄러운 일로 간주되었다. 일반적으로 기혼여성들은 남편이 병이 들었거나 사망하였거나 혹은 가출 등으로 경제적으로 급박한 상황에 직면했을 때라든가 아니면 노동연령의 자녀가 없는 경우에만 외부의 임금노동을 선택하였고, 이조차도 '불명예로운' 일로 여겼다. 1880년과 1905년, 1911년에 실시된 미국이민위원회의 조사는 유태이민 가족경제의 독특성을 잘 보여준다. 다른 집단의 기혼여성들과 비교해 볼 때, 유태이민가족 기혼여성의 취업률은 가장 낮았다. 1880년 조사에서 뉴욕의 유태이민 기혼여성 중 임금노동 종사자는 2%에 불과했으며, 1905년에는 그보다 훨씬 적은 수가 취업해 있는 것으로 보고되었다. 1911년 조사에서는 이탈리아인 기혼여성은 36%, 흑인은 51%가 임금노동에 종사하는 데 비해, 러시아계 유태인 기혼여성의 경우에는 1%에 불과했다.[20]

생계유지에서 기혼여성의 중심적 역할을 적절한 것으로 간주해 오던 러시아계 유태인들의 기혼여성 임금노동이나 취업률이 눈에 띄게 낮았다는 사실은 상당히 모순을 내포하고 있는 것으로 보인다. 이같은 변화, 즉 통계수치를 통해 나타나는 행태의 극적인 변화를 어떻게 이해할 것인가? 전통문화의 영향으로 설명이 가능한가? 경제적·인구학적 해석이 타당할 것인가? 그러나 더 중요한 것은 경제적·인구학적·문화적 요소들이 새로운 사회·경제·문화적 환경에서 어떻게 상호 작용하여 독특한 행태를 낳았는가를 이해하는 것일 것이다. 전통문화는 새로운 경제적 상황에서 더 강화될 수도 약화될 수도 있으며, 전통적 관행이 새로운 사회·문화적 환경에서 다른 시각으로 이해될 수도 있고, 또 전통적 행태의 변화도 가져올 수 있는 것이다. 그렇다면 유태이민 기혼여성의 경우는 어떻게 이해할 수 있을까?

우선 이들이 처해 있었던 미국적 현실, 즉 변화한 상황을 고려해 보아야 할 것이다. 동유럽에서는 기혼여성들이 장시간 가정에서 멀리 떨어져 있을 것을 요구하는 공장노동이나 임금노동보다는 가내수공이나 원료를 받아 완제품을 조립하는 일에 참여하는 경향이었다. 19세기 말 동유럽 유태인가구의 경우 주 소득원이 가내수공이었다. 계약자들이 동유럽의 유태인 정착지와 도시거주 유태인가구에 원료와 상품을 공급하고, 기혼여성을 비롯한 가족구성원들이 조립과 마무리 등으로 완제품을 만들어내었다. 물론 1880, 90년대의 미국 의류제조업자와 소비재생산자의 경우에도 공장노동자보다 훨씬 낮은 임금으로 수천의 이민여성들을 고용하여 집에서 일하게 하였다. 유태이민들 역시 미국 의류산업의 가내노동부분——의류의 마감질이나 넥타이 만드는 일 등——에서 중요한 역할을 수행하였으며, 이는 기혼여성들로 하여금 경제적 책임과 가사에 대한 의무를 다할 수 있게 하였다. 삯을 받고 집에서 일하는 것은 전통과의 단절을 요구하지 않는바, 가내 일거리는 기혼여성들이 가사일과 현금소득을 통합할 수 있게 하였다. 뉴욕시의 경우, 의복을 비롯한 여타 소비재 생산업자들은 기혼여성들의 제약 조건을 이용하여, 공장노동자 임금의 반도 안 되는 임금으로 수천의 이민여성들을 가내노동자로 고용하였다.[21]

그러나 20세기 초, 생산의 중심이 공장으로 옮겨가고 공동주택법(tenement laws)이 통과되었을 뿐 아니라 저임금에도 일을 원하는 이탈리아 이민여성들과의 경쟁이 심해지면서, 가내 일거리의 기회는 점차 줄어들었다. 1908년 미국이민위원회가 시행한 뉴욕시의 봉제 마무리를 담당하는 가내노동자에 대한 실태조사에 따르면, 러시아계 유태여성은 한 명도 없었다. 1911년 이민위원회 취업조사의 결과를 보더라도, 유태이민 가족의 경우 가내작업장(family sweatshop)의 비중은 3%도 채 안 되었다. 노동국(Bureau of Labor) 기록에 따르면 "유태인남성들은 아무리 가난할지라도 자기 아내가 가내 일거리를 맡지 못하게 하였다." 그리고 유태 기혼여성들은 공장에서의 노동과 같은 외부취업을 꺼렸다.[22]

기혼여성들이 공장이나 작업장의 임금노동자로 취업하는 것을 저해하는 요소들은 여러 가지가 있었다. 유태인 남편들에게는 자기 아내가 다른 남성들과 접촉하는 것을 꺼리는 오랜 관습이 있었다. 아내가 남성고용주의 권위 아래 놓인다든가 작업장에서 낯선 남성들과 긴밀한 관계를 맺게 되는 것은, 취업 그 자체가 남성의 영역을 위협하는 것은 아닐지라도 성적 질투심과 가부장적 가족 내에서의 남성의 자부심과 관련된 것이었다. 한 유태인남성은 "내가 일주일에 6달러에서 7달러라도 벌 수 있게 되자 곧 나는 아내를 작업장에 나가지 말고 가사일만 하도록 하였다"고 말하면서, 유태남성들이 기혼여성의 외부취업을 얼마나 거부하는지 토로하였다.[23]

자녀양육이라는 현실적 문제 또한 기혼여성의 외부취업을 저해하는 중요한 요소였다. 구세계에서 유태인 아내들은 생계를 위해 일을 나가더라도 조부모나 나이 많은 형제 혹은 친척 들로부터 도움을 받을 수 있었다. 그러나 조부모가 함께 미국으로 이민 온 경우는 거의 없었을 뿐더러, 조직적 탁아시설이나 친지의 도움과 같은 의존할 만한 대안이 부족했다. 1904년 뉴욕 로워 이스트사이드에 유태인 탁아소는 3곳밖에 없었으며, 1917년에도 17곳의 탁아소에 수용 가능 인원은 1400명에 불과하였다. 또한 나이 든 형제들에게 어린 동생들을 돌보게 하는 것은 이들이 외부취업으로 돈을 벌 수 있는 기회나 학교에 가는 것에 장애가 되기 때문에 그리 적절한 것이 못 되었다. 이런 자녀양육 외에도 가사를 돌봐야 한다는 책무는 기혼여성의 외부취업을 어렵게 하였는데, 요리·청소·세탁·수선·시장 보는 일 등과 같은 가사노동이 주부들의 손을 기다리고 있었다.[24]

236

　기혼여성의 노동형태 가운데 어떤 것이 적절한지를 규정하는 문화적 가치관은 점차 임금노동 기회의 변화상과 상호 갈등하게 되었다. 게다가 점차 가내 일거리가 갓 미국에 온 이민들의 일거리(greenhorn's work)로 간주되며, 초기의 '품위'를 상실했다는 것과 하숙생을 들여 가족생계에 기여하는 보다 매력적인 소득원이 있었다는 것도 들 수 있을 것이다. 1905년 뉴욕 유태인가구의 25%가, 1911년에는 56%가 하숙을 쳐, 남부이탈리아 이민가구의 20%의 거의 두 배에 이르렀다. 대대적인 이민의 시대에 하숙을 치는 것은 유태가구소득에서 최소한 10% 이상을 차지하는 중요한 소득원으로 자리잡았다. 외부취업을 한 여성의 경우 일반적으로 주당 5~6달러를 벌었으나, 4명의 하숙생을 둘 경우 한 주에 1인당 3~4달러씩을 받아 주당 12~16달러의 소득을 올릴 수 있었다. 하숙 치는 것이 외부의 임금노동이나 가내 일거리보다 훨씬 고소득원이었던 것이다. 그리고 이것이 기혼여성이 가족경제에 기여하는 가장 전형적인 형태였다.[25]

　또한 하숙 치는 것은 가내수공일이나 임금을 위해 외부에 취업하는 것과 결부된 '치욕'(disgrace, shame)이 훨씬 적었다. 가내 일거리는 공장에서의 임금노동의 연장으로 간주될 수 있었으나, 하숙을 치는 것은 순수하게 가내사업이었다. 하숙을 치는 것과 연관된 일들은 다른 가사일과 구분될 수 없는 것이었고, 기혼여성의 주부로서의 역할은 이들이 노동에 대한 대가를 받는다는 사실을 근사하게 감추어주는 것이었다. 이는 집세를 내는 데 기여하였을 뿐 아니라, 여성 자신이 주인이 되게 했으며 또 가족들 속에서 어느 정도 권위를 유지할 수 있게 해주었다. 무엇보다도 여성들은 돈을 벌기 위해 집을 떠나지 않아도 되었다. 이민 전에도 유태인들은 하숙생을 두어 소득을 보완하였지만 이같은 일들이 미국에서는 그 중요성을 더하였고, 유태이민 기혼여성들의 가장 중요한 경제활동으로 자리잡게 되었다.

　기혼여성들은 가내 일거리(특히 20세기 이전)와 하숙 치는 것 외에
또 다른 활동을 통해 미국에서도 전통적인 역할을 계속할 수 있었다. 유
태인들은 가족소유의 가게를 운영하거나 보조적인 도움을 주는 것 혹은
행상을 임금노동과 상당히 다른 의미를 지닌 것으로서, 기혼여성들에게
적절한 것으로 간주하였다. 집 바깥에서의 임금노동은 문제가 되었지만,
자신이 소유한 곳이나 가족의 비즈니스에서 수입을 얻는 것은 언제나
완벽하게 품위를 유지할 수 있는 일이었다. 유태이민들은 기혼여성의
이같은 활동을 임금노동과 구분하여 비경제적 틀에 끼워맞추려 노력하
였다. 임금노동과 비즈니스의 구분의 저변에 깔려 있는 가정은 품위와
독립과 여성의 가사의무에 대한 문제와 관계된 것이었다. 가족비즈니스
를 돕는 아내는 자신의 품위에 매우 중요한 독립성을 유지할 수 있을
뿐 아니라, 가게를 가정의 연장으로 볼 수도 있었다. 사실 여러 경우에
있어서 가게와 가정은 물리적으로도 연결되어 있었기 때문에, 아내는 경
제적 책임과 가사에 대한 의무를 결합할 것이 기대되었다.[26]

　메리 앤틴(Mary Antin)은 자전적 소설 『약속의 땅』(*The Promised
Land*)에서 러시아에서와 마찬가지로 가족비즈니스를 운영한 어머니를
회고하면서 이렇게 말했다. "가게 뒤에는 부엌이 있었고, 손님이 뜸할
때 어머니는 요리와 세탁을 하였다. 알링턴 가의 손님들은 가게주인이
수프를 끓이거나 오븐에서 빵을 꺼내는 동안 기다리곤 하였다."[27] 집과
공간적으로 연결되어 있는 가게가 가사일과 가족비즈니스의 물리적 연
계를 가능케 하였으며, 이로 인해 가족의 비즈니스 참여가 기혼여성들의
적절한 경제적 역할로 인정되었던 것으로 보인다. 물론 모든 비즈니스
가 다 이런 혜택을 허용한 것은 아니었는데, 어떤 경우에는 이런 구분이
상징적인 것에 불과했다. 그러나 기혼여성의 비즈니스에의 참여는 가사
일에 대한 의무를 저해하는 경향이 있을 때도 여전히 전통적·사회적으
로 승인되었지만, 임금노동은 그렇지 못했다.

238

이와 같은 생계를 위한 활동 모두——가내 삯일, 하숙 치는 일 그리고 가족소유의 가게운영에 참여——기혼여성이 공간적·심리적으로 바깥 세계의 임금노동과 분리되어 있는 상태에서 가사와 자녀양육을 저해하지 않고 또 문화적 스티그마 없이 가족경제에 기여할 수 있게 하였다. 그러나 이런 일들은 미국의 통계조사에서는 거의 드러나지 않았다. 한 가구의 장으로서 남성들만이 소규모 가족비즈니스를 운영하는 것으로 기록되었고, 기혼여성들의 가족비즈니스에서의 보조역할이나 하숙 치는 일은 거의 기록되지 못했다. 여성들의 가내임금노동 또한 20세기에 들어와서 비중이 점차 줄어들었기 때문이기도 하지만, 그외 통계조사관의 편견과 이민들 스스로의 법적인 제재에 대한 우려 때문에 제대로 기록되지 못했을 가능성도 있다.[28]

통계자료에 따르면, 이민가족 기혼여성의 경제적 역할은 유럽에서 미국으로 이주하면서 상당 정도 감소했다. 기혼여성 대신 미혼의 딸들이 구세계에서의 그들 어머니의 역할을 대신한 것으로 보인다. 그러나 구술역사기록들은 유럽에서와 마찬가지로 여전히 기혼여성의 다양한 방식의 경제적 기여가 미국 내 유태이민가구를 지탱시키는 데 매우 중요한 역할을 하였다는 사실을 보여준다. 그럼에도 불구하고 이런 일들 자체가 일상적인 집안일과 뒤섞였기 때문에, 이민남성들은 자기 아내가 실제로 일을 한다거나 혹은 생계유지의 책임을 분담하는 전통적 협력자의 관계(breadwinning partnership)에 있다는 것을 부정할 수 있었다. 또한 유태이민 기혼여성들의 표현을 보면, 하숙 치는 것은 '노동'으로 간주되지 않았거니와 가족비즈니스에의 참여 역시 마찬가지였다. "나는 결혼하면서 일을 그만두었다" "결혼 후 일을 그만두고 식료품점에서 남편을 도왔다" "나는 취업하지 않았고 가게에서 매우 바쁘게 지냈다" "나는 일하지 않고 남편과 함께 가게를 했다" 등 유태가족의 기혼여성들 스스로가 자신의 경제적 기여를 노동이 아닌 다른 것으로 설명하려고 애썼다.[29]

버지니아 앤스-매클러클린이 지적한 대로, 여성들이 일을 했다는 사실은 이민들이 이 상황을 어떻게 해석했는가보다 중요하지 않았다. 그렇다면 이들은 왜 여성의 경제적 활동을 노동이 아닌 다른 어떤 것으로 해석하려 했는가? 왜 유태이민의 상당수가 기혼여성의 전통적 역할이었던 경제적 기여를 갈수록 평가절하하거나 부정하려 하였는가? 이들이 전통적 가족형태를 보존하기 위해 이민가족 내 기혼여성의 활동을 구세계의 틀에 맞추려 시도한 것인가?

미국에서의 시간의 경과와 함께, 중년기의 유태이민들은 상당한 경제적 상승이동을 경험하였으며 미국의 생활양식에 점차 동화되어 갔다. 직업적 구분 면에서는 대략 70%가, 소득 면에서 본다면 약 20%의 유태이민이 미국의 중간계급이 된 것으로 나타났다. 그리고 이들은 점차 미국 중간계급의 품위 개념에 민감해졌다. 미국의 이상적인 중간계급 가족상은 이들 이민여성들에게 다양한 형태로 전달되었고, 이민의 미국화 또한 변화된 상황 속에서 미국에의 영구정착을 꾀했던 유태인들에게는 거스를 수 없는 추세였다. 이민가족들, 특히 기혼여성들은 이민의 미국으로의 동화를 강조하던 이들의 가장 중요한 타깃이었다.

경제적으로 의존적인 아내/어머니, 가족을 부양하기에 충분한 소득을 올리는 남편/아버지는 혁신주의 시대(1900~14) 미국 중간계급 사회개혁 운동가들의 핵심적 주장의 일부였다. 그리니치 빌리지에서 야간 여성클럽을 운영하던 루이스 B. 모어(Louise B. More)에 따르면, 남편이 돈을 벌어오면 이를 현명하게 관리하는 여성이 훌륭한 아내였다. 삯을 받고 가내 일거리를 하거나 자녀가 크기도 전에 돈을 벌기 위해 일하러 나가는 어머니는 그것이 꼭 필요한 경우에도 부정적인 것으로 간주되었다. 이들 개혁가들은 '이상적인 주부상'(domestic ideal)을 기반으로 해서 가정방문이나 야간 영어학교 개설 등과 같은 각종 사업을 통해 이민 기혼여성들이 가사일을 보다 생산적으로 수행하고 자녀양육을 보다 효율적으로 하고 또 이민가족이 미국적 가족으로 변화하도록, 즉 이민가족의 미국화를 추진하였다. 이와 더불어 특히 자신들을 상승이동해서 동화된 미국인으로 여기고자 했던 이민들은 기혼여성은 가사의무에 전념해야 하고 생계비를 버는 것은 남편이나 다른 가족구성원들의 몫이어야 한다고 주장하였다.[30]

남편 혼자 충분히 돈을 벌어 가족을 부양하는 중간계급의 '숙녀' 이미지 또한 호소력을 가졌다. 숙녀 개념은 여성의 열등성이라는 전통적 유태개념을 파괴하는 여성성에 대한 찬미와 품위, 명예, 지위를 가진 것으로 간주되었다. 남성이 가족생계를 책임져야 한다는 윤리(bread-winning ethic)와 숙녀의 이미지는 뉴욕의 개혁성향 독일계 유태인 교육연맹(Educational Alliance)이 1903년 이디시어로 발간한 이민생활 지침서(*Sholem Aleykhemtsu Immigranten*)에 잘 나타나 있다. 이 지침서는 미국인들은 여성을 존경심을 갖고 대하며, 미국의 기혼남성은 생계에 대한 부담과 걱정을 아내에게 떠맡기지 않는다고 하면서, 만일 유태 남편들은 빈둥거리고 대신 아내가 생계를 책임진다면 미국의 법은 강제로 남자들로 하여금 일거리를 찾도록 할 것이라고 쓰고 있다. 또한 미국에서 기혼남성은 가족을 부양할 의무를 가지고 있다고 경고하였는데, 이는 서구 부르주아세계에서는 상당히 전통적인 개념이었지만 유태이민에게는 다소 새로운 개념이 아닐 수 없었다.[31]

독일계 유태인 개혁가들뿐 아니라, 동유럽계 유태이민 지역사회 내부에서도 이러한 주장이 등장하였다. 유태이민사회에서 큰 영향을 행사하였던 사회주의 운동가들은 유태이민들을 대상으로 한 사회주의 계열의 신문 칼럼 등을 통해 남편과 자녀의 복지에 헌신하고 자신을 희생하는 유태여성들은 임금노동을 그만두어야 한다고 주장하였다. 이 신문들의 여성 페이지에는 동유럽에서 온 기혼여성들에게 출산율을 낮추고 임금노동을 그만두는 것이 여성의 삶의 질을 향상시킬 것이라고 말하는 사설이 실리곤 하였다.

또한 유태인생활의 후진성과 편협성을 비판하면서 구세계에서 시작된 하스칼라운동(Haskalah) 역시 미국의 유태이민사회에 큰 반향을 일으켰다. 이 운동은 현실성 없는 지식에 대해 집착하기보다 실제적인 지식과 세속적 교육을 할 것을 주장하면서 이와 동시에 유태 가부장적 제도하에서 가정과 시장에서의 끝없는 노동으로 고통받는 여성들의 희생에 대한 해소방안으로 가사전담을 여성의 직업으로 하자고 하였다. 이들은 여성의 가사전담을 '해방'으로, 여성의 경제적 책임을 '착취'와 여성의 '비하'로 보았던 것이다. 하스칼라의 추종자들에 따르면, 유태인 삶의 근대화는 여성을 시장으로부터 해방시키고 남성에게 모든 생계책임을 넘기는 것에서부터 시작해야 하는 것이었다. 이러한 움직임들은 유태 전통문화뿐 아니라 기혼여성의 적절한 역할에 대한 사고에 변화가 있음을 보여주었다.[32]

『주위시 데일리 포워드』의 편집자이자 작가인 에이브러햄 캐헌(Abraham Kahan)은 『레빈스키의 성공』(*The Rise of David Levinsky*)에서 유태이민사회 내 가치관의 변화를 잘 포착하였다. 로워 이스트사이드 이민들의 삶과 변화를 그린 이 소설에는 유태인 아내에 대한 남편들의 불평이 실려 있다. 한 유태이민이 갓 이민 온 레빈스키에게 "러시아에 있을 때 나의 아내는 달랐다. 그녀는 여기에서처럼 내게 생활의 부담을 지우지 않았다. …그녀는 지식인과 결혼한 것을 기뻐하였다. 하지만 이 나라에서는 달라졌다. …그녀는 '미국은 러시아가 아니다'면서 '남자가 생계를 책임져야 한다'고 말했다"면서 유태여성의 변화를 언급한다. 안지아 예체르스카(Anzia Yezierska) 역시 자전적 소설 『가족부양자』(*The Bread Givers*)를 통해 유태이민 여성의 변화를 지적한다. 예체르스카는 아버지가 가족부양에 관심을 갖지 않고 종교지식에만 집착한다며, "네 아버지는 신의 일만을 한단다. 내 불쌍한 팔자야!"라고 한탄하던 어머니

를 떠올린다.[33]

남성가장이 가족을 부양해야 한다는, 이같은 사고의 변화는 유태이민 사회의 점진적 세속화와도 깊은 관계가 있다. 유태이민들의 구세계는 유태교의 전통구조가 상당한 영향력을 행사하며 건재하던 곳이었다. 그러나 유태인으로서의 독특한 집단적 신분뿐 아니라 이들에 대한 공적 억압의 부재라는 미국의 상황 속에서는 자발적인 수단에 의존하여 자신들의 삶의 방식을 재정립할 수밖에 없었으며, 다양한 이념운동이 종교적 영향력과 경쟁을 벌이며 이민들에게서 호소력을 얻고 있었다. 경제적 생존의 문제가 이들의 삶을 지배하여 유태 종교문화의 핵심이었던 안식일(sabbath)을 지키는 것도 더 이상 그리 쉬운 일이 아니었다. 생존문제는 정통종교적 생활방식이나 정통 유태종교의 문화와 대립할 수밖에 없었고, 시너거그(synogogue)와 라비(rabbi)도 지식과 위엄의 중심이라기보다 이민들의 적응을 돕고 유태인으로서의 의식을 유지할 수 있도록 사회적 목적에 봉사하는 존재로 변화할 수밖에 없었다.[34]

권위 있는 종교지도부를 재창건하는 데 실패한 것도 결국 정통종교적 공동체사회의 와해를 가져온 중요한 요소였다. 동유럽에서 라비의 의무는 유태인의 삶을 규정하는 종교법을 감독하는 특수한 기능으로부터 파생된 것으로, 라비는 공적 기구의 주재자·감독자·학자이자 선생이었다. 그러나 미국에서는 이와 같은 라비의 역할이 사라졌다. 캐시럿(Kashruth)을 감독하는 것은 이제 개인적이며 상업적인 일이 되었고, 이혼문제를 담당하는 책임 있는 역할도 주법정으로 넘어감으로써 종교적 이혼을 허용하는 것도 위법행위가 되었다. 라비는 지속적으로 급료를 받지도 못했고, 약간의 급료와 약간의 권위만 부여하는 교구에 취업하는 수밖에 없었다. 그리고 종교교육도 공립학교교육의 일반화로 인해 약화되어 갔으며, 상조회·문화센터·노동조합 등이 시너거그의 대안으로 등장하면서 정통종교적 공동체와 그 영향력은 점차 약화될 수밖에 없었

다. 이러한 유태이민사회의 세속화 물결 속에서 생계를 책임진 아내에
의지하는 구세계의 남성종교학자들에 대한 비판에서부터 가족에 대해
완전히 책임을 지지 않고 아내를 일하게 하는 남편들에 대한 일반적 비
판의 목소리가 점차 커져갔다. 변화를 겪던 유태이민 문화의 틀 속에서
기혼남성은 가족을 부양해야 한다는 사고가 등장하였던 것이다.[35]

　미국에서의 시간이 흐르면서 유태이민사회에서는 남성이 가족부양의
책임을 져야 한다는 윤리가 성장하였으며, 기혼여성의 생계를 위한 활동
을 비경제적인 언어로 설명하려는 경향도 갈수록 짙어졌다. 이는 유태
인가족의 역할을 재고하게 하는 하나의 중요한 단계였다. 기혼여성들은
가족의 생계를 위한 활동에 여전히 참여하고 있었지만, 이들의 기여는
드러나지도 인정되지도 않았다. 기혼여성의 역할변화는 구세계와 신세
계의 경제적 기회 차이의 결과이기도 하였으나, 또한 전통과 경제적 필
요 그리고 새로운 사회·문화적 가치관과의 타협이기도 하였다. 이민들
은 기혼여성이 가사에만 전념하는 중간계급적 여성의 역할과 품위 개념
을 추종하면서 기혼여성의 경제적 역할보다 가내의 역할을 더 강조하였
다. 남성과 함께 생계를 담당하는 파트너(breadwinning partner)로서의
구세계 유태 기혼여성의 역할은, 이제 신세계에서는 실제의 역할 여부에
관계없이 가사전담자(breadgiver)로 규정되었다. 그리고 이는 가족경제
에의 기여를 통해 자부심을 얻고 사회적 정체성을 확인하던 동유럽 유
태 여성성의 성격을 재규정하는 변화의 시작을 알리는 것이었다.

4. 맺음말

　이민들의 삶은 구세계와 신세계, 과거와 현재의 갈등과 타협으로 점철
되었다. 이같은 이민들의 삶에 나타나는 모든 미묘한 파장은 바로 이민
가족을 살펴봄으로써 보다 명확하게 제시될 수 있을 것이다. 익숙지 못

한 환경 아래서 급작스런 변화를 맞이한 이민들에게 가족은 하나의 사회적 단위로서 정서적 안정을 부여할 뿐 아니라, 새로운 환경을 반영하고 또 가족구성원의 모든 변화를 수용·변화시키는 것이기도 하다. 19세기 말, 20세기 초 동유럽에서 미국으로 이주한 유태이민가족 또한 신세계에서 완전히 와해되어 버린 것도 혹은 전통에만 집착하는 것도 아니었다. 이들에게도 가족의 생존은 여전히 최고의 가치였으며, 모든 가족구성원이 생계에 기여하는 가족경제는 구세계적 전통과 익숙한 삶의 패턴을 이식하려는 노력으로 보이기도 하였다. 그러나 1880년대 이래 미국으로 이민한 집단들 가운데 유태인들만이 영구적 정착을 의도했다는 사실은 이들로 하여금 미국사회에 적응하는 데 있어 독특한 심리상태를 갖게 하였다.

다른 이민들의 경우와 마찬가지로 유태인들 역시 새로운 생활방식으로 전환하는 데 있어 구세계의 전통에 의존하였으나, 다른 이민집단들에 비해 자신들의 행태를 자신들이 선택한 미국의 사회적 기준에 부합하는 것으로 이해하려는 시도를 의식적으로 하였다. 1세대 이민 기혼여성은 구세계에서와 마찬가지로 가족경제에 상당한 기여를 하였고 가족부양에 있어 파트너십을 유지하였다. 그러나 이들은 주로 자신들의 역할을 가정과의 물리적 연계 속에서 찾아, 외부 임금노동보다는 하숙을 치거나 가족의 비즈니스에서 보조역할을 맡았다. 이들은 이런 일들을 '노동'으로 간주하지 않음으로써 스스로 가정주부로서 가사만 돌보는 것으로 여기고 자신들의 기여를 생계비를 버는 역할이라기보다 비경제적인 것으로 간주함으로써, 미국 중간계급 기혼여성의 이미지에 부합시켜 이해하려 하였다. 실제 경제상황은 이들의 '노동'을 요구하였고 이들은 또 그에 따라 '노동'을 하였으나, 이들의 '노동'은 '노동'으로 간주되지 않았다.

이와 같은 이민의 행태와 의식 변화는 미국의 사회·경제 구조의 영향이기도 했지만, 미국 중간계급적 가족생활양식에의 동화와 유태이민

사회의 점진적 변화와도 깊은 관계가 있었다. 즉 유태이민들은 자신들의 익숙한 세계를 변화하는 현실에 적응, 변화시켜 나갔던 것이다. 가족부양에서 아내 대신 남성가장의 책임을 강조하는 윤리의 등장, 성별 활동영역의 구분, 성에 따른 경제적 역할에 대한 가치관의 변화 그리고 그에 따른 여성성의 재규정 등에서 볼 수 있듯이 신세계의 유태가족은 구세계의 복사판이 아니라, 당시 미국의 사회·경제·문화적 상황, 가족의 경제적 필요 그리고 전통과의 역동적 상호관계를 통해 재조직된 것이었다.

주

1) 엘리트계층은 이디시어 대신 러시아어나 폴란드어를 주로 사용하였고, 여성들의 경우 '바깥'에서의 임노동을 하지 않았으며, 다른 계층의 유태인들과는 결혼도, 상호교제도 하는 일이 거의 없었다. 물론 유태사회에서의 엘리트란 재산 정도가 그 지위를 결정해 주는 것만은 아니었고, 종교적 사회로서의 유태사회에서 탈무드 학자로서의 능력은 계급적 구분선을 뛰어넘었다(I. Rubinow, "Economic Condition of Jews in Russia," Department of Commerce and Labor, *Bulletin of the Bureau of Labor* vol. 15(1907), New York: Arno Press 1975(rep.), p. 520; S. S. Weinberg, *The World of Our Mothers: The Lives of Jewish Immigrant Women*, New York: Schocken 1988, pp. 4~5.

2) A. Kahan, "The Impact of Industrialization in Tsarist Russia on the Socioeconomic Conditions of the Jewish Population," R. Weiss ed., *Essays in Jewish Social and Economic History*, Chicago: Univ. of Chicago Press 1986, pp. 49~51, 64~65, 86; S. A. Glenn, *Daughters of the Shtetl: Life and Labor in the Immigrant Generation*, Ithaca: Cornell Univ. Press 1990, pp. 12~13; K. Friedman-Kasaba, *Memories of Migration: Gender, Ethnicity and Work in the Lives of Jewish and Italian Women in New York 1870~1924*, Albany: State Univ. of New York Press 1996, pp. 60~61; R. L. Coser, L. S. Anker, and A. J. Perrin, *Women of Courage: Jewish and Italian Immigrant Women in New York*, Westport: Greenwood Press 1999, pp. 75~80.

3) S. S. Weinberg, 앞의 책, p. 5.

4) C. Baum, P. Hyman, and S. Michel, *The Jewish Women in America*, New York: Plume Books 1977, p. 76; M. Zborowski and E. Herzog, *Life is With People: The Jewish Little Town of Eastern Europe*, New York: International Universities Press 1953, pp. 86~87; S. A. Glenn, 앞의 책, pp. 9~10.

5) 코셔 음식은 음식준비를 규정하는 캐시럿(Kashruth)이라는 유태율법에 따라 도살되어 요리된 음식을 말한다(M. Zborowski and E. Herzog, 앞의 책, pp. 86~87; S. A. Glenn, 앞의 책, pp. 8, 10~16; S. S. Weinberg, 앞의 책, pp. 13~15).

6) K. Friedman-Kasaba, 앞의 책, pp. 43~52; S. M. Dubnow, *History of the Jews in Russia and Poland* vol. 2, Philadelphia: Jewish Publication Society of America 1918, pp. 154~205, 243~313, 335~413; L. Greenberg, *The Jews in Russia: The Struggle for Emancipation* vol. 2, New

York: Schocken Books 1976, pp. 73~100.

7) S. M. Dubnow, 앞의 책, pp. 243~323; L. Greenberg, 앞의 책, pp. 44~45.

8) S. A. Glenn, 앞의 책, pp. 30~31; K. Friedman-Kasaba, 앞의 책, pp. 52~60; I. Rubinow, 앞의 글, pp. 537~39; A. Kahan, 앞의 글, pp. 3~4, 20~21, 87; S. Kuznets, "Immigration of Russian Jews to the U. S.: Background and Structure," D. Fleming and B. Bailyn eds., *Perspectives in American History* vol. 9, Cambridge: Charles Warren Center for Studies in American History, Harvard University Press 1975, pp. 36~37, 93~94, 96~98.

9) S. Kuznets, 앞의 글, pp. 104~105, 116~17; I. Howe, *World of Our Fathers: The Journey of the East European Jews to American and the Life They Found and Made*, New York: Simon and Schuster 1976, pp. 58~59; S. A. Glenn, 앞의 책, pp. 42~49; O. Handlin, A. Orlov, and S. Thernstrom eds., *Harvard Encyclopedia of American Ethnic Groups*, Cambridge: Harvard Univ. Press 1980, pp. 685~86.

10) 미국 내 유태인 집중거주지(Ghetto)에 관해서는 L. Wirth, *The Ghetto*(Chicago: Univ. of Chicago Press 1928); M. Rischin, *The Promised City: New York's Jews, 1870~1914*(Cambridge: Harvard Univ. Press 1977) 참조. C. Bernheimer ed., *The Russian Jews in the U. S.*, Philadelphia: Scribner and Sons 1905, pp. 43~59.

11) O. Handlin, *The Uprooted: An Epic Story of the Great Migration that Made the American People*, New York: Grosset and Dunlap 1951; R. Vecoli, "The Contadini in Chicago: A Critique of The Uprooted," *Journal of American History* vol. 51, 1964, pp. 404~17; V. Yans-McLaughlin, *Family and Community: Italian Immigrants in Buffalo, 1880~1930*, Ithaca: Cornell Univ. Press 1977; J. Bodnar, *The Transplanted: A History of Immigrants in Urban America*, Bloomington: Indiana Univ. Press 1985; D. Cinel, *From Italy to San Francisco: The Immigrant Experience*, Stanford: Stanford Univ. Press 1982.

12) "Bintel Brief"에 실린 가족간의 불만과 불평 내용 중 대다수가 다음과 같은 것들이었다. 즉 남편은 하숙생을 집에 들이는 것이 아내에게 미치는 영향, 부모들은 젊은이들간의 자유로운 관계가 딸에게 주는 영향과 자녀의 미국화, 아내는 남편에게 돈을 더 벌어오라는 요구를 하거나 남편의 음주문제, 가출문제, 가족부양을 위해 일하기를 거부하는 남편에 대한 불만 등이었다(S. S. Weinberg, 앞의 책, pp. 89~90, 103; I. Howe, 앞의 책, p. 104; R. L. Coser, L. S. Anker, and A. J. Perrin, 앞의 책, p. 93).

13) C. Bernheimer, "Lower East Side Dwellers," University Settlement Studies, *21st Annual Report of the University Settlement Society, New York, 1907*, New York: The City College of the City Univ. of New York 1908, p. 32.

14) J. Smith, *The Family Connection: A History of Italian and Jewish Immigrant Lives in Providence, Rhode Island, 1900~1940*, Albany: State Univ. of New York Press 1985, pp. 23~24; R. L. Coser, L. S. Anker, and A. J. Perrin, 앞의 책, p. 93; U. S. Congress, Senate, "Immigrants in Cities," *Reports of the Immigration Commission*(이하 Reports) vol. 2, Washington D. C.: Government Printing Office 1911, p. 546.

15) C. Bernheimer, 앞의 글, p. 112; T. Kessner, *The Golden Door: Italian and Jewish Immigrant Mobility in New York City, 1880~1915*, New York: Oxford Univ. Press, 1977, pp. 59~65; U. S. Congress, Senate, "Immigrants in Cities," *Reports* vol. 1, pp. 217, 309, 397; I. Howe, 앞의 책, pp. 164~65.

16) S. A. Glenn, 앞의 책, p. 80; U. S. Congress, Senate, "Immigrants in Cities," *Reports* vol. 2, p. 521; I. Howe, 앞의 책, p. 142.

17) M. Zborowski and E. Herzog, 앞의 책, pp. 348~49, 278~79; S. A. Glenn, 앞의 책, pp.

82~83.

18) S. A. Glenn, 앞의 책, pp. 86~87; L. W. Tentler, *Wage-Earning Women: Industrial Work and Family Life in the U. S. 1900~1930*, New York: Oxford Univ. Press 1979, pp. 93~96; U. S. Congress, Senate, "Immigrants in Cities," *Reports* vol. 2, p. 521.

19) I. Metzker, *A Bintel Brief: Sixty Years of Letters from the Lower East Side in the Jewish Daily Forward*, New York: Ballantine 1972, p. 65.

20) S. S. Weinberg, 앞의 책, p. 105; U. S. Congress, Senate, "Immigrants in Cities," *Reports* vol. 1, p. 139; *Reports* vol. 2, pp. 546~47; T. Kessner and B. B. Caroli, "New Immigrant Women at Work," *Journal of Ethnic Studies* vol. 5, 1978, pp. 24~26; E. Pleck, "A Mother's Wages: Income Earning Among Married Italian and Black Women, 1896~1911," M. Gordon ed., *The American Family in Social-Historial Perspective*, New York: St. Martin's 1978. pp. 367~92.

21) T. Kessner, 앞의 책, p. 76; R. L. Coser, L. S. Anker, and A. J. Perrin, 앞의 책, pp. 99~100; K. Friedman-Kasaba, 앞의 책, p. 124; S. A. Glenn, 앞의 책, pp. 70~71.

22) T. Kessner, 앞의 책, p. 77; U. S. Congress, Senate, "Immigrants in Cities," *Reports* vol. 1, p. 229.

23) J. Bodnar, 앞의 책, p. 75; L. W. Tentler, 앞의 책, pp. 161~65; E. Ewen, *Immigrant Women in the Land of Dollars: Life and Culture in the Lower East Side, 1890~1925*, New York: Monthly Review Press 1985, pp. 149~55.

24) E. Ewen, 앞의 책, pp. 154~55; S. A. Glenn, 앞의 책, pp. 69~71.

25) R. L. Coser, L. S. Anker, and A. J. Perrin, 앞의 책, pp. 96~99; K. Friedman-Kasaba, 앞의 책, pp. 126~27; I. Howe, 앞의 책, p. 171; D. Gabbaccia, *From the Other Side: Women, Gender, and Immigrant Life in the United States, 1820~1990*, Bloomington: Indiana Univ. Press 1994, p. 56; J. Modell and T. Hareven, "Urbanization and the Malleable Household: An Examination of Boarding and Lodging in American Families," *Journal of Marriage and the Family* vol. 35, 1973, pp. 467~79.

26) S. S. Weinberg, 앞의 책, pp. 238~39; L. Wirth, 앞의 책, p. 236; S. A. Glenn, 앞의 책, pp. 74~75.

27) M. Antin, *The Promised Land*, Boston: Houghton and Mifflin 1911, 1969(rep.), p. 196.

28) R. L. Coser, L. S. Anker, and A. J. Perrin, 앞의 책, p. 104; K. Friedman-Kasaba, 앞의 책, p. 129; J. Smith, 앞의 책, p. 58.

29) 인용은 L. A. Schwartz, "Immigrant Voices from Home, Work, and Community: Women and Family in the Migration Process, 1890~1938"(unpublished Ph. D dissertation, SUNY-Stonybrook, 1983 pp. 102~104) 참조

30) K. Friedman-Kasaba, 앞의 책, pp. 108~110.

31) 같은 책, p. 119; S. A. Glenn, 앞의 책, p. 77; C. Baum, P. Hyman, and S. Michel, 앞의 책, pp. 193~204.

32) 독일계 유태인과 러시아계 유태인은 계급적·종교적·언어·문화적 측면에서 상당히 차이가 있었다. 독일계 유태인은 독일어를 사용하던 독일이나 오스트리아, 보헤미아, 헝가리 일부 지역의 출신으로, 종교적으로 보다 개혁된 유태종교를 신봉하여 의식과 의례 등을 수정해서 모자도 쓰지 않았고 방언 설교와 기도를 도입하였다. 이들은 1840~60년 무렵에 미국으로 이민을 해서, 러시아계가 이민을 왔을 때는 미국의 문화와 사회에 상당 정도 동화되어 있었으며, 직업도 자영업이나 전문직종 등에 종사하면서 경제적으로 성공하여 중간계급의 지위를 확보하였다. 이에 반해 러시아계 유태인은 정통유태교를 믿어 엄격한 라

비 중심의 종교를 유지하였으며 구약성서, 의식, 탈무드 율법과 관습을 철저하게 숭배하였다. 갓 이민 온 러시아계 유태인은 독일계 유태인의 지원을 받아 사회·문화적으로 정착하였으며, 경제적으로도 이들의 피고용인으로 미국생활을 시작하는 경우가 많았다. 그리고 독일계는 러시아계 이민의 미국으로의 동화에 첨병 역할을 하였다(낸시 그린, 「유태인 여성: 형성과 변형」, 조르쥬 뒤비·미셸 페로 편, 『여성의 역사: 페미니즘의 등장: 프랑스대혁명으로부터 제1차 세계대전까지』 상권, 새물결 1998, 337~60쪽).

33) A. Kahan, *The Rise of David Levinsky*, New York: Harper and Brothers 1917, 1960(rep.), pp. 96~97; A. Yezierska, *The Bread Givers*, New York: Persea 1925, p. 48.

34) H. Hapgood, *The Spirit of the Ghetto*, Cambridge: Harvard Univ. Press 1902, 1967(rep.), pp. 44~70.

35) O. Handlin, A. Orlov, and S. Thernstrom eds., 앞의 책, pp. 685~90.

소비에트정권 초기의 가족과 성

남석주

1. 머리말

부하린(Н. И. Бухарин)은 『전환기시대의 경제』에서 " …국가구조나 생산형태에서 구사회의 모습은 완전히 붕괴되었다. 마지막 밑바닥까지 철저하게 무너졌다. 지금까지 이러한 대대적인 붕괴는 없었다. 그러나 이러한 과정 없이 프롤레타리아혁명은 이룩할 수 없는 것이다"[1]라고 쓰고 있다. 그의 말대로 소비에트정권은 차르정권과의 완연한 차별과 과거와의 철저한 단절을 시도하였다.

이러한 차별과 단절의 모습은 정권 초기에 발표된 수많은 포고령에서 잘 나타난다. 1917년 11월 8일 '토지에 관한 포고령', 11월 23일 '사회적 제계층 및 관등급의 철폐에 관한 포고령', 1918년 4월의 '상속제 폐지의 포고령', 11월의 '교회와 국가와의 분리'는 제정러시아시대를 지탱해 주었던 제도와 신분과 종교 등 모든 분야에 걸쳐 단절을 선언하였다. 이러한 과거와의 단절은 제정러시아시대의 전통적인 가족관과 가족관계, 가족구조에도 혁명적 변화를 가져다주었다.

제정러시아시대의 가족관계는 남성중심의 가부장적 사회, 여성의 어머니로서의 역할 강조, 남성의 여성에 대한 상습적인 구타 등으로 특징지을 수 있다.[2] 또한 이러한 가족관계를 이루는 정신적 지주의 역할을 정교회가 담당하였다. 결혼은 교회에서 이루어졌고 종교감독국이 이를 관할하였다.

그러나 19세기 말부터 시작된 러시아 여성해방운동은 가정과 사회에서 여성의 역할과 남녀간의 성차별과 성도덕에 대한 의식에 점진적인 전환을 가져다주었으며 혁명과 더불어 전통적인 가족구조와 가족관, 가족관계도 본질적으로 변화되었다. 1920년 레닌은 클라라 체트킨(Клара Цеткин)과의 대화에서 "프롤레타리아혁명과 같은 그러한 혁명이 결혼과 성 관계에서 일어나고 있다"[3]며 소비에트정권 초기의 가족과 성도덕의 급격한 변화를 지적하였다.

이 글에서 필자는 이러한 급격한 변화의 시기인 소비에트정권 초기의 가족과 성 문제, 특히 성혁명의 다양한 동인과 그 현실적 모습을 살펴보고자 한다.

소비에트시기의 가족문제에 관한 연구는 러시아에서 그 수를 헤아릴 수 없을 만큼 많다.[4] 그러나 급격한 사회변혁기인 소비에트정권 초기의 가족문제에 대한 체계적인 연구는 현재까지 러시아에서 그리 활발하게 이루어지지 않은 상태이다.

소비에트시기의 가족문제와 가족정책에 대해 마르크스-레닌주의에 기초하여 체계적으로 연구한 최초의 소비에트 사회학자로는 하르체프(А. Г. Харчев)를 들 수 있다.[5] 1964년에 출간한 그의 대표적인 저서 『소련의 결혼과 가족』에서, 그는 소비에트국가의 혼인과 가족 정책은 남녀 및 적·서자간의 불평등을 폐지하고 여성해방과 새로운 사회주의

적 가족유형을 창조하는 데 집중되었다고 강조한다. 그러면서 사회주의
혁명의 제1시기에 해당하는 1918년과 1926년의 가족법 사이에는 1926년
가족법에서 민사혼과 사실혼의 법적 평등권을 인정한 것을 제외하고는
여성해방과 적·서자간의 불평등 해소라는 근본 방향에서 차이가 없다
고 말한다.[6]

　그러나 민사혼만을 법적으로 인정한다는 내용을 담고 있는 1918년의
가족법이 왜 1926년에 와서 사실혼도 민사혼과 동등한 법적 효력을 갖
도록 변화할 수밖에 없었는지, 1918년 가족법이 8년이란 세월 동안 소비
에트사회에 어떤 영향을 끼쳤는지에 관해서는 전혀 언급하지 않고 있
다. 이는 소비에트정권 초기의 가족법이 여성해방과 적·서자간의 불평
등을 해소하는 데 기여했다는 긍정적 측면만 부각시켰을 뿐, 당시 가족
정책의 변화가 보여주는 문제점에 대한 객관적인 평가가 결여되어 있음
을 말해 주는 것이다.

　페레스트로이카 이후 러시아학자들 가운데 소비에트 가족정책에 대한
이전의 시각과 근본적으로 차이를 드러내는 대표적인 학자로는 알라 쵸
르느이흐(Алла Черных)와 타치아나 오시포비치(Татьяна Осипович)
를 들 수 있다. 쵸르느이흐는 1998년 모스크바에서 출판된 『사회학자의
거울을 통해 본 러시아 소비에트 형성 20년대』와 1992년에 발표한 「소
비에트정권 초기 10년간의 가족과 결혼 문제」에서, 소비에트정권 초기
의 지나친 성혁명은 소비에트사회 전체의 성도덕 붕괴를 초래하였으며
이혼율과 낙태의 증가라는 심각한 사회문제를 야기하였다고 지적한다.[7]

　또 오스포비치는 자신의 대표적인 논문 「1920년대 중반의 사회논쟁
속에서의 가족, 성, 결혼과 여성의 신분」 「콜론타이의 공산주의, 페미니
즘, 여성해방운동」에서, 당시 '날개 달린 에로스에게 길을'(Дорогу крыл
атому Эросу)과 '물 한잔 이론'(теория о стакане воды)으로 성혁명
과 자유연애사상을 주장한 콜론타이의 가족·성 관을 새롭게 조망한다.

그녀는 콜론타이의 이론을 단순히 '물 한잔 이론'으로 규정함으로써 성적 만족을 위한 이론이라고 매도했던 소비에트시기의 견해에 대해 반기를 들면서, 사회주의 여성해방운동에서 콜론타이의 공적을 재평가해야 한다고 주장한다.[8]

그밖에도 콘(И. С. Кон), 랴브니나(Н. В. Рябнина), 데니센코(М. Б. Денисенко), 레비나(Н. Б. Лебина)[9] 등도 소비에트시기의 획일적인 체제 옹호적 시각에 대해 날카롭게 비판을 가한다.

이와 같은 비판은, 현대러시아가 안고 있는 수많은 가족문제가 단순히 사회주의체제에서 자본주의체제로의 이행기에 나타나는 과도기적 현상만이 아니라 소비에트시기의 지나친 성적 자유와 국가주도의 획일적인 가족정책이 빚은 결과물이라는 현대러시아인들의 사회적 공감대를 표현한 것이라고 볼 수 있다.

필자는 이 글을 통해서 소비에트정권 초기에 성혁명을 일으켰던 다양한 동인들, 즉 혁명 전후의 사회·정치·경제적 대사건들로 인한 인구구조의 변화와 콜론타이와 초기 사회주의자들의 성도덕관, 가족법의 변화를 총체적으로 살펴보고, 더불어 성혁명의 실제적인 모습을 살펴보고자 한다. 그리고 이 가운데서 초기 사회주의자들이 제시한 가족관, 가족정책, 가족법이 애초의 기대보다는 가족붕괴와 가족해체 같은 사회적 문제를 낳는 데 적지 않은 역할을 했다는 점을 밝혀보고자 한다.

2. 인구통계의 지진기[10]

1923년 트로츠키는 『생활양식의 문제들』(*Вопросы быта*)이라는 소책자에서 "가족, 그 가운데서 프롤레타리아가족이 흔들리고 있다"[11]고 언급한다. 그러면서 그 원인을, 1914년부터 시작된 1차대전과 곧 이어 찾아온 혁명과 1918년부터 시작된 내전과 외국군대의 간섭, 1921년 소련 전체를 휩쓴 기근 등과 같은 대사건들이 소련의 정치·경제·사회·국가권력구조 등 모든 분야에 대변화를 가져왔을 뿐 아니라 가족제도에도 심각한 영향을 끼친 데서 찾는다. 문제는 이러한 변혁기에 붕괴되어가는 전통적인 가족제도를 대체할 만한 새 가족제도가 마련되지 않음으로 해서 과도기적 상황에 놓여 있던 소비에트가족은 혼란과 무질서 그 자체가 되어버렸다는 것이다.[12] 트로츠키의 이같은 시각에 대해 크루프스카야도 동일한 입장을 표명하였다.

> 끝없는 해방운동, 모든 사회적 상황의 불안정성, 전환기시대의 특성들, 군부대 주둔 등 이 모든 것이 결혼관계에서 대부분의 경우 서로간에 순간적인 성격을 띠게 만들고 있는 것이다. …전쟁은 이 나라를 극단적인 가난과 분열의 상황으로 몰고 갔다. 가난이란, 모든 인간관계의 무덤과 같은 것이다.[13]

앞에서 언급한 대로 당시 사회구조의 급격한 붕괴는 기존의 전통적인 도덕관을 붕괴시켰고, 나아가 가족관과 결혼관의 변화를 초래하였다. 그 중에서도 가장 두드러진 변화현상 하나는 다름아니라 인구이동과 인구구조의 변화였다.

제정러시아시대의 인구이동은 농민들이 생계수단을 위해 일자리를 찾아 이동하는——이를 오트호드(отход)라고 부른다——경우나 정착을 위해 우랄, 시베리아, 극동·중앙 아시아 지역으로 이동하거나 혹은 국제노동을 위해 이동하는 것이 주를 이루었다.[14] 그러나 혁명 전후에는 주로 군사적인 목적으로 인구이동이 이루어졌는데, 특히 1차대전 시기에만도 약 1600만 명의 농촌인구가 러시아군대에 동원되었다.[15]

혁명 전후의 피란민을 연구한 그란(М. М. Гран)은 1914~17년에 전쟁 피란민의 수를 대략 1000만~1500만으로 추정하였다.[16] 1916년 한 해에만 피란민이 약 320만 명——민족구성별로 폴란드인 51만 3천 명, 라트비아인 20만 명, 히브리인 20만, 아르메니아인 12만, 리투아니아인 8만 6천 명 정도——이나 되었고, 1917년에는 740만 명 가량이 발생한 것으로 추정되었다.[17]

또한 소련의 유럽지역 358개 도시의 경우 1917년에 약 1050만 명, 1920년 700만 명 정도의 인구가 감소하였다. 도시지역의 인구감소 현상은 도시에서 식량을 구할 수 없어 농촌으로 이주함으로써 나타난 것이었는데, 이 결과 1923년 3월 현재 이 지역의 농촌인구는 약 810만 명이 증가하였다.

이러한 급격한 인구 이동과 감소 현상은 전반적인 경제의 붕괴와 생산과 소비 지역 간의 관계단절, 생산공장의 대량폐쇄 등과 같은 문제로 이어졌다.[18]

1918~20년의 내전시기에는 소련 유럽지역의 55개 주에서 급성감염으로 인한 사망자 수가 이전의 3년 동안에 비해 7배나 증가한 230만 명 정도로 추정되었다. 하지만 이것은 공식적인 통계수치일 뿐 실제로는 300만~400만 명을 웃돌았을 것으로 추정하고 있다.[19] 이 시기에 전염병과 기아와 연료공급 부족으로 인한 사망비율은 1919년 사라토프 69.8%, 야로슬라블 61.4%, 키예프 55%였고, 1920년 오데사 55.9%였다. 그런가 하면 모스크바주의 인구는 1913년 31.5%, 1920년 40.8% 증가하였고, 코스트로마주는 30.9%에서 49.6%로, 오룔주는 27%에서 36.4%로 증가하였다.[20]

또한 1921년의 기근은 볼가강유역과 돈지역, 우크라이나, 카자흐스탄에 큰 타격을 입혔다. 밀농사의 경우 1913년 대비 1921년의 생산량이 볼가강 하류지역은 약 10.5%, 노브러시아는 13.6%, 우랄지역은 26.5%에 불과하였다. 이러한 흉작으로 인한 아사자 수는 대략 100만 정도로 추정되고 있다.[21]

물론 혁명 전후의 일련의 사건들로 인한 소비에트정권 초기의 인구감
소에 대해 학자간에 다소 차이가 나지만,[22] 대체로 1200만~1800만 명
이 감소한 것으로 추정된다(표1 참조). 이 가운데 민간인 사망자가 65~
70%를 차지하고, 10~12%는 외국으로 이민, 15~20%는 군인 사망자로
인한 인구감소로 보인다. 이러한 인구감소는 연령별·성별 인구구성에
서 심각한 불균형을 야기했다. 특히 15~20%의 군인 사망자는 최소 180
만~250만, 최대 210만~360만의 젊은 남자들이 죽은 것을 의미하였다.
이는 역으로 결혼적정 여성인구가 상대적으로 늘어난 것을 의미했고, 결
과적으로 비정상적인 가족구조, 즉 중혼·단기간 동거·이별 등과 같은
사회현상의 원인이 되기도 했다.

〈표 1〉

(단위: 백만 명)

학 자	시 기	전체통계수	인명손실	출생감소
C. Г. 스트루밀린	1914~22	23.9		
E. 3. 볼코프	1914~30	30		
Ф. 로리메르	1914~26	28	18	10
E. M. 쿠리세르	1914~22		13.75	
A. Я. 보야르스키	1915~26	21~22	12	10
Б. Ц. 우르라니스	1917~20		10~11	
Ю. A. 폴랴코프	1914~26	25		
C. 막스도프	1914~26		최소 15.5	

* 자료: М. Б. Денисенко, *Демографический Кризис 1914~1922*, p. 96.

3. 콜론타이와 초기 사회주의자들의 성도덕관

1) 콜론타이의 성도덕관

1920년대 소비에트정권 초기의 성혁명과 자유연애사상을 대변하는 대표적인 인물로는 알렉산드라 콜론타이를 들 수 있다. 콜론타이에 대한 시각은 일반적으로 '날개 달린 에로스에게 길을'과 '물 한잔 이론'으로 규정되어 왔다. 이러한 시각은 콜론타이가 주장한 지나친 성적 평등과 성적 자유에 대한 거부반응 속에서 레닌과 그 뒤의 초기 마르크스주의자들, 소비에트시기의 학자들과 서방학자들에 의해 규정된 것이다. 그러나 앞에서 언급한 대로 페레스트로이카 이후 러시아학자 가운데서 타치아나 오시포비치가 콜론타이에 대한 이러한 평가에 반론을 제기하였다. 같은 맥락에서 판즈워스(B. Farnsworth)나 리처드 스타이스(Richard Stites) 같은 서방학자들도 콜론타이의 주장이 단순한 성의 자유사상이 아니라 제도 속에서 억압받아 온 여성들과 성차별 속에서 상실된 여성의 인격과 자유와 독립을 회복하고자 하는 신여성관이라고 주장하였다.[23] 그러나 콜론타이에 대한 이 같은 새로운 시각과 평가에도 불구하고, 그녀의 '사랑의 자유연합'이나 '사랑의 집단적 동료의식' 같은 가족관과 성도덕관은 가족 자체의 해체와 붕괴를 가져올 수 있는 사상적 배경을 지녔다는 사실 또한 부인할 수 없다.

콜론타이는 19세기 말부터 여성문제에 관심을 갖기 시작하였다. 그녀는 자신을 가리켜 이 문제에 대해 전면적이며 궁극적인 해결을 시도할 수 있는 유일한 여성 정치운동가라고 표현하였다. 콜론타이는 자서전에서 이렇게 쓰고 있다. "여성과 그의 운명에 관한 문제가 나의 인생 전부를 차지하고 있다. 여성들의 운명이 나로 하여금 사회주의로 기울게 하였다."[24]

    자신의 회고처럼, 콜론타이는 여성의 사회적 불평등 문제의 해결을 사회주의체제 속에서 찾고자 하였다. 그러나 이런 시도는 독창적인 것이라기보다는 베벨과 마르크스와 엥겔스 등 사회주의 사상의 선배들[25]에게서 영향을 받은 것이었다. 이들은 자본주의체제하에서의 여성의 착취를 프롤레타리아에 대한 착취와 동일선상에서 이해하였다. 즉 프롤레타리아가 자본획득을 위해 자신의 노동을 제공하듯이, 여성은 매춘부나 첩 혹은 아내로서 자신의 성을 남성들에게 제공한다고 보았다. 부르주아여성은 남성들의 성적 욕구를 만족시켜 주는 것뿐만 아니라, 법적 재산상속자 생산과 가사노동이라는 세 가지 의무를 지고 있다고 보았다. 즉 부르주아도덕이란 경제적 이익이 존재하는 곳에서만 부부사랑이 존재하는 이중적인 성격을 띠고 있다는 것이다.

    때문에 마르크스주의에 따르면, 여성노동자들은 자본과 부르주아가정으로부터 이중부담을 지고 있다. 이런 의미에서 진정한 여성해방이란 프롤레타리아혁명의 승리로 말미암아 사적 소유제와 부르주아가족의 붕괴 이후 나타나는 결과로 보았다. 즉 사회혁명이 성혁명보다 우선될 때 여성평등권은 계급투쟁의 결과로서 나타난다는 것이다. 이러한 마르크스주의 사상이 여성문제에 대한 콜론타이의 사상 속에 그대로 반영되었다.

    콜론타이는 1918년에 저술한 『가족과 공산국가』에서 완전하고 전면적인 여성평등을 위해서는 전통적인 가족관계의 근본적인 붕괴가 선행되어야 한다고 주장하였다. 그녀가 볼 때 전통적인 가족관계는 남성에 대한 여성의 경제적 의존성과 가사노동과 자녀양육에 대한 염려에 근거하고 있는 것이었다. 이 속에서 여성은 어떠한 물질적 가치도 창조해 내지 못하는 일상적인 노동만 요구받고 있다는 것이다. 예를 들어 음식준비, 집안청소, 담요와 의복 세탁 등과 같은 잡일 등이다. 그러나 새로운 공산사회는 여성을 이러한 비효과적인 가사노동으로부터 해방시켜 주며 나아가 여성들이 사회활동에 효과적으로 참여할 수 있게 도와줄 것이다. 이를 위해 여성의 개인적인 가사노동은 사회의 대중노동으로 대체될 것이며 이에 필요한 대중식당, 공동세탁소, 특별 수선가게 등이 설치될 것이다. 콜론타이는 이러한 개인적인 가사노동이 사라지는 데 대해 여성들이 안타깝게 여길 필요가 없으며 오히려 이는 여성들의 삶을 이전보다 행복하고 자유롭고 풍부하게 만드는 길이라고 주장하면서,[26] 여성의 가사로부터의 해방은 교회와 국가의 분리만큼이나 커다란 역사적 사건이라고 말하였다.

나아가 공산국가는 가사의 부담뿐 아니라 자녀양육의 부담까지 떠맡게 될 것이었다. 보육원·유치원에서는 경험 있는 교사들이 아이들을 돌보아줄 것이며, 초등학생은 훌륭한 교육과 무상급식, 무상의복, 무상 교과서 등을 받게 될 것이다.[27] 이와 같은 국가의 과학적이고 합리적이고 체계적인 교육은 개인주의적이고 교육에 무지한 부모에 의해서 이루어지는 것보다 더 큰 효과를 낳는다는 것이다. 그리고 이러한 주장에 대한 거부반응을 의식하여 콜론타이는 다음과 같이 덧붙였다.

노동자 어머니들은 놀라지 마시기 바랍니다. 공산사회는 부모들에게서 자녀들을 빼앗지 않을 것이며, 어린아이들을 어머니에게서 떼어 놓지 않으며 강제적으로 가정을 파괴하지 않을 것입니다. 결코 그런 일은 없을 것입니다.[28]

국가는 자녀양육에 필요한 물질적 부담만 담당하고, 부모가 자식을 키우면서 얻는 기쁨은 그대로 남겨둔다는 것이다. 그럼에도 불구하고 고려해야 할 것은 자녀들은 공동생활을 하게 된다는 점과 부모들은 자녀양육에서 자기 자식과 남의 자식이라는 개념을 버리고 오직 공산주의 노동 러시아의 자녀, 즉 우리의 자녀(наши дети)라는 것을 이해하며 배워야 한다는 점임을 강조하였다.[29] 따라서 자녀양육에서 부모에게 요구

되는 것은 오직 건장한 자녀생산과 보육원에 다니기 이전까지의 양육뿐
이라는 것이다.

　더불어 콜론타이는 남성으로부터 여성의 경제적 독립을 주장하면서
미혼모와 그 자녀에 대한 국가의 배려를 주장하였다.

> 　맨손으로 자녀와 함께 버려진 미혼모들을 방치해서는 안 된다. 노동
> 자국가는 어머니가 자녀를 양육하는 동안에는 그녀가 합법적으로 결
> 혼한 여성이든 그렇지 않든 보호해 주어야 하며 모성보호소, 유아원,
> 보육원 등을 설립하여 여성들이 노동과 어머니로서의 의무를 병행할
> 수 있는 가능성을 제공해 주어야 한다.[30]

　그러면서 여성들이 이렇게 가사노동과 자녀양육의 짐에서 해방될 때
또한 가정이 이러한 의무와 책임에서 벗어날 때, 가족이란 도대체 무엇
인가 하고 반문하였다. 결국 이것은 사회주의체제 속에서 새로운 부부
관계가 성립될 수 있는 환경이 마련됨을 의미한다고 보았다. 자녀양육
의 의무와 책임에서 해방된 가정은 부부의 분리가 훨씬 쉽게 이루어질
수도 있고, 자유롭고 독립적인 둘의 연합이 될 수도 있다[31]고 본 것이다.
바로 여기서 자본주의체제 속에서 형성된 부르주아의 가족관계와 성도
덕을 거부하고, 사회주의체제 속에서 집단주의와 동료의식, 평등원리에
입각한 새로운 가족관계와 성도덕을 확립하고자 의도했던 것이다.

　콜론타이의 새로운 성도덕관은 1923년에 발표한 그녀의 소설 『위대한
사랑』과 논문 「날개 달린 에로스에게 길을」에 잘 나타난다. 반(半)자전
적 성격을 띤 『위대한 사랑』에는 콜론타이 자신과 멘셰비키 계열의 경
제학자 마슬로프(П. П. Маслов)의 연애관계가 투영되어 있는데, 나타샤
라는 미혼의 여성혁명가와 당원이면서 기혼남성인 세묜의 사랑이 그려
진다.

　　중요한 것은 이 소설에서 콜론타이는 세묜과 나타샤의 연애관계가 아니라 이들의 내적 갈등을 묘사했다는 점이다. 나타샤의 삶에서 당을 위한 노동은 중요한 의미를 가지는바, 그녀에게 당은 큰 만족과 동료들로부터의 인정을 가져다주는 것이었다. 그러나 세묜을 만날 때마다 그녀의 삶은 급격하게 변화하였다. 그것은 나타샤가 연인을 만날 수 있다는 사실 때문에 기뻐하거나 혹은 비정상적인 관계로 인해 양심의 가책을 받았음을 말하는 것이 아니었다. 세묜과의 만남은 그녀를 항상 절망으로 몰고 갔다. 세묜이 그녀를 사랑하지 않거나 그의 사람됨이 부족해서라기보다, 사랑에 관한 서로의 개념과 연애에서의 서로의 역할이 근본적으로 달랐기 때문이었다.[32]

　　세묜은 나타샤를 만나면서 가족문제에서 벗어나 도덕적·감정적 측면에서 새로운 힘을 얻었을 뿐 아니라 성적 만족과 휴식을 얻을 수 있었다. 연애관계에서 그는 늘 주인으로 행세하였다. 나타샤의 의사와 관계없이 자기가 밀회를 계획하였고, 자신이 편리할 때 친구들을 만나느라 나타샤를 호텔에 혼자 남겨두기도 했다. 일과 친구와의 만남은 그가 집을 떠나는 일상적인 핑계였다. 나타샤를 만남으로써 그는 기분이 한결 나아졌으며 창조적인 업무능력과 자신의 능력에 대한 확신이 더해졌다.

　　그러나 나타샤는 전혀 그렇지 못했다. 그녀의 감정은 온통 뒤바뀌었고 생활에 대한 통제력마저 상실하였다. 연인에 대한 염려와 자신들의 불안한 미래 때문에 두려워하였다. 또 친구들에게 자신의 밀회관계를 숨기기 위해 애써야만 하였다. 세묜은 자신이 원하는 일을 자유롭게 하는 그 시간에 그녀는 몇 시간 혹은 하루 종일 호텔에 혼자 있어야 했다. 심지어 성관계를 맺는 순간조차 나타샤에게는 별 기쁨을 가져다주지 못하였다. 세묜이 그녀의 감정에 대해 민감하게 반응하지 못한데다 그녀의 내적 어려움을 인식하지 못했기 때문이다.

　　중요한 것은 세묜이 이론적으로는 여성평등을 신봉하고 있었지만 실제 행동에서는 옛 유형의 남성과 별 차이가 없다는 점이다. 그에게 있어서 여성은 무엇보다 아내요 어머니였으며, 더 나아가서는 믿을 만한 정부였다. 이와 같은 여성관과 나타샤와 관련된 일에 대한 무관심은 서로의 사랑을 점차 식어버리게 했다. 사실 나타샤는 전통적인 여성이 남성에게 복종하듯이 침묵하며 모욕을 참아내었다. 그러나 그것은 오래 지속될 수 있는 성질의 것이 아니었다. 결국 소설의 마지막 부분에서 나타샤는 자신의 내적 자유를 위해 사랑의 족쇄를 끊음으로써 이들의 사랑은 끝나버린다.[33]

이 소설에서 콜론타이는 사회주의체제에서 새로운 여성이란 외적인 속박에 반기를 들 뿐만 아니라 사랑이란 이름 아래 이루어지는 여성의 내면세계와 인격에 대한 속박 자체도 거부해야 함을 보여주고 있는 것이다.

1923년 『몰로다야 그바르디야』지에 발표한 「날개 달린 에로스에게 길을」에서는 '날개 달린 에로스'와 '날개 없는 에로스'의 관계를 대비시킴으로써 자신의 이상주의적 자유연애사상을 표현하였다. 콜론타이는 새로운 노동자들에 의해 건설된 공산사회는 동료애(товарищество)와 공동의 연대성(солидарность) 원리에 기초해 있다고 말한다. 여기서 공동의 연대성이란 단순히 공동의 이익창조에만 관심을 갖는 사회가 아니라 상호간의 정신적·내적 연합을 이루어가는 사회를 말한다. 바로 이러한 내적 연합이 이루어지는 노동공동체 속에서 자유롭고 동등한 권리를 소유한 당원들간의 사랑의 연합이 가능하다고 보았다.[34]

그런데 이러한 사랑에는 세 가지 중요한 원칙이 존재한다. 첫째, 상호관계에서의 평등성을 인정하며 남성의 독점과 여성의 노예적 굴종의 모습을 인정하지 않는다. 둘째, 타인의 권리를 상호 인정한다. 즉 타인의 정신과 마음을 강제적으로 소유하고자 하지 않는다. 셋째, 함께 있는 사랑하는 사람의 영혼의 상태를 동료의식을 갖고 이해하며 주의 깊게 그 영혼의 소리를 들을 수 있는 마음을 지녀야 한다.[35] 이런 새로운 사랑의 감정을 가리켜 콜론타이는 '사랑-동료애'(любовь-товарищество)라고 불렀다. 이러한 남녀간의 자유롭고 평등한 연합 속에서 인간의 모든 영적·정신적 잠재력뿐 아니라 심리적 잠재력까지도 현실화될 수 있다고 보았으며, 이런 새로운 유형의 사랑을 가리켜 '날개 달린 에로스'라고 불렀다.

반면에 자신의 쾌락을 위해 타인의 성을 희생시키는 사랑, 타인의 육체에 대한 단순한 소유, 순간적인 쾌락을 추구하는 사랑을 가리켜 '날개 없는 에로스'라고 불렀다. 그녀는 이러한 유형의 사랑을 부르주아들의 사랑이라고 주장하였다. 그리고 혁명과 전쟁이라는 사회상황으로 인해 내적이고 정신적인 사랑의 세계로까지 나아갈 수 없는 러시아의 현실 속에서, 이러한 유형의 사랑이 부활하고 있다고 지적하면서, 이러한 사랑은 육체적 소모와 정신적 황폐화와 여성에 대한 남성의 지배 모습으로서 노동자계급의 이익에 대치되는 유형이라고 말했다.[36]

그런데 왜 그녀가 1920년대 초에 이와 같은 사랑에 대해 깊은 관심을 가지게 되었을까? 1921년 콜론타이는 노동자반대파 사건으로 제노트젤(Женотдел)에서 추방되고 스웨덴에서 첫 여성대사로서의 생활을 시작하였다. 그리고 1921년은 그녀가 수년간 사랑의 관계를 맺어온 자신보다 열일곱 살 어린 드이벤코(П. Дыбенко)와 이별한 해이기도 했다. 이 이별은 그녀로 하여금 사랑의 의미와 여성들의 삶에 있어서 연애 혹은 사랑이 차지하는 의미가 무엇인지 깊이 인식하는 계기가 되었다. 이런 맥락에서 콜론타이는 1920년대에 사랑을 주제로 한 몇 편의 소설과 논문을 발표한 것이다.

그렇다면 콜론타이는 이러한 사랑이 실제 현실 속에서 실현될 수 있다고 믿었는가? 이에 대해서는 회의적이다. 이는 그녀의 어떤 소설에서도 행복한 연애관계에 대한 묘사가 없다는 사실을 통해 알 수 있다. 역으로 소비에트 여성들이 전통적 관계의 도덕적 포로상태에서 해방되지 않았을 뿐 아니라 남성으로부터 과거의 경제적 종속에서도 벗어나지 못하였음을 콜론타이는 인정하고 있다. 특히 1920년대 초에는 이러한 현상이 명백하게 드러났다. 새로운 경제정책의 전환기를 겪으며 수많은 여성들이 직업을 잃고 합법적으로나 비합법적으로 자신의 육체를 팔아 물질적 필요를 충족해야만 했던 시기였다.[37] 당시의 이같은 실상을 콜론타이는 소설『자매들』(*Сестры*)에서 언급하고 있다.

소설의 여주인공은 결혼한 노동자여성으로서 아이의 병 때문에 직업을 잃게 되었다. 머지않아 그녀의 아이는 죽고, 이 때문에 남편과의 관계도 악화되었다. 남편은 술을 마시고 바람을 피우며 집에 들어오지 않기도 하였다. 하루는 남편이 집에 매춘부를 데리고 왔는데, 술 취한 남편이 잠든 밤에 우연히 두 여인은 부엌에서 이야기를 나누게 되었다. 알고 보니 이 매춘부도 처지가 자신과 비슷했다. 갈 데 없는 이 여인의 처지를 바라보며 동병상련의 정을 느끼게 된다. 그래서 이 소설을 '자매들'이라고 부른 것이다.[38]

요컨대 그녀의 소설 속에서 그려지는 사랑은 그녀가 논문에서 주장하는 '날개 달린 사랑'과는 상당한 거리가 있음을 알 수 있다. 소설 속에서는 오히려 날개 달린 사랑보다 날개 없는 사랑의 모습이 더 생생하게 묘사된다. 이는 사랑의 이상과 사랑의 현실 사이에서 느끼는 그녀의 내적 갈등을 말해 주는 것이라 할 수 있다.

또 언급해야 할 것은 그녀가 가족을 사회·경제적 측면에서만 인식하였지 정신적·심리적 측면에서의 의미를 고려하지 않았다는 점이다. 가정에서 자녀의 유아기와 소년·소녀기에 끼치는 어머니의 역할의 중요성은 아무리 강조해도 지나침이 없다. 그리고 가사와 자녀양육은 가정의 기쁨과 행복의 근원이 될 수 있다. 물론 당시의 척박한 사회경제적 여건 속에서 이는 사치스런 표현이라고 여겨질 수도 있다. 그러나 여성이 가사노동과 자녀양육에서 벗어나 사회현실에 참여하는 것에서만 진정한 자유와 행복을 누릴 수 있다고 보는 것은 지나친 단순론적 사고이다. 또한 그녀가 주장하는 '사랑의 자유연합' 사상은 자녀양육의 의무와 책임이 사라진 가정에서 가족간의 유대관계는 약화되고 결국 가정의 붕괴와 해체 가능성을 내포하고 있는 것이다.

물론 그녀의 성도덕관을 단순히 '물 한잔 이론'이라고 표현함으로써 여성해방운동에 끼친 그녀의 모든 공적을 매도할 수는 없다. 그럼에도 불구하고 그녀가 주장한 노동자계급간의 자유로운 성관계와 성도덕관은 1920년대의 자유연애사상과 성혁명에 적지 않은 영향을 끼쳤으며 또한 그러한 사회의 모습을 그대로 반영하고 있다고 볼 수 있다.

2) 초기 사회주의자들의 성도덕관

소비에트정권 초기의 지나친 성자유에 대한 레닌의 최초의 부정적인 언급은 1920년 가을 독일사회민주당 여성위원장이었던 클라라 체트킨과의 대화에서였다.

나는 성이론에 대해서 불신하고 있다. …인도의 고행자처럼 지속적이고 확고하게 성문제에 심취하고 있는 그런 사람들을 신뢰할 수 없다. 대부분의 성이론은 개인적 욕구에 근거한 독단적인 가설에 불과하다고 생각한다. 부르주아도덕 앞에서 개인의 비정상적이며 지나친 성생활을 합리화하고자 하는 노력에서 나온 것이다. …성문제에 있어서 난잡한 것은 부르주아적이며 이것은 타락의 표지다.[39]

나아가 그는 성문제에 대한 젊은이들의 지나친 투자와 관심은 건강과 힘의 낭비이며 소비에트 젊은이들이 성문제에 몰두하기보다 스포츠와

체조, 수영, 여행 등에 더 많은 관심을 기울일 것을 권고하였다.

그의 이러한 언급은 콜론타이의 물 한잔 이론에 대한 반론이었다. 레닌은 체트킨에게 "물 한잔 이론이 우리 젊은이들을 광란케 하고 있다. …당신은 이 유명한 이론을 경계해야 한다"[40]며 콜론타이의 성도덕관을 비난하였다. 레닌의 이와 같은 비판, 즉 콜론타이의 주장을 '물 한잔 이론'이라고 언급한 것은 훗날 소비에트시기의 거의 모든 공산주의자들에게 콜론타이를 비판하는 분명한 명분을 제공하였다.

물론 레닌은 여성해방 차원에서 이루어진 가족법의 변화, 즉 여성과 남성의 법적 평등권, 남성에 대한 여성의 경제적 종속으로부터의 해방에 대해서는 적극적으로 지지하였다. 더불어 여성의 사회적 참여를 확대할 수 있는 사회적 여건으로서 가사노동의 사회화에 대해서도 콜론타이와 동일한 입장을 견지하였다. 레닌은 가사노동을 가리켜 "여성이 할 수 있는 가장 비생산적이며, 가장 야만적이며, 가장 참기 힘든 일"이라면서 실제적인 여성해방은 단순히 여성과 남성의 법적 평등권 마련뿐 아니라 가사노동을 사회화하는 전반적인 변화를 포함할 때 가능한 것이라고 주장하였다.[41] 즉 여성을 가사노동과 남성에 대한 경제적 종속에서부터 해방시켜야 한다는 점에서는 레닌과 콜론타이가 동일한 입장을 취하였던 것이다.

그러나 남녀간의 자유로운 연합, 자유로운 성관계로 발전하는 콜론타이의 성도덕관에 대해서 레닌은 분명하게 반대했다. "목마름은 채워야 한다. 그러나 정상적인 사람이라면 누가 시궁창에 드러눕겠으며 웅덩이에서 물을 마시겠는가?" 하고 반문하였다.[42] 레닌의 이러한 시각은 초기 사회주의자들에게 그대로 계승되었다.

1920년대의 새로운 성도덕관에 대한 대중적 선전에서 주도적인 역할을 담당한 전문가는 스미도비치(С. Смидович), 야로슬라프스키(Ем. Ярославский), 루나차르스키(А. Луначарский) 등이었다. 이들은 도시의

266

젊은 노동자들과 학생들 중심으로 이루어진 대중토론과 대규모 선전에 빠짐없이 등장하였으며, 레닌의 시각에 근거하여 예외 없이 1920년대 초의 부르주아적 가족가치에 대한 완전한 부정과 자녀의 집단적 보호에 대한 희망을 제시하였다.

루나차르스키는 1927년에 발표한 『생활양식에 관하여』(*O быте*)라는 소책자에서 다음과 같이 쓰고 있다.

    '자유연애론' 혹은 더 악독하게 표현하면 '물 한잔의 이론'은 여성을 착취하는 남성들의 비겁한 이론에 불과한 것이다. 남성들은 성행위로 인해 아무런 고통을 당하지 않는다. 이것은 단지 한잔의 물을 마시는 것과 같은 것이다. 그러나 한잔의 물을 마신 여성은 그 성행위로 인해 자녀가 생기게 된다. 바로 이 자녀문제가 모든 문제의 중심에 있는 것이다. 착취적이며 저속한 남성의 견해로서 한잔의 물을 마신 남성은 다시 마실 때를 기다린다. 그러나 여성은 이 순간에 전(全)소비에트의 모든 아이들을 양육해야만 하는 것이다.[43]

여성에 대한 이러한 동정론적 견해는 초기 사회주의자들의 공통적인 시각이었다. 스미도비치도 물 한잔 이론에 거부반응을 표시하며 다음과 같이 언급하였다.

    고통당하는 당사자는 처녀들이다. …낙태와 그에 따른 여성들의 신체적 구조에 있어서 고통스런 변화들, 여성병 나아가 자녀양육, 너무나 이른 나이에 사회생활에서 벗어나 가사의 힘겨운 노동에 종사해야 하는 것들, 이 모든 것이 바로 처녀들이 당하는 고난인 것이다.[44]

야로슬라프스키는 전환기시대의 프롤레타리아 도덕과 생활양식에서의 새로운 남녀평등을 언급하면서, 여성이 자녀양육과 가사노동으로부터 벗어날 때 진정한 가치를 회복할 수 있다고 주장하였다. 그리고 이를 위해 법개정뿐만 아니라 법의 현실적 실현을 위한 사회적 조건의 변화가 요구된다고 했다.[45] 나아가 레닌과 마찬가지로 젊은이들이 지나치게 사랑문제, 즉 성문제에 관여하는 것은 좋은 일도 훌륭한 일도 아름다운 일도 아니라면서, 이런 일들은 한마디로 시시한 일이라고 일축했다.[46]

이처럼 초기 사회주의자들은 대체로 지나친 성의 자유와 여성의 자유로운 성욕에 대해서 부정적인 입장을 표명하였고 모성(материанство)에 대해서는 긍정적으로 묘사하였다. 때문에 이들은 여성의 성생활에서 자녀생산이라는 차원만 부각시키게 됨으로써, 임신을 막는 인위적인 방법(피임 등) 등의 사용을 혐오스럽게 여겼을 뿐 아니라 이러한 인위적 노력을 부르주아들의 생활양식이라고 비난하였다. 심지어 여성해방운동의 선구적 역할을 담당했던 아르만트나 크루프스카야, 콜론타이 등도 피임에 대해서는 언급하지 않았다. 그리하여 소비에트 여성들에게 자녀생산을 막는 유일한 방법은 낙태였다. 하지만 낙태는 전통적인 가부장사회뿐 아니라 소비에트정권 초기에도 허용되지 않았을 뿐더러 심한 징계를 받기까지 했다.

문제는 급격한 성혁명과 이로 인해 발생한 무분별한 임신이 불법적인 낙태를 급증시켰다는 점이다. 불법적인 낙태로 인해 산모들의 건강악화는 물론, 심지어 생명의 위협까지 초래하는 경우가 비일비재하였다. 당시 한 의사는 25세 이하의 여성 100～150명 가운데 의사의 도움 없이 낙태를 하는 경우가 15～20% 정도 되었다고 지적하였다.[47]

마침내 1920년 11월, 과도기적 상황의 소비에트시기에 필요악으로서 낙태는 합법화되었다. 1920년에 발표된 낙태포고령, 즉 낙태자유에 대한 선언은 당시 유럽사회에서 가장 획기적인 포고령이었다. 물론 러시아에서는 20세기 초부터 혁명 전까지도 낙태가 꾸준히 증가하였다.

1905년 페트로그라드에 있는 <u>오브호프스카야병원</u>의 경우 1905년 525 건이던 낙태가 1917년에는 2925건으로 늘어났는가 하면, 사라토프 산부인과병원에서는 1910~18년에 낙태비율이 2배로 증가하였다.[48]

이같은 증가추세는 낙태포고령 이후 더욱 가속화되어, 1천 명당 1924년 8.1건, 1925년 12.1건, 1926년 17.3건, 1927년 21.7건으로 늘어났다.[49] 모스크바의 낙태율은 1천 명당 1914년 3.2건, 1921년 5.7건, 1925년 9.7건, 1926년 15.8건, 1927년 19.2건이었다.[50] 1926년 러시아 전체에 합법적인 낙태는 10만 2709건이었는데, 이 가운데 39%는 모스크바와 레닌그라드에서, 30%는 주와 군의 중심지, 16%는 소도시에서 이루어졌다. 나머지 15%는 전체 여성의 85%에 해당되는 시골여성들 사이에서 이루어진 것이었다.[51] 또한 이같은 낙태율 증가는 1934년 모스크바의 경우 신생아 1명 탄생에 3명이 낙태되는 꼴이었다. 1927년에는 사생아로 태어난 아이가 거의 50만 명에 육박하였다.[52]

여기서 간과할 수 없는 사실은 이러한 낙태증가가 민사혼보다 사실혼 상태의 여성들에게서 훨씬 높게 나타났다는 점이다. 1925년 100가정당 민사혼상태의 낙태는 31.5건인 데 반해, 사실혼상태는 47.2건이나 되었다.[53] 이는 부부 상호간의 결혼관계가 견고하지 못한 상태에서 불안한 미래에 대한 대비책으로 낙태를 선택하였음을 말해 주는 것이다. 나아가 자유연애사상과 성혁명의 영향으로 사실혼상태로 동거하는 부부의 증가는 낙태증가라는 또 다른 문제를 불러일으켰음을 말해 준다.

4. 소비에트정권 초기의 가족법

초기 사회주의자들은 단지 법의 변화만으로는 여성을 진정하게 해방시킬 수 없다는 사실을 인식하였다. 그럼에도 불구하고 여성해방을 위한 첫 시도로서, 제정러시아시대의 가족법을 폐지하고 새로운 가족법을 마련하였다. 1918년 10월에 공포된 소비에트 최초의 가족법에 앞서서, 1917년 10월혁명이 있은 지 6주 후에 가족문제와 관련된 두 개의 법령이 발표되었다. 1917년 12월 18일에 발표된 '민사혼·자녀 및 호적부 시행에 관한 법령'[54]과 그 다음날 발표된 '이혼에 관한 법령'[55]이 그것이다.

첫번째 법령은 "러시아공화국은 앞으로 단지 민사혼만을 인정할 것이며, 시민들이 행하는 교회혼은 결혼당사자들의 개인적인 일로 간주될 것이다"는 내용을 골자로 하고 있다. 소비에트정권의 등장과 더불어 발표된 새 가족법은 교회 결혼의식은 인정하지만 교회혼이 지니고 있던 과거의 법적 권한은 인정하지 않는 한편, 작스(호적등록기관, загс-запись актов гражданского состояния)에 등록한 민사혼만 법적 권한을 가짐을 명시한 것이다. 이는 러시아인들의 내면에 자리잡고 있던 정교회의 영향을 제거하려고 한 것이었다. 여기서 중요한 것은 사생아(неза коннорожденный ребенок) 개념이 폐지됨으로써 적자와 서자의 법적 효력이 동등하게 명시되었다는 사실이다. 그러나 사생아라는 개념은 폐지되었지만, 사생아가 적자와 동등한 법적 상속권을 갖게 된 것은 1926년에 이르러서였다.[56]

이혼에 관한 두번째 법령에서는 이혼절차를 간소화하였다. 부부 중의 한 사람이 이혼신청서를 제출할 경우는 이에 대해 지방법원에서 검토하여 결정하도록 하였고, 양자의 합의하에 이루어지는 이혼에 대해서는 작스에서 즉시 처리하였다. 이혼을 위한 증거나 근거, 논쟁은 요구되지 않았다. 이혼으로 인해 대중 앞에 서야 하는 고통스런 수치심이나 죄의식은 사치스러운 것에 불과하였다. 한마디로 이혼의 완전한 자유가 보장되었던 것이다. 이러한 이혼의 자유는 개인의 자유를 위한 필수적 조건이라고 간주하였던 것이다. 그리고 제정러시아시대에 이혼문제를 담당하였던 종교감독국(духовные консистории) 대신 작스나 지방법원에서 이를 담당함으로써, 교회가 인민대중들의 일반 생활문제에 대해 더

이상 관여하지 못하게 법적으로 못박았다.[57]

두 법령이 발표된 이후 모스크바의 작스에 등록된 민사혼은 1918년 1월 8건, 2월 9건, 3월 77건, 4월 120건, 11월 1497건으로, 1918년 한 해 동안 등록된 총 민사혼이 5677건이었다. 내전시기에는 작스에 등록하는 민사혼의 성장속도가 매우 완만했는데, 이는 시골 면(волость)의 경우 전체의 약 2/3에 아직 작스가 설립되지 않았기 때문이었다. 내전이 끝날 무렵 오데사주에서는 주민의 1/4 이상이 결혼·탄생과 죽음을 여전히 교회에 등록하였고, 1/4은 교회와 작스에, 그리고 나머지 50% 정도가 작스에만 등록하였다. 같은 시기 스몰렌스크와 모스크바의 상황도 이와 비슷하였다.[58]

1921년 내무위원회는 작스의 행정업무를 인수하여 1923년까지 러시아 전체와 우크라이나의 모든 면에 1만 2500개의 작스를 설립하였다.[59] 그러나 이러한 노력에도 불구하고 제정러시아시대의 교회 결혼의식은 사라지지 않았다. 1918년 첫 4개월 동안 모스크바에 등록된 민사혼은 214건에 불과한 데 비해 이혼은 2516건(1월 98건, 2월 384건, 3월 981건, 4월 1053건)이나 되었다. 이 기간 동안 이혼가정이 결혼한 가정의 거의 12배나 되었다. 4월 이후 이혼숫자는 약간 감소하기 시작하여 12월에는 365건으로 떨어졌다. 1918년 한 해 동안 모스크바에서 약 7천 가정이 이혼하였으나,[60] 1921년 4732건, 1922년에는 3780건으로 낮아졌다. 그러나 1923~25년 이혼율은 지속적으로 증가하여, 모스크바 법정에 등록된 공식적인 이혼건수가 1923년 5377건, 1924년 7153건, 1925년 8233건이었다. 소련의 유럽지역의 경우에는 결혼 1천 건당 1924년 113건이 이혼하였고, 1925년에는 150건, 1926년에는 145.4건이었다. 1926년에는 124만 4030쌍이 결혼하고 18만 6329쌍이 이혼을 하여, 7쌍의 결혼 중 1쌍이 이혼한 셈이었다.[61]

이와 같이 1920년대 소비에트의 이혼율은 당시 유럽국가들 가운데 가장 높은 수치로서, 독일의 거의 3배, 프랑스의 3.36배, 영국과 웨일즈보다는 무려 26배가 높았다.[62]

　이러한 수치는 혁명 직후 발표된 가족법이 현실 속에서는 그 의도와 전혀 다른 결과를 가져왔음을 말해 주는 것이다. 억압된 사회로부터의 해방, 전통적인 가족제도로부터의 탈출, 여성에 대한 새로운 삶의 가능성 제시라는 의도와 달리, 이혼의 자유는 경제적 토대가 마련되지 않은 대다수 여성들에게 오히려 쉽게 남편에게 버림받아 거리로 내몰림으로써 최소한의 생계마저도 위협을 받아야 하는 더 큰 고통을 안겨주었다.

　이 두 법령은 1918년 10월 '호적부, 혼인·가족·후견법'이라는 4편 17장 246항으로 된 소비에트 최초의 상세한 가족법전(семейный кодекс)으로 구체화되었다. 따라서 이 법전은 두 법령과 동일한 성격을 띠고 있었다. 즉 남녀평등, 결혼과 이혼의 자유, 이를 위한 절차의 간소화 등으로 구체제 모든 계급적 질서구조와 불평등한 사회적 요소를 제거하는 데 초점을 맞추었다. 그리고 인민대중의 의식에서 정교회의 잔재를 제거하기 위해, 교회혼을 사실혼으로 간주하고 민사혼만을 법적으로 인정한다는 내용을 52조에 상세하게 명시하였다. 이와 관련하여 당시 인민위원회의 법률가 크르일렌코(Н. Крыленко)는 이렇게 말했다. "실행되고 있는 52조의 포괄적인 의미는 인민대중들의 눈에 교회혼의 권위를 붕괴시키는 데 있는 것이다."[63]

　그런데 문제는 인민대중들의 의식에 남아 있는 정교회의 존재가 그렇게 쉽게 사라지지 않았다는 데 있다. 트로츠키는 소비에트정권 초기에 가장 힘들었던 개혁 가운데 하나가 대다수 인민들에게서 종교적 색채를 제거하는 것이었다고 지적하고 있다. 그는 대부분의 인민들이 소비에트정권과 분리되는 것보다 교회의식과 분리되는 것을 더 어렵게 여길 정도였다고 회고하였다. 그것은 러시아인들의 삶 가운데 적어도 탄생과 결혼, 장례는 정교회 의식으로 거행함으로써 정교회의 절대적 영향력이

대다수 인민들의 삶에 깊이 뿌리내리고 있었기 때문이다.[64]

이런 현상은 보수적 성향이 강한 농촌에서 더욱 두드러지게 나타났는데, 특히 교회혼은 사라지기는커녕 더욱 증가하는 추세였다. 1923년 인구조사에 의하면 1만 명당 7~10가정이 사실혼상태였는데, 이는 1억 인구를 기준으로 할 때 약 10만 가정이 사실혼상태였음을 말해 주는 것이다. 게다가 이것은 공식적인 통계이기 때문에, 비공식적인 수치까지 고려하면 그 숫자는 훨씬 상회했다.[65]

이렇게 불법결혼으로 간주된 사실혼의 증가는 이혼시 이혼모와 그 자녀에 대해 어떠한 법적 보장도 마련해 주지 못한다는 현실 속에서 심각한 사회문제를 야기할 수 있는 여지를 충분히 지니고 있었다. 무엇보다 사생아라는 개념이 법적으로는 폐지되었지만, 현실에서는 사실혼상태에서 태어난 아이들의 경우 법적으로 아무런 보장도 받을 수 없는 사생아와 다를 바 없었다. 이와 같은 상황 속에서 사실혼도 민사혼과 법적으로 동등한 권리를 가져야 한다는 주장들이 제기되면서 1923년부터 가족법 개정을 위한 연구작업이 시작되었다.

1925년 말에는 공산당 중앙위원회의 주도 아래 '결혼, 가족과 후견 권한에 대한 법안'과 관련하여 범국민적인 논의가 시작되었다. 이 가운데 가장 격렬한 논의가 전개된 부분은 바로 "등록된 결혼과 등록되지 않은 결혼에 대해 동등한 법적 권리"를 인정하는가 하는 것이었다.[66] 소비에트 법학자들은 전시공산주의와 NEP 시기에 이른바 de facto라고 불리는 사실혼상태에서 파괴된 결혼 때문에 경제적으로 어려움에 처한 여성들이 법적으로 위자료를 받을 수 있게 할 목적으로 이 법안을 제시하였다.

그러나 이 제안은 당시 사회적으로 많은 논란을 불러일으켰다. 가장 대표적인 반론의 하나가, 사실혼상태에서 태어난 자녀의 양육비를 인정하는 새 법안은 단지 순간적으로 성관계를 맺었다는 이유로 여자들이 남자들에게 물질적 보상을 요구하는 사례를 증가시킬 수 있다는 것이었다. 이와 관련하여 초기 소비에트 가족법에 결여되었던 '등록되지 않은 결혼'(незарегистрированный брак)이라는 개념의 정의가 입법자들에게 요구되었다. 새 가족법 12조에서는 결혼관계를 입증하는 예를 다음과 같이 열거하고 있다. "공동거주 나아가 제3자 앞에서 부부관계에 대한 판명과 현재 상태에서 공동으로 가정을 이루고 있으며 물질적인 상호보조와 자녀에 대한 공동양육의 상태."[67]

이러한 명시에도 불구하고 새 가족법안에 대한 비판은 사라지지 않았다. 많은 사람들이 그와 같은 법은 남성들의 무책임과 방탕을 방조하게 될 것이며 나아가 합법적인 가정의 행복에 손상을 가할 것이라고 주장하였다. 무엇보다 결혼한 여성들에게 불안감을 조장하였는데, 그것은 노동자남편의 쥐꼬리만 한 월급으로 겨우 한 가정을 꾸려나가야 하는 현실에서 사실혼 가정의 양육비를 지출한다는 것은 법적인 아내와 그 자녀들에게 큰 타격을 주기 때문이었다.

또 새 가족법 6조에는 가족재산문제가 첨가되었는데, 동거시 획득된 가족재산은 부부의 재산이므로 이혼시에는 그것을 반으로 나누도록 하였다. 따라서 사실혼에 대해 민사혼과 동등한 법적 권한을 부여할 경우, 사실혼상태에서 이혼한 남편의 경우에는 재산의 반이 이혼모와 그 자녀에게 돌아가게 되어 있었다. 이것은 빈농과 가난한 노동자들에게는 경제적 파산을 의미하는 내용이었다.

특히 이혼시 가족재산에 대한 처리에 있어서 가장 부정적인 입장을 보인 것은 전체 인구의 4/5에 해당하는 농민들이었다. 이는 농민의 재산이 한 가족의 재산일 뿐 아니라 농가(двор) 전체의 재산이었기 때문이다. 따라서 이혼은 한 가족의 재산분할이 아니라, 이혼당사자들과 전혀 관련 없는 친족의 재산분할로까지 확대될 수 있었다. 이로 인해 인민의 대다수를 차지하는 농민들은 새 가족법에 따라 살기보다 전통적인 가족제도에 따라 생활하였다. 중앙 공산당위원회의 위원이었던 농민 플라토프(А. Платов)는 새 가족법에 대해 농민들과 토론한 내용을 이렇게 설명하였다.

농민들은 아직까지 전통적인 종교식 결혼을 강하게 고수하고 있다. 농민들의 생활양식에서 결혼이란 오늘 식을 올리고 내일 혹은 한 주 후에 파기할 수 있는 그런 장난 같은 것이 아니다. 새로운 가족법안은 농촌에서는 불법으로 간주되었던 일부다처제안(проект многобрачия и многоженства)처럼 여겨졌다.[68]

위자료와 자녀양육비 지급문제와 관련하여 또 다른 문제가 제기되기도 했다. 다름아니라 가난한 노동자와 빈농들이 이혼모와 그 자녀들에 대한 위자료 및 양육비를 지급하는 것이 현실적으로 불가능하다면 사실혼과 민사혼에 법적 동등권을 부여한다는 것이 무슨 의미가 있는가 하는 문제였다. 노동자 자신의 보잘것없는 월급으로 두 가정을 꾸려나갈 수 없는 현실에서 법적 동등권만 부여하였을 경우에는 오히려 역효과만 나타날 소지가 있다는 것이었다. 요컨대 이혼모와 자녀의 이익을 보호하고자 의도한 새 가족법이 오히려 남편의 쥐꼬리만 한 급료에 의존하는 빈민가정(малоимущие семьи)만 발생시키는 것이 아닌가 하는 반론이었다.

이러한 반론들은, 공산주의 사회에서는 국가가 여성의 가사업무와 자녀양육을 담당해야 한다는 국가의 역할에 대한 새로운 인식 속에서 나온 것이다. 그런데 문제는 NEP 경제체제하에서 국가는 가족문제에 투자할 경제적 여력이 없다는 점이었다. 때문에 부부가 자녀양육을 책임져야만 하였다. 이런 상황에서 여성부(женотел)위원장 스미도비치는 '사랑에 관하여'(о любви)라는 사설에서 노동자-농민의 국가에서 해결되지 않는 문제 가운데 하나는 혼외관계에서 태어난 사생아들에 대한 정부지원금이 없는 점이라고 지적하였다.[69] 그리고 가족과 결혼에 관한 새 가족법에 가장 격렬하게 반대한 사람 중 하나가 바로 콜론타이였다.

콜론타이는 새 가족법안에 대한 토의에 직접 참여하지는 못했지만, 새 가족법을 신랄하게 비판하는 글을 발표하였다. 그녀는 다음과 같이 반문하였다. 법적 부양비(законные алименты)에 대한 권리가 박탈된 이혼모와 그 자녀들을 사회주의 국가가 책임지고 보호해 주지 않는다면 누가 이를 담당할 것인가? 법적 부양비란 도대체 무엇인가? 누구에게 이를 징수할 것인가? 실업자와 별 차이 없는 노동자들, 혹은 대부분이 빈농인 농민들, 아니면 노동자대학의 학생들(рабфаковца)에게 징수할 것인가? 아니면 NEP맨들을 염두에 둔 것인가? 그러면서 월 7~12루블의 부양비를 학생이나 중간계층의 노동자 혹은 날품팔이 피고용인(батрак)에게 징수한다는 것은 현실적으로 불가능하다는 사실을 상기시켜 주었다.

그녀는 이렇게 문제제기하면서 전국 노동자들의 기금으로 조성되는 전국민 보험제도안을 제시하였다. 적은 액수의 보험료를 납입하되 임금과 소득이 높을수록 보험료를 높게 책정하는 누진적 원리에 기초한 이 보험제도를 통해, 최소 보험납입액을 연간 2루블로 책정할 경우 전국의 6천만 노동자들로부터 약 1억 2천만 루블을 거두어들일 수 있다고 보았다. 그리하여 "이 기금은 보육원, 탁아소, 유치원, 모자의 집 들의 운영비로 사용하며, 노동능력이 없는 이혼모들에게 생계비를 지급하고, 아이들은 먼저 1세까지, 나아가 기금이 확충되면 3~4세까지 보장한다"는 내용을 담고 있었다.[70]

판즈워스는 콜론타이의 전국민 보험제도안은 경제적으로 궁핍한 당시 남성들에 대한 현실적 배려에서 나왔다기보다, 오히려 법적 부양비라는 명목으로 여전히 남성에 대한 여성의 경제적 의존성을 부추기는 새 가족법안에 나타나는 연약한 여성상에 대한 거부감에서 나온 것이라고 주

장하였다.[71]

　법적 부양비를 폐지하고 전국민 보험제도로 대처하자는 콜론타이의 제안에 대해서, 당지도부는 전환기적 상황이라는 현실을 감안할 때 이 제안은 시기상조이며 성관계에서 '지나친 자유'를 강조하는 문제점을 내포하고 있다고 비난하였다. 그러면서 프롤레타리아국가에서 인민대중들, 특히 농민의 세금인하를 고려하는 현상황에서 성적 방종을 조장하는 새로운 '연애세금'(любовный налог)을 징수하는 것은 옳지 않다고 주장하였다.[72]

　그러나 여성과 자녀의 운명에 대한 집단책임을 주장하는 그녀의 제안에 대해서 농촌의 젊은 여성이나 도시노동자, 소비에트기관 근무자, 학생, 시골의 인텔리겐치아 들은 적극적인 지지입장을 표명하였다. 하지만 소비에트정부는 이혼모와 자녀를 위한 전국민보호 제안에 관한 폭넓은 논의에 관심을 기울이지 않았을 뿐더러, 마침내 1926년 사실혼과 민사혼의 법적 동등권을 인정하여 이혼모와 그 자녀에 대한 위자료와 양육비를 보장하는 법적 부양비를 명시한 가족법안을 제정하였다.

　이 법안에서는 전 배우자에게 1년간만 부양비를 지급하도록 제한하였는데, 이는 이혼한 배우자들이 이전의 관계를 가능한 빨리 정리하고 새로운 삶을 설계할 수 있게 하기 위함이었다. 또 무직이나 재산이 전혀 없는 여성들에게 새로운 직업과 생계수단을 마련할 수 있는 최소한의 경제적·시간적 여유를 제공하고자 함이었다. 그런데 문제는 이 기간 동안 경제적 자립을 할 수 있는 사회적 여건이 조성되어 있지 않다는 데 있었다. 뿐만 아니라 결혼 전에 직업이 없었던 여성이 새로운 직업을 구한다는 것은 거의 불가능한 현실이었다.[73] 게다가 1년간 지급하도록 되어 있는 부양비를 감당할 만한 남편들이 현실적으로 거의 존재하지 않았다는 것이 더 큰 문제였다. 남편들은 대개 가난하고 병약하며 무책임한 자들이었다.

　　결국 1926년의 가족법은 애초의 의도였던 가정의 안정이나 이혼당한 이혼모와 자녀들의 최소한의 생계비 마련이라든가 남편의 책임감 등을 꾀해 내지 못하였다. 나아가 사실혼을 민사혼과 동등하게 인정하였음에도 불구하고 이혼은 줄어들기는커녕 오히려 더 급증하였다. 1926~27년 유럽지역 소련의 이혼은 1천 명당 1.6건에서 2.7건으로 증가하였으며, 시골은 1.4건에서 2.0건으로, 도시는 2.9건에서 5.8건으로 늘어났다.[74] 모스크바를 포함한 중부 산업지역의 경우에는 3.0건에서 7.2건으로 거의 2.5배가 증가하였으며, 레닌그라드주는 3.3건에서 9.0건으로 3배 가량 급증하였다. 또 사라토프는 1.9건에서 6.2건으로, 보로네쥐는 1.8건에서 7.8건으로 늘어났다. 레닌그라드에서는 1926년에 1천 가정의 결혼 중 265가정이 이혼하였다면 1927년에는 657가정이 이혼하였다. 모스크바는 1926년 477가정이, 1927년에는 741가정이 이혼하였다. 이로써 레닌그라드와 모스크바의 경우 전체 결혼의 2/3 이상이 이혼한 셈이었다. 심지어 1929년 모스크바에서는 1천 명당 결혼이 12.9건이었다면 이혼은 10.1건으로 급증하여, 결혼 대비 이혼의 비율이 거의 4/5에 이르렀다. 모스크바와 레닌그라드 등 대도시지역에서 가족붕괴 현상이 가시화되고 있었음을 말해 주는 대목이다.[75]

　　결국 이와 같은 이혼율 급증은 1926년의 가족법이 의도했던 바와는 전혀 다른 결과를 낳았음을 의미한다. 1926년 가족법은 1918년 가족법에 대한 수정이었다. 법적으로 민사혼만 인정한 1918년 가족법은 8년 동안 사실혼과 사생아를 증가시킴으로써 1926년의 가족법개정을 단행케 하였다. 하지만 1926년 가족법은 의도했던 이혼모와 그 자녀들에 대한 보호보다는 오히려 이혼과 중혼, 혼외관계의 증가라는 무책임한 성관계와 도덕적 붕괴 및 가족해체의 위기라는 또 다른 사회문제를 야기하였다. 이 결과, 마침내 스탈린 통치시기인 1944년 7월 8일 사실혼의 법적 효력을 부인하는 새 가족법이 공포되었다.

5. 1920년대 성도덕의 현실

1920년대 중반에는 당시 사회의 성문제를 다룬 소설들이 많이 출간되었다. 그 가운데 로마노프(П. Романов)의 『우아함 없이』(*Без черемухи*, 1926), 말라슈킨(С. Малашкин)의 『우편에 있는 달』(*Луна с правой стороны*, 1926), 구밀레프스키(Л. Гумилевский)의 『개의 거리』(*Собачий переулок*, 1927) 등이 가장 대표적인 소설이다. 특히 로마노프의 소설제목 '우아함 없이'는 1920년대의 성도덕을 말해 주는 상징적 용어로 사용되었는데, 그는 이 소설에서 모스크바대학의 한 여대생을 묘사하고 있다. 그녀는 자신의 여자친구에게 편지로 첫 성경험을 표현한다. 냉소적이고 무례한 한 젊은 청년과의 성경험은 그녀에게 사랑의 감정도, 낭만적이거나 우아한 분위기도 전혀 느낄 수 없는 것이었다. 그럼에도 이 여학생이 거절하지 못한 이유는 무엇이었을까? 그것은 이와 같은 삶의 유형이 당시 사회에 일반화되어 있었고 이를 거부할 뚜렷한 명분을 찾을 수 없었기 때문이다. 이 소설은 당시 여학생들이 젊은 청년들과 한 주 혹은 한 달 심지어는 하룻밤을 즐기기 위해 함께 보내다 헤어지곤 하던 시대분위기를 그대로 반영하고 있다.[76]

스베르들로프연구소의 방탕한 분위기를 묘사한 말라슈킨의 소설에서, 주인공 타냐 아리스타르호프는 이전에 활동적인 시골처녀였다가 지금은 연구소의 콤소몰 지도자로 있다. 그녀는 연구소의 음란한 분위기에 영향을 받아 22명의 남자들과 성관계를 맺었고, 낙태수술도 몇 번씩 하였다. 이렇게 혼잡하게 살던 그녀는 결국 자살을 시도하지만, 이 시도가 허위라는 게 드러난다. 마침내 그녀는 23번째 만난 젊은이 표드르 덕분에 새로운 삶을 출발한다. 표드르는 그녀를 새로운 구원의 길로 인도한 것이다.[77]

이와 같이 소설들은 당시 사회의 성혁명과도 같은 시대적 분위기를 그대로 반영하고 있다.

이런 젊은이들의 성도덕관은 라스박사가 오데사의 대학생들 2150명을 대상으로 조사한 연구에서 자세하게 드러난다. 조사대상 학생들의 신분은 37.8%가 농민출신, 30.2% 노동자출신, 31%가 소자본가계급(의사·기사·인텔리)이었으며, 대부분이 10~20명 혹은 30명씩 공동거주하는 기숙사생활을 하고 있었다. 이 가운데 남학생 63%와 여학생 49%는 지속적으로 성관계를 맺고 있었으며, 자유로우며 불법적인 동거는 여학생이 31%, 남학생은 16.5% 정도였다. 결혼한 학생의 경우 네 명 중 한 명이 혼외관계를 맺고 있었고, 적지 않은 수의 여학생들이 스스로 결혼한 상태라고 생각하고 있었다. 또 조사대상자의 23.6%가 한 사람과 성관계를 맺고 있었고 60.7%는 여러 사람과 성관계를 가진 것으로 나타났다.[78] 특히 주목할 만한 점은 지속적으로 성관계를 맺는 1440명 가운데서 1/5 이상이 성관계를 맺을 때 술을 마신 것으로 나타났다는 점이다.[79]

겔만(И. Гельман)에 의하면, 남학생의 88%가 단기간의 성경험이 있었고 여학생의 경우는 반 이상이 성경험이 있었다. 또 골로드(С. Голод)에 의하면 1920년대의 남자들 가운데 85~95%가 혼전관계를 맺었으며 여자는 48~62%였으며, 일반적으로 성적 경험이 남자는 16~18세에 시작되었고 미혼여성의 1/4이 16세 이전에 이미 처녀성을 상실하였다.[80]

골로드는 「1920년대의 성도덕에 관한 연구」에서 당시 첫 성경험에 관한 다양한 조사를 비교해 놓았다. <표 2>를 보면, 남성의 경우 첫 성경험의 50% 이상이 우연한 만남을 통해서 이루어졌다는 사실이 두드러진다. 이는 젊은 층의 성도덕관이 거의 붕괴되어 버렸음을 말해 주고 있는 것이다. 즉 혁명 전후의 일련의 대사건들로 말미암은 사회적 대격변과 가족법 변화 속에 나타난 자유연애사상과 성혁명의 영향이 젊은 층 사이에서 얼마나 급속하게 퍼져나갔는가를 보여주는 구체적인 사례라 할 수 있다. 자유연애사상이 끼친 이와 같은 영향에 대해 섬유업자들의

(연도, 조사자수, %)

상 대 자	남성			여성		
	겔만 1922 145명	바라쉬 1924 1280명	라스 1925 1590명	구레비치 1927 1104명	라스 1925 222명	구레비치 1927 205명
아내: 남편, 신부: 신랑	3.7		8.7	4.4	59.1	54.9
동거녀, 동거남	-	22.6	3.7	25.8	22.5	31.9
우연한 만남	**65.9**	**50.1**	**63.0**	**53.3**	**18.0**	**11.3**
매 춘 부	28.4	20.0	13.8	9.0	-	-
다른 파트너	2.0	7.3	10.8	8.5	0.4	2.9

* 자료: С. Голод, "Изучение половой морали в 20-е годы," *Социологические иссл едования*, М., 02, 1986, p. 155.

주(州)연합의장 마르코프는 이렇게 말했다.

우리에게 '자유로운 사랑'(свободная любовь)이라는 대재난이 다가오고 있다. 이러한 자유로운 사랑으로 공산주의자들은 어린아이들에게 나쁜 짓을 하고 있다. 전쟁이 우리에게 대량의 불구자를 안겨주었다면, 자유로운 사랑이라는 잘못된 이해는 더 많은 불구자를 만들어 낼 것이다.[81]

6. 맺음말

이상으로 소비에트정권 초기에 성혁명이 일어나게 된 동인과 그 실제적인 모습들을 살펴보았다. 소비에트정권 초기의 가족과 성도덕 변화는 가히 혁명적이었다. 이혼과 낙태의 자유, 심지어는 사실혼도 민사혼과 동등한 법적 효력을 갖게 한 것은 당시 서유럽사회에서도 찾아볼 수 없는 급진적 성격의 가족법이었다. 물론 가족법의 변화만으로 성혁명이 일어난 것은 아니었다. 앞에서 살펴보았듯이 1914년 1차대전, 1917년 혁명, 1918년 내전, 1921년 기근 등으로 이어지는 혁명 전후의 사회적 사건들은 전통적인 러시아사회의 인구구조를 파괴하는 대지각변동을 가져왔다. 또한 콜론타이의 '날개 달린 에로스'와 같은 자유로운 성도덕관은 당시 젊은 층에게 적지 않은 영향을 끼쳤다.

이러한 소비에트정권 초기의 급진적인 성혁명은 제정러시아시대의 억눌렀던 여성들과 성차별, 이혼이 거의 불가능한 구제도에 대한 강한 반작용에서 비롯된 것이다. 물론 제정러시아시대의 여성의 열악한 사회적 신분과 성차별, 그로 인한 고통, 이혼과 결혼의 자유를 허용치 않은 사회제도에 대한 비판에 대해서는 반론의 여지가 없다. 그러나 소비에트정권의 등장과 더불어 나타난 성혁명은 여성을 가사노동과 남성에 대한 경제적 종속으로부터 해방시켜 줄 것이라는 기대와는 전혀 달리 예기치 않았던 더 많은 문제들을 발생시켰다. 성도덕관의 붕괴, 이로 인한 가족해체 현상, 이혼과 낙태, 사생아 급증, 매춘의 활성화 등이 그 예라고 할 수 있다.

물론 이러한 문제들은 서유럽국가들에서 산업화과정 속에서 보편적으로 나타나는 현상이었다고 할 수 있다. 그러나 소비에트정권 초기에 나타난 현상들은 산업화의 결과라기보다 오히려 소비에트정권의 이상주의적 가족정책에 더 큰 원인이 있다고 볼 수 있다. 자유로운 성도덕관과 자유연애사상을 담고 있는 소비에트정권 초기의 가족정책과 가족법은 혁명 전후의 대사건들로 인한 심각한 사회변동과 인구구조의 변화 속에서 성적 무질서와 가족해체를 더한층 가속화하는 촉매제 역할을 한 것이다.

주

1) Н. И. Бухарин, *Экономика переходного периода*, М., 1920, pp. 5~6.
2) 제정러시아시대의 가족관계와 여성에 관해서는 Н. И. Костомаров, "Семейные нравы"(*О черк домашней жизни и нравов великорусского народа в XVI и XVII столетиях*, М., 1996; И. Е. Забелин, *Домашний быт русских цариц в XVI и XVII столетиях*(М., 1996); Ю. М. Лотман, *Беседы о русской культуре, Быт и традиции русского дворян ства XVIII-начлао XIX века*(СПб., 1994) 참조.
3) Клара Цеткин, *Воспоминания о Ленине*, М., 1955, p. 57.
4) 대표적인 것들로서 Н. Г. Юрикевич, *Проблемы быта, брака и семьи*(Вильнюс., 1970); Э.К. Васильева, *Советская семья, Функции и условия стабильности*(Минск., 1970); Н. Я. Соловьев, *Браки и рахводы*(М., 1975); Н. Я. Соловьев, *Семейные отношения в условиях социализма*(М., 1978); Е. М. Черняк, В. И. Захаркин, *Брачно-семейные отн ошения в условиях коммунистической формации*(М., 1983) 등을 들 수 있다.
5) 그의 대표적인 저서로는 *Марксизм-Ленинизм: брак и семья*(М., 1959); *Быт и семья в социалистическом обществе*(Л., 1968); *Современная семья*(М., 1978); *Профессио нальная работа женщин и семьи*(Л., 1971) 등이 있다.
6) А. Г. Харчев, *Брак и семья в СССР*, М., 1964, p. 155.
7) А. Черных, *Становление России советской 20-х годы в зеркале социологии*, М., 1998 ; "Проблемы семьи и брака в первое десятиелетие советской власти," *Соци алистический идеал: вчера, сегодня завтра*, М., 1992.
8) Т. Осипович, "Проблема пола, брака, семьи и положение женщины в общественных дискуссиях середины 1920-х годов," *Общественные науки и современность*, М., 01, 1994, p. 170; "Коммунизм, феминизм, освобождение женщин и Аленсадрна Коллонта й," *Общественные науки и современность*, М., 01, 1993, p. 185.
9) И. С. Кон, *Сексуальная культура в России*, М., 1997; Н. В. Рябнина, "К проблеме ре формы семьи в первые годы Советской власти," *Путь в науку*, Ярославль., 1995; М. Б. Денисенко, "Демографический кризис 1914~1922," *Вестник. Моск. Ун-та. сер 18 Социол и политология* No. 2, М., 1997; Н. Б. Лебина, *Повседневная жизнь советс кого города. нормы и аномалии 1920~1930 годы*, СПб., 1999.
10) 피에르 솔린(Pierre Sorlin)은 1914~21년을 가리켜 "demographic earthquake"라고 명명 하였다. 그는 이 시기 동안 전쟁과 내전, 기근과 전염병으로 사망한 숫자를 약 1600만 정도 로 추정하였다(W. Z. Goldman, *Women, The State and Revolution: Soviet Family Policy and Social Life, 1917~1936*, Cambridge Univ. Press 1993, p. 60).
11) Л. Троцкий, *Вопросы быта: Эпоха "культурничества" и ее задачи*, М., 1923, p. 38.
12) 같은 책, pp. 39~42.
13) Н. К. Крупская, "Война и деторождение," *Коммунистка* No. 1~2, 1920, p. 13.
14) 1895~1914년에 시베리아와 극동·중앙 아시아로 이주한 가정이 대략 470만이 넘었으 며, 1890~1914년에 미국으로 이주한 경우가 330만 가량 되었다. 1906~1909년에 1년간의 이주허가여권을 발급받은 농민은 900만 이상이었다.
15) *Россия в мировой войне 1914~1918 гг*, М., 1924, p. 20.
16) М. М. Гран, "Опыт изучения санитарных последствий войны 1914~1917 гг. в Рос сии," *Труды комиссии по обследованию санитарных последствий войны 1914~ 1920 гг*, М., 1923, p. 35.
17) 같은 글, p. 38.

18) М. Б. Денисенко, "Демографический Кризис 1914~1922," *Вестник Моск. Ун-та. сер 18, Социол и политология* No. 2, М., 1997, p. 82.

19) Е. З. Волков, *Динамика народонаселения СССр за восемьдесят лет*, М., 1930, p. 252.

20) М. Б. Денисенко, 앞의 글, p. 91.

21) 같은 글, p. 94.

22) 〈표 1〉을 살펴보면 Ф. 로리메르는 1914~26년에 1800만, Е. М. 쿠리세르는 1914~22년에 1375만, А. Я. 보야르스키는 1915~26년에 1200만, Б. Ц. 우르라니스는 1917~20년에 1000만~1100만, С. 막스도프는 1914~26년에 최소한 1550만 정도가 사망한 것으로 추정하고 있다.

23) R. Stites, *The Women's Liberation Movement in Russia: Feminism, Nihilism, and Bolshevism 1860~930*, Princeton Univ. Press 1978, pp. 349~50; B. Farnsworth, *Aleksandra Kollontai: Socialism, Feminism, and Bolshevik Revolution*(신민우 옮김, 『알렉산드라 콜론타이』, 풀빛 1986), pp. 187~242.

24) А. Коллотай, *Из моей жизни и работы*, М., 1974, p. 371.

25) A. Bebel, *Die Frau und der Sozialismus*(이순예 옮김, 『여성론』, 까치 1990); F. Engels, *Der Ursprung der Familie, des Privateigentums und des Staats*(김대웅 옮김, 『가족의 기원: 루이스 M. 모오간 이론을 바탕으로』, 아침 1985) 참조.

26) А. Коллонтай, *Семья и коммунистическое государство*, М., 1918, p. 15.

27) 콜론타이의 이러한 제안에 따라 1917~18년에 16개 공화국에서는 46개의 모자의 집, 66개의 조산원, 59개의 상담소, 47개의 우유보급소, 409개의 보육원이 조직되었다. 1920년에 이르러서는 1500개의 모성보호 및 유아보호와 관련된 기관이 생겼으며, 567개의 보육원, 108개의 모자의 집, 197개의 상담소, 267개의 유아와 고아를 위한 휴양소가 생겨났다. 그러나 이러한 시설들은 러시아 전체의 현실을 고려할 때 전혀 의미 없는 숫자에 불과했으며, 오히려 여성노동자들에게 가사와 노동의 이중부담을 가중시키는 결과를 초래하였다(Н. В. Рябинина, 앞의 글, pp. 92~93).

28) А. Коллонтай, 앞의 책, p. 21.

29) 같은 책, p. 23.

30) 같은 책, p. 20.

31) 같은 책, p. 21.

32) Т. Осипович, "Коммунизм, феминизм, освобождение женщин и Аленсадра Коллонтай," p. 184.

33) 같은 글, p. 185.

34) А. Коллонтай, "Дорогу крылатому Эросу," *Молодая гвардия* No. 3, М., 1923, p. 118.

35) 같은 글, p. 123.

36) 같은 글, p. 122.

37) NEP시기와 매춘의 활성화에 관해서는 E. Waters, "Victim or Villain: Prostitution in Post-revolutionary Russia"(L. Edmonson ed., *Women and Soviet in Russia and the Soviet Union*, Cambridge, 1992, pp. 160~77) 참조.

38) Т. Осипович, 앞의 글, p. 185.

39) Клара Цеткин, 앞의 글, p. 44.

40) 같은 책, p. 48.

41) W. Z. Goldman, 앞의 책, p. 5.

42) 같은 책, p. 7.

43) А. Луначарский, *О быте*, М. -Л., 1927, pp. 24~25.

44) С. Смидович, "Молодежь и любовь," *Быт и молодежь*, М., 1926, pp. 62~63.

45) Ем. Ярославский, "Мораль и быт проретариата в переходный период," *Молодая гвардия* кн 5, Май, 1926, p. 150.

46) 같은 글, p. 149.

47) 소비에트정권 초기의 낙태에 관한 연구로는 А. Генс, *Проблема аборта в СССР*(М., 1929, pp. 1~75); *Аборт в РСРСР*(М., 1926, pp. 1~25); W. Z. Goldman, *Women, Abortion and the State, 1917~1936, Russia's Women*(Univ. of California Press 1991, pp. 243~66) 참조.

48) М.Б. Денисенко, "Демографический Кризис 1914~1922," p. 90.

49) А. Генс, *Проблема аборта в СССР*, p. 24.

50) 같은 책, p. 7.

51) W. Z. Goldman, 앞의 책, pp. 249~50.

52) А. Черных, 앞의 글, p. 184.

53) А. Генс, 앞의 책, pp. 33~34.

54) СУ РСФСР. 1917. No. 11. 160조.

55) СУ РСФСР. 1917. No. 11. 152조.

56) "…дети внебрачные уравниваются с брачными относительно прав и обязаннос тей как родителей к детям, так и детей к родителям."(А. М. Нечаева, *Семейное право*, М., 1998, p. 64).

57) В. И. Бошко, *Очерки советского семейного права*, Киев., 1952, pp. 53~54.

58) W. Z. Goldman, *Women, The State and Revolution*, p. 103.

59) 이는 제정러시아시대에 결혼과 탄생, 장례 업무를 담당했던 종교감독국이 4만 2천 개였 던 데 비하면 매우 적은 숫자였다.

60) W. Z. Goldman, 앞의 책, p. 104.

61) 같은 책, pp. 105~106.

62) 같은 책, p. 108.

63) "…Весь смысл действующей статьи 52 заключается в том, что острие ее напр авлено против церковного брака для разрушения его авторитетности в глазах масс населения."(Н. Крыленко, *Проект кодекса о браке и семье*, М., 1926, p. 6).

64) Л. Троцкий, *Вопросы быта. Эпоха культурничества и ее задачи*, М., 1923, pp. 48~49.

65) Я. Бранденбургский, А. Сольц, Н. Крылено, С. Прушицкий, *Семья и новый быт. Спо ры о проекте нового кодекса законов, о семье и браке*, М., 1926, pp. 4, 9.

66) 같은 책, p. 5.

67) "…факт совместного сожительства, наличие при этом сожительстве общего хо зяйства и выявление супружеских отношений перед третьими лицами, а также взаимноей материальной поддержки и совместного воспитания детей."(М. В. Ант окольская, *Семейное право*, М., 1999, p. 70).

68) Деревня о браке и семье, *Брак и семья*, М., 1926, p. 116.

69) П. Г. Смидович, "о любви," *Правда* No. 67, 1925.

70) 콜론타이의 이 제안은 1926년 *Комсомольская правда*(No. 26, p. 2); *Рабочий суд*(No. 5, p. 363); *Экран*(No. 5, p. 1)에 게재되었다.

71) B. Farnsworth, *Aleksandra Kollontai: Socialism, Feminism, and Bolshevik Revolution*(신민우 옮김, 『알렉산드라 콜론타이』, 풀빛 1986), p. 473.

72) А. Черных, 앞의 글, p. 191.

73) NEP시기의 여성실업문제에 관해서는 W. Z. Goldman, 앞의 책(pp. 109~18) 참조.

74) 같은 책, p. 297.

75) 같은 책, p. 298.

76) Т. Осипович, "Проблема пола, брака, семьи и положение женщины в общественны х дискуссиях середины 1920-х годов," p. 168.

77) 같은 글, p. 169.

78) Д. Ласс, "Современное студенчество," *Молодая гвардия* М., сентьябрь, 1927, pp. 135~50.

79) 1920년대의 알코올문제에 관해서는 Ф. Э. Шереги, "Причины и социальные последств ия пьянства"(*Социологические исследования*, М., 02, 1986, pp. 144~52); Т. П. Корж ихина, "Борьба с алкоголизмом в 1920-е-начале 1930-х годов"(*вопрос истории*, М., 09. 1985) 참조.

80) И. С. Кон, 앞의 책, p. 125.

81) А. Черных, *Становление России Советской 20-е годы*, p. 173에서 재인용.